# 文秘写作

朱中方 刘云兰 赵永君 ◎ 主编

图书在版编目(CIP)数据

文秘写作/朱中方,刘云兰,赵永君主编. —南昌:江西高校出版社,2021.4（2024.9重印）

(井冈山大学人文学院汉语言文学省一流专业建设丛书)

ISBN 978-7-5762-0864-1

Ⅰ. ①文… Ⅱ. ①朱… ②刘… ③赵… Ⅲ. ①公文—写作 Ⅳ. ①C931.46

中国版本图书馆 CIP 数据核字(2021)第 014909 号

| 出 版 发 行 | 江西高校出版社 |
|---|---|
| 社　　　　址 | 江西省南昌市洪都北大道96号 |
| 总编室电话 | (0791)88504319 |
| 销 售 电 话 | (0791)88522516 |
| 网　　　　址 | www.juacp.com |
| 印　　　　刷 | 固安兰星球彩色印刷有限公司 |
| 经　　　　销 | 全国新华书店 |
| 开　　　　本 | 700mm×1000mm 1/16 |
| 印　　　　张 | 18.75 |
| 字　　　　数 | 248 千字 |
| 版　　　　次 | 2021 年 4 月第 1 版<br>2024 年 9 月第 3 次印刷 |
| 书　　　　号 | ISBN 978-7-5762-0864-1 |
| 定　　　　价 | 58.00 元 |

赣版权登字-07-2021-110

版权所有　侵权必究

图书若有印装问题,请随时向本社印制部(0791-88513257)退换

# 前言

  2015年,教育部、国家发展和改革委员会、财政部联合下发了《关于引导部分地方普通本科高校向应用型转变的指导意见》(教发〔2015〕7号),明确提出各地各高校要从适应和引领经济发展新常态、服务创新驱动发展的大局出发,切实增强对转型发展工作重要性、紧迫性的认识,推动转型发展高校,把办学思路真正转到服务地方经济社会发展上来,转到产教融合校企合作上来,转到培养应用型技术技能型人才上来,转到增强学生就业创业能力上来。

  文秘写作对落实高校应用型转变、培养较高业务素养和职业技能人才具有重要意义。文秘写作不仅能使学生掌握各类文书的基本知识及其写作技能,提升大学生文书写作水平和就业竞争力,还可提高学生逻辑思维、语言表达、人际沟通等多种能力,为大学生快速适应实际工作需要和职业事业发展奠定良好基础。

  当前,文秘写作方面的教材数量众多,这一方面说明了市场对文书写作学习的需求很大,另一方面也表明从事文书写作的教育者、研究者众多,这对培养文书写作人才来说无疑是一件好事。但同时毋庸置疑，一些文秘写作教材也存在粗糙化、雷同化、芜杂化、陈旧化等诸多问题和缺陷，这不仅影响了大学生学习文书写作的热情和效果，也影响到了普通高校应用型转变的落实和实施。

为顺应普通高校发展新形势，在文书写作教学实践中，我们就教学内容、教学方法等方面进行了一些研究和探索。结合文书写作教学目标、学生实际和应用型转变时代背景，我们组织编写了《文秘写作》教材。本教材本着理论知识实用、够用原则，以实训（病文修改和例文写作）为导向，在编写过程中，努力做到以下几点：

一是专业性与针对性相统一。对于综合类文书写作教材而言，其优点是内容丰富、文种全面，但弱点是专业性不够强。这类教材，盲目追求知识点的完备，较少考虑学生实际和职业需要，结果是书越编越厚，学生越来越不喜欢。而对于专业性教材，虽然更具有针对性，但往往又容易画地为牢，如财经类、司法类文书写作，教材普适性较差，限制了学生的写作视野，忽视了大部分文秘人员的实际工作需求。

本教材不追求面面俱到、大而全，而是有所侧重，在重视其文体特点、写作要领及注意事项的同时，更注重对相同或相近文体的特点归纳和规律探寻，强调文秘人员举一反三能力的提升。针对文秘工作特点，本教材将文秘人员经常接触的专业性较强的各种党政机关公文、事务文书和相关专用文书写作作为重点，努力做到专业性和针对性的统一。

二是理论性与实践性相统一。作为本科层次的人才培养，必须符合和达到本科教育的基本要求，使学生系统了解文秘写作必需的基础知识和理论，在文书写作中既"知其然"又"知其所以然"。鉴于此，本教材详细而完备地介绍了《党政机关公文处理工作条例》里所涉15个文种的写作格式和常见文书写作的基本知识，以期学习者通过本教材的学习，能全面、准确掌握文书写作的必备理论知识。

文书写作的学习，最终还是要将理论知识转化为写作方法和技巧。理论知识学得再扎实，但学生仍然不喜欢写，不会写，写不好，这样的教学是失败的。因此本教材将实训作为编写重点，每节前有范文评析后有病例修改，每章结尾均安排了写作训练题。将理论知识融于实训中，既动脑又动手，不仅能显著提升学生学习热情，还能极大提高学生文秘写作水平，满足未来职业的需要。

三是规范化与时代性相统一。文秘写作的显著特征就是文书的规范性，所谓规范，即要求文书写作必须符合文体规范、用语规范、结构规范、格式规范，甚至包括字体字号规范等，以确保文书的专业性、美观性、严肃性和权威性。本教材严格以中共中央办公厅、国务院办公厅于2012年4月16日颁布的《党政机关公文处理工作条例》（中办发〔2012〕14号）和《党政机关公文格式》（国家质量监督检验检疫总局、国家标准化管理委员会2012年6月29日发布，2012年7月1日实施，中华人民共和国国家标准GB/T 9704—2012）为依据，运用最新成果，对党政公文的相关知识进行了全面规范的阐述。

同时在案例的选取上注重时新性、经典性和全面性，党政公文尽量选取2012年以后规范化、科学化的不同类型例文作为分析对象，使教材与当下社会生活现象合拍，让学习者在"接地气"的案例中有所悟、有所鉴，切实提升学习者的实际文书操作能力。

全书共分五章，第一章、第二章、第三章由朱中方编写，第四章由刘云兰编写，第五章由赵永君编写，书尾另附《党政机关公文处理工作条例》和《党政机关公文格式》。本书适用面广，不仅可满足普通高校文秘写作类课程教学需要，也适合行政管理、工商管理、公共事业管理等专业教学使用,还可作为文书写作自学者或机关、企事业单位文书工作者文书写作的参考用书。

  在编写本书的过程中,我们参阅了一些同类教材,摘引了其中的一些案例与习题,选用了多种媒体和多地党政机关的最新例文,在此一并表示诚挚谢意!

  由于编者的学识水平所限,书中疏漏在所难免,诚恳希望各位专家、同行和读者不吝指正。

编　者

2020 年 6 月

# 目录 CONTENTS

## 第一章　文秘写作概述　/001
第一节　文秘写作的含义及特征　/001
第二节　文秘写作的过程及功用　/004
第三节　文秘写作的语言及表达方式　/007

## 第二章　党政机关公文格式　/013
第一节　党政机关公文概述　/013
第二节　党政机关公文格式的特点和作用　/016
第三节　党政机关公文的通用格式　/019
第四节　党政机关公文特定格式　/045

## 第三章　党政机关公文写作　/050
第一节　决议　/050
第二节　决定　/058
第三节　命令(令)　/067
第四节　公报　/072
第五节　公告　/078
第六节　通告　/084

第七节　意见　/093

第八节　通知　/102

第九节　通报　/113

第十节　报告　/122

第十一节　请示　/132

第十二节　批复　/138

第十三节　议案　/143

第十四节　函　/148

第十五节　纪要　/156

第十六节　写作训练　/160

## 第四章　事务文书写作　/166

第一节　计划　/166

第二节　总结　/187

第三节　简报　/195

第四节　调查报告　/204

第五节　规章制度　/217

第六节　写作训练　/238

## 第五章　专用文书写作　/240

第一节　商务协约文书写作　/240

第二节　社交礼仪文书写作　/255

第三节　职场文书写作　/267

附录1　党政机关公文处理工作条例　/275

附录2　党政机关公文格式　/283

# 第一章 文秘写作概述

## 第一节 文秘写作的含义及特征

**一、文秘写作的含义**

文秘写作是众多写作活动中的一种形态,是应用写作的一种特殊形式。

1. 应用写作的含义

20世纪以来,应用写作的使用范围更加广泛,应用文的研究也更加深入,对应用文的理解也日趋一致。香港教授陈耀南在《应用文概说》中,对应用文做了这样的解释:"就'应'付生活、'用'于实务的文章,凡个人、团体、机关相互之间,公私往来,用约定俗成的体裁和术语写作,以资交际和信守的文字,都叫应用文。"台湾学者张仁清认为:"凡个人与个人之间,或机关团体与机关团体之间,或个人与机关团体之间,互相往来所使用之特定形式之文字,而为社会大众所遵循、共同使用者,谓之应用文。"大陆比较通行的应用文定义是:"国家机关、企事业单位、社会团体、人民群众在日常生活、学习、工作中处理公共事务或私人事务所使用的具有某种惯用格式和直接应用价值的文章。"

这些定义从不同角度揭示了应用文的特点和规律,应用写作是党政机关、企事业单位、人民团体、公民个人在工作、生活、学习等活动中,按照惯用的格式、运用特定的语言处理各种事务时所进行的一种写作活动。

2. 文秘写作的含义

文秘写作属于应用写作中的一种特殊的职业行为。从宏观角度,文秘写作几乎可以包罗一切应用写作,但从微观角度,文秘是一种职务,不管什么行业、岗位的文秘,都有相对较为固定的常用写作范围,如行政文秘更多接触的是党政机关公文写作、商务文秘则重在公关文书和商务文书写作,等等。在不同的职业范围内,他们分别有自己相对稳定的文种,如行政文秘写作主要是《党政机关公文处理工作条例》中规定的15个文种,以及事务文书中的计划、总结、调查报告、规章制度等。

应用写作包含各种应用文体，少则几十种，多则几百种；文秘写作不应追求面面俱到、大而全，而应有所侧重，在重视其文体特点、写作要领及注意事项的同时，更应关注对相同或相近文体的特点归纳和规律探寻，强调文秘人员的归纳、抽象和举一反三能力的提升。

结合文秘工作特点，文秘写作的重点突出本职工作范围内的各种党政机关公文、事务文书和相关专用文书的写作，主要包含各党政机关、企事业单位和人民团体在处理公务时经常涉及的15个党政机关公文写作，事务文书写作，如工作计划、工作总结、调查报告、情况简报、规章制度，以及其他专用文书写作，如商务协约文书写作、社交礼仪文书写作、职场文书写作等。

**二、文秘写作的特征**

1. 文秘写作是体现集体意志的职务行为

文秘写作是根据上级领导意图或工作需要而进行的一种职务行为，是文秘岗位职责的重要内容。因此，文秘人员在撰写各类公文时，不能根据自己的情感、爱好以及个人观点去进行自由的表达，而是要准确体现领导的决策意图和实际要求，体现事物的客观规律。从这个角度来看，文秘写作是一种"代言"行为，代表部门、领导或上级来进行文字表达，避免文秘个人因素的介入。

文秘写作作为一种职务行为，一个鲜明特点是：文秘个人并非文书的作者，仅是文书的草拟人员，制文单位才是文书的作者。

2. 文秘写作要遵守各种文书行文格式规范

文秘写作所运用的文体必然是公务文书，公务文书的显著特征就是文书的规范性。

所谓规范，即具有强制力的通用标准，是在长期的行文实践中形成的共识和规则，有力地纠正和约束着文秘人员的主观性、随意性。文秘写作必须遵守相关的规范，例如文体规范、用语规范、结构规范、格式规范，甚至包括字体字号规范等，以确保文书的专业性、美观性、严肃性和权威性。

3. 文秘写作需要缜密科学的逻辑思维能力

在撰写文书时要讲究逻辑，这既体现在文章的结构上要条理清楚，段落之间具有明显的逻辑关系；也体现在陈述的事项界限要清晰、不交叉，内容前后要讲究因果，材料能够证明观点。

文秘写作在思维方法上更侧重逻辑思维,虽然文书在撰写过程中也有运用形象思维的时候,但是多数文体是以具体的事件(或问题)为中心的。需要把观点阐述清楚,把前因后果、现象和本质分析清楚,所采用的是逻辑思维方式。例如:写请示,要客观全面讲清请示事项的理由和请求批准的事项;写总结,则应在陈述具体成绩和存在问题的基础上,分析、阐明成绩取得经验、问题存在的原因以及改进工作的措施和方法,等等,这些都需要文秘人员有高度的概括和分析能力。

4. 文秘写作需要广博的行业知识和专业知识

文秘岗位是为了机构实现自身的职能而设置的,因此文秘写作应当围绕机构的日常管理和职能的需要而开展,这就不可避免地需要相应的行业知识和专业知识。

各行各业的文秘人员,应当对本行业的整体背景有所了解,尤其应当了解与本单位密切相关的行业发展现状、各层级政策环境、管理机制等知识,只有做到了这一点,才能对写作过程中所要处理的工作任务有更加深刻的把握,撰写的文书才更具实际操作价值。

文秘人员虽然从事的是辅助管理的文秘岗位,但是同样需要了解与业务工作有关的专业知识。只有这样,文秘才能对本单位的工作有更加深入的把握,所撰写的文件才更具有专业色彩。

5. 文秘写作必须讲究时效性,要及时拟稿

文秘写作的及时性、时效性,与机关单位工作的效率直接相关。机关工作中的许多重要文书,早在工作安排之中,文秘人员可以进行周密思考、反复推敲。但是,还有大量的文书,例如工作开始要订计划,工作完成要做总结,传达贯彻上级的指示要发通知,反映情况要写报告或简报,请示上级机关批准要写请示,与兄弟单位商洽工作要发函,调查市场情况要写市场预测报告,事务往来要签订经济合同,等等,这些文书写作,有的是迫在眉睫、亟待成文,也有的是工作进展或形势变化要求做出相应的部署和反应的,都有很强的时间性、应变性。

这就要求文秘人员能迅速领会领导人制文意图,拟稿迅速,及时交稿审核。如果是急件,还要加班赶写,保证不误时效。

## 第二节　文秘写作的过程及功用

**一、文秘写作程序**

文秘写作要求遵循文书制发的规律和流程。文秘对文书的处理包括制发和收文两个大的方面，其中，文秘制发文书的主要工作程序有：交拟、议拟、草拟、审核、签发、复核、注发、校对、缮印、用印、登记、分发，而和文秘写作直接相关的程序主要有交拟、议拟、草拟、审核、复核等环节。

1. 交拟，又叫交办，是公文制发的第一个环节，即机关领导将草拟文书的任务交给有关撰稿人员。机关的发文既有主动制发的，也有为答复来文而被动制发的，但对具体承担拟稿任务的文秘人员来讲，都是被动的，是奉命而作，是对机关领导人交拟的响应。交拟是领导者的职责，接受交拟是文秘人员的职责，在这一环节，文秘务必正确、全面地领会领导的意图，这是确保文书撰写质量与效率的关键。

2. 议拟，即草拟前，文秘人员收集熟悉材料、调查研究、思考结构布局的过程，这是文书撰写前的准备阶段。内容简单的，文秘人员可以直接撰写；内容复杂或比较重要的文书，就必须做好相关调研，进行酝酿与准备。文秘人员要根据领导的意图和实际需要，广泛收集相关的材料，开展调查研究，主要了解党和国家的方针政策、有关法律法规、部门规章制度、单位实际情况和群众意见态度；要对所收集材料进行必要的分析、筛选和组织，为撰写文书奠定基础；要根据行文方向、行文意图等因素，安排结构、构思提纲、安排格式、选择关键词语等。

3. 草拟，即文秘人员根据领导意图撰写文书草稿的过程。草拟是发文处理工作中的一个关键性环节，草拟质量的好坏，体现了文秘人员的基本功，关系着发文质量的好坏。撰写文书应当做到以下几点：

一是文稿要符合政策，切实可行，提出的观点和措施要符合党和国家的路线、方针、政策和法律法规；二是要深入调查研究，充分进行论证，广泛听取意见，一切从实际出发，分析问题实事求是，所提政策措施和办法切实可行；三是文稿要内容简洁，主题突出，观点鲜明，结构严谨，条理清楚，文字精练，表述准确，避免歧义和模棱两可；四是文面要符合规范，党政机关公文格式必须符合 2012 年中央办公厅和国务院办公厅联合颁发的《党政机关公文处理工作条例》的要求。

4.审核,又叫"核稿",是指文稿草拟后送交机关领导人签发前,对文稿进行的检查、核对和修改。审核工作一般由办公厅(室)的负责人承担,也可由指定的有经验、拟稿水平较高的文秘人员负责办理。文秘人员必须及时将草稿送交相关人员审核。有了审核这一环节,就可确保文稿的质量,杜绝不必要的发文;可节省领导人在随后的签发工作中所花费的时间和精力;经文秘部门的审核平衡,可以避免各业务单位起草的公文出现相互矛盾、重复和脱节的现象。

5.复核,即公文正式印刷前,文秘人员必须对领导已经签发的文稿进行复核。此时文书已经领导签发,文秘人员对文书内容不能进行修改、调整,因此复核的内容主要是检查审批、签发手续是否完备,附件材料是否齐全,格式是否统一、规范等。复核是公文制发的重要一环,在审核、签发的基础上,为文稿再次把关,确保公文的质量。

### 二、文秘写作功用

所有文体的文章都是现实的反映,一切写作活动都是为现实服务的。从这个意义上说,所有文体的文章都具有功用性。文学作品如散文、小说、诗歌等,它们不以直接处理日常事务为目的,而以塑造艺术形象、反映社会生活、表达人类情感为目的。

与之相反,文秘写作主要是应现实工作的需要,解决工作中的实际问题,为现实工作服务的。文秘写作具有更强烈、更鲜明、更直接的功用性。如写一份请示,是为了向上级请求批准办理某一事项;写一篇求职信,是为了谋求一份理想的工作。这种办理事务的直接功用性,具体来说主要体现在以下几个方面。

1.约束规范,实施领导

凡经国家最高权力机关或最高行政管理机关颁发的法规文件,均具有严肃性和法制约束力,不发则已,既发必行。在党政机关、企事业单位、人民团体的公务活动中,上级机关对下级机关发布的公文,如命令、决定、决议、通知、批复等,也具有法定的权威性和约束力,下级机关必须遵照执行。文秘写作中的许多文书,就是规范人们的思想与行为的,既具有法纪、政纪、党纪的威力,又具有领导、疏导、指导的力量,能够对下级起到准绳和规范作用。

2.组织协调,商洽交流

当今社会是一个充满活力的有机系统,在这个系统中,存在着各种公共关系。社会各级机关组织之间、各部门单位之间,需要经常保持联系,互相配合,彼此沟通、协调行动,文书就是联系协调的工具之一。

上级机关制定的方针政策和指示意见等需要尽快向下级传达,下级机关的工作情况、各种动态等需要及时向上级汇报,同级或不同部门之间商洽工作、交流情况、联络感情、协作共事都离不开文书。部门内部各业务环节也需要文书来沟通协调,机关组织与人民群众之间也需要交流联系、协调行动,文书在这方面也起着重要的作用。

3. 传载信息,辅佐决策

当今社会是信息时代,信息的表达、贮存、传递、处理等,无不有赖于书面语言。而文书就是信息的载体,并以法定的渠道保证信息的传递,以法定的职责保证信息的质量。

由于其传载的信息具有真实可靠性,因此在为领导决策服务方面起到了不容忽视的辅佐作用。如一些调查报告常深入、全面地调查和剖析某一社会基本情况,为领导或上级机关制定某项方针政策,采取某项措施提供意见、建议和方案。经济领域的市场调查报告、市场预测报告、可行性研究报告等综合报告文书,在企业经营决策方面的辅佐作用则体现得更为鲜明。

4. 宣传教育,统一思想

一个国家要政治稳定、社会发展,离不开对广大人民群众进行政治思想和科学技术等方面的宣传教育。文书在指导工作的同时,实际上也起了统一思想、宣传教育、动员群众的作用。

党政机关公文的发布,是在传达党的路线、方针、政策,而人们在学习理解、贯彻执行的过程中,也受到深刻的教育。还有一些文书通报情况、批评错误、表彰先进,本身就是一种直接的宣传教育。在当今市场经济条件下,众多企事业单位广泛运用文书这一工具,宣传组织形象,传播组织信息,扩大自身影响,如近年来公益广告的蓬勃兴起就是很好的证明。

5. 行为凭证,文献史料

文书在贯彻政策、指导工作、联系事务的同时,还具有凭证依据作用。如行政公文反映了制发机关的意图,是收文机关处理工作、解决问题的依据。合同、协议、公约等契约类文书,介绍信、证明信、会议记录等,其凭证作用则更为明显。

另外,各类文书作为档案资料,还具有重要史料价值,是研究、考据各单位甚至国家某个历史时期的政治、经济、文化、教育等情况的重要文献凭证。

## 第三节　文秘写作的语言及表达方式

**一、文秘写作的语体特征**

文秘写作的语言具有自身的语体特征,其语体特征主要表现在书面性、客观性与模式性等方面。

1. 文秘写作语言以书面语为主

由于文秘写作的目的是处理公务事务,有着明确的目的性和针对性,其交际的双方,也即表达者和接受者,往往是机关、单位和团体,其交际形式也往往是书面形式,因而,在文秘写作的语言系统中,书面语词汇和具有书面语特点的句式构成了它的基本骨架。

这一特点使得书面语成为文秘写作语言特征之一。书面语主要指的是现代汉语书面词语,它文雅庄重、简洁凝练、表意严密、语法规范。不同于个性化色彩强烈的语言、方言俚语、过于通俗的口头语、外来语汇及超常规的句式和生僻词汇,书面语能够准确快捷地实现文秘写作的目的,不会造成阅读理解上的障碍和偏差,能够有效地、准确地传达信息。

在句式上,文秘写作经常采用具有书面语特点的句式,也是为了适应表达准确严密、行文庄重严肃的需要。例如:"为了更好地贯彻执行国务院国发〔20××年〕××号文件精神,根据有关部门的要求,现将×××的现行有关标准摘发给你们,请参照执行。"这段文字,连续用了"为了""根据""将"等多重性介词结构。这种句式,在其他语体中是较少见到的。

2. 文秘写作的语言具有客观性

文秘写作语言的客观性是指不把个人的主观色彩和特殊感情表露在语言之中。文秘写作是草拟者个人代表机关或单位领导阐发一定的意图,基于这一点,其语言不具有热烈、丰富的感情色彩,不体现个人的好恶,语法上经常没有主语——实际上并非没有主语,而是替换或省略、隐匿了主语。

例如:"要认真贯彻执行价格法、招标投标法、行政处罚法和行政复议法,严格依法行政。要集中力量查处一批涉及面广、数额巨大、影响恶劣的严重破坏市场价格秩序和基本建设秩序的大案要案。"(《国家计委贯彻国务院关于整顿和规范市场经济秩序的决定的通知》)这段话就省略了主语。

又如"会议一致认为，下一阶段的重点工作是……"则用"会议"来替换真正的主语。这种语法上的表达习惯，正是文秘写作语言具有客观性的体现。

3. 文秘写作的语言具有模式性

文秘写作语言的模式性，是指其语言表达有一定的模式用语，即一套固定的专门用语与句式。语言的模式性也是文秘写作区别于其他语体的一个重要特征。

文秘写作语言的模式性是适应文章的实用性而产生的，在写作时规范、科学地使用这些模式语，有助于使文章简练、严谨，从而赋予文章庄重、严肃的色彩。

称谓词：称谓词是指用于称谓的词。

在文秘写作中，涉及机关或个人时，一般应直呼机关的全称或规范化的简称，以及对方的职务或"××同志""××先生"。在表述指代关系的称谓时，一般用下列专门用语：

第一人称"本""我"，后面加上所代表的单位简称，如部、委、办、厅、局、所等；

第二人称"贵""你"，后面加上所代表的单位简称，如部、委、办、厅、局、所等，用"贵"字做第二人称，只是表示尊敬与礼貌，一般用于平行文或涉外公文；

第三人称"该"，在文秘写作中使用广泛，可用于指代人、单位或事物，如该厂、该公司、该同志、该产品等。正确使用"该"字，可以使文书文字简明、语气庄重。

领叙词：领叙词是用于引出文书写作根据、目的或理由的具体内容的词。

它多用于文书的开端，常用的领叙词包括：根据、按照、为了、遵照、惊悉、收悉、为、特、现、如下。

追叙词：追叙词是用于引出被追叙事实的词。常用的追叙词包括：业经、复经、前经、即经。

承转词：承转词又称过渡语，即承接上文转入下文时使用的关联、过渡词语，用于陈述理由、事实之后引出作者的意见、方案等。常用的承转词包括：为此、据此、故此、鉴此、综上所述、总而言之、总之。

祈请词:祈请词用于向受文者表示要求与希望。常用的祈请词包括:希、敬希、请、望、敬请、烦请、恳请、希望、要求。

商洽词:商洽词用于征询对方意见和反映,具有探询语气。它多用于上行文、平行文。常用的商洽词包括:妥否、当否、是否同意。

受事词:受事词即向对方表示感谢、感激的词。它多用于平行文或涉外的公文,常用的受事词包括:蒙、承蒙。

命令词:命令词是表示命令或告诫语气的词,用以增强公文的严肃性与权威性,引起受文者的高度注意。常用的命令词包括:特命、责成、令其、切切、勿违、切实执行、不得有误、严格办理。

目的词:目的词即直接交代行文目的的词。常用的目的词包括:请批复、函复、批示、批转、转发、遵照办理、参照执行、请审阅、望周知。

表态词:表态词又称回复用语,即针对请示、问函,表示明确意见时使用的词。常用的表态词包括:同意、不同意、准予备案、特此批准、按照执行、可行、不可行、迅即办理。

结尾词:结尾词置于正文最后,是表示正文结束的词。常用的结尾词包括:特此报告、通知、批复、函复、公告,特予公布、此致、谨此、此令、此复、特此、为要、为盼、是荷、为荷、敬礼、致以谢意、谨致谢忱。

**二、文秘写作的语言特征**

文秘写作的实用性与读者阅读的功利性,规范了文秘写作的语言特征,对其提出了简洁明了、开门见山,表意完整、用词准确,用语得体、严谨周密,平实质朴、谨慎修辞的要求。

1. 简洁明了、开门见山

文书语言和文学语言的功能完全不同。文书语言只传达"实用"的内容,而且为了能够最大限度地达到行文的实际效果;而文学语言则不限于传达词语的词典意义,文学语言追求审美功能,意在言外,便于抒情,易于遐想。因此文书的语言力求简洁,不追求夸饰,不追求细节的形象生动。

要受众用最短的时间了解作者的意图,把握文书的精神实质,做出相应的决策,执行相关决定,文书语言还要做到"明了"。一是可以适当运用一些生动形象、浅显易懂的群众语言来说明深刻的道理,如"保护伞、小金库、红头文件、一刀切、关系网"等贴近生活的词语,使得文章通俗易懂;二是语言不得含蓄朦胧、欲语还休,或者引用生僻典故,晦涩难懂。

文秘写作应追求开门见山,文书所用的表达方式,都是为了向忙于事务的受众介绍情况、说明原委、总结规律,因而这些"介绍""说明""总结",通常只求抓住关键、抓住要点,实行概括述说。叙述多是概述,说明多是概说,议论也是直接明了地提出观点与主张,一般不进行详细论述。

### 2. 表意完整、用词准确

较强的政策性、时效性,使用准确语言表达完整、明确意思是文秘写作的基本要求。由于文书的目的是进行公务活动,特别讲究遣词造句的准确恰当,切不可有疏漏、含糊、歧义之处。

强调表意完整,就是要求文书不可有疏漏含糊之处,否则就会给主送单位或普通受众带来疑惑,影响文书的执行效果。如在一招标公告中,出现"该项工程工期为一年;凡省内具备一定资质的单位,均可参加投标;参加投标的单位,请派人持相关证件于×年×月×日前来报名登记"的表述,"该项工程工期为一年",但没有明确工程起止时间;要求投标单位要"具备一定资质",但没有表明应具备哪一级资质;需要"相关证件",但是没有列出具体哪些证件,等等,均属表意不完整,导致收文单位无所适从。

强调准确包括用词准确,概念清晰,注意辨析词义,比如,很多关于信访工作的文件中提到"信访工作机构解决了××件问题"这句话,这样的表述不符合信访工作机构的职能定位,用语是不准确的。因为信访工作机构只是信访事项的受理部门,不是直接办理部门。对于群众反映的信访事项,信访工作机构的职责不是直接解决,而是协调、督导、推动有权处理的职能部门解决。因此,这句话正确的表述应为"推动解决了××件问题"或"协调解决了××件问题"。

### 3. 用语得体、严谨周密

用语得体就是措辞恰当,分寸得当,合情合理,所用词句和文种特性相适应,和行文关系相适应,和一定的语境相适应。

首先,所用词语要和文种特性相适应。命令要庄重威严,讲话稿则不妨轻松平易一些。其次,用词要和行文关系相适应。上行文语词就要谦恭,用服从话语;平行文就要礼貌客气,用商洽话语;下行文则要具有权威性,用命令话语。再次,用词要和一定的语境相适应,文秘写作因为有指定的受众,所以用语必须针对具体对象,在特定语境中寻找到最合适的语句。

文书语言要严谨周密,强调的是文书语言必须符合用词规范,必须符合表达的逻辑要求。如在一份评选优秀党支部、优秀共产党员、模范党务工作者的通知里,有这样的表述:"七一建党85周年纪念日就要到了,局党委决定,在咱们局的全体党员中评选优秀共产党员、模范党务工作者、优秀党支部,进行表彰奖励,优秀共产党员、模范党务工作者应当是2003年以前入党的,各支部要快点上报推荐名单。"

在这份通知中,存在大量不规范不合逻辑的表述。"咱们局""就要到了""快点""入党的",这样的口语显得很随便;"在咱们局的全体党员中评选优秀共产党员、模范党务工作者、优秀党支部,进行表彰奖励",优秀共产党员、模范党务工作者、优秀党支部的排列不合约定俗成要求,"优秀党支部"与"在全体党员中评选"存在逻辑问题,不够严谨。

4.平实简朴、谨慎修辞

文秘写作对语言的另一个重要要求就是平实质朴,该要求古已有之,历朝历代的帝王、文臣、文论家均不同程度对文秘写作提出简朴的要求。李充《翰林论》提出"不以华藻为先"的要求。公文重在说事,不需要华而不实、矫揉造作的词语和不必要的描写。

文秘写作在词汇使用上,严格遵照其词典意义;在造句上,严格遵守语法规则;在修辞上,只适当运用比喻、对偶、排比等常规修辞格,而对夸张、通感、暗示等可使事物有较大变形或曲折达意的修辞格一般不用。可以说,文秘写作的语言是一种直白而循规蹈矩的语言,目的就是使读者准确理解文书的主旨,避免产生歧义。

**三、文秘写作的表达方式**

表达方式,是运用语言介绍情况、陈述事实、阐述观点、表达情感的具体方法。表达方式有五种:叙述、描写、抒情、议论和说明,文秘写作主要运用叙述、说明和议论的表达方式。

1.叙述

叙述是记叙人物、事件、管理的动态和发展过程来表述思想的一种表达方式。在文秘写作中,叙述是表彰或处分通报、情况报告、调查报告等文种的主要表达方式,主要用于交代背景,介绍概况,记叙事件的发生、发展、结局,以及为议论提供事实依据等。

叙述的方法有顺序、倒叙、插叙、补叙和平叙。文秘写作一般采用顺叙的方法,注重事件的过程性特点,以符合人们的认识规律,能让读者尽快了解所叙内容。另外,叙述常与其他表达方式结合运用,如夹叙夹议、叙事论理、叙述说明等。

文秘写作的叙述主要采用概括准、线条粗、整体勾画的概括叙述,一般不要求具体、详尽的描写。采用概括叙述,既可交代清楚情况事件,又可保证语言精练,篇幅短小,使之便于批阅和处理。

2. 说明

说明是对客观事物的介绍和解说,目的是使人们了解事物的情况、性质、特征以及内在的规律等。说明是文秘写作中使用最为广泛的表达方式,决议、命令、决定、通知、意见中的指示和办法,请示、报告中的缘由和事项,都是用说明的表达方式。

文秘写作中的说明常与叙述、议论结合使用,只用说明一种表达方式的情况很少;为突出说明的科学性和直观性,说明注重具体的数据资料,有时还会使用文表结合、图文结合的方式来说明问题。

在文秘写作的说明中,草拟者必须坚持客观、科学的原则,实事求是地进行说明,在对说明对象进行介绍和解释时,不能夹杂个人的情感;同时说明多采用逻辑顺序,即根据事物各自的特征及本身的条理进行说明。

2. 议论

议论是作者对所述情况或事件进行分析阐述,以阐明观点,表明态度。文书议论一般建立在叙事的基础之上,是对问题的分析和判断,主要作用是揭示材料意义,证明文书观点。

文书议论一般采用不完整论证,即简化论证过程,直接表明结果、立场、主张等,它往往与其他表达方式结合使用,夹叙夹议是最常见的方式。

文秘写作中的议论,往往不需像议论文那样追求完整的论证过程。为强调议论的权威性,论证过程重视引据论说,即注重从政策、理论中寻找依据来引用论说,使各项工作的原则、措施及方案符合党和国家的方针政策。

# 第二章　党政机关公文格式

## 第一节　党政机关公文概述

**一、党政机关公文的概念**

公文有广义和狭义之分。广义的公文是指党政机关、人民团体、企事业单位在处理公务活动时,按一定程序和要求制作和使用的内容、格式完备的各种文书,包括党政机关公文、事务文书、专用文书等,它体现着制作单位的意志和意图。

狭义的公文,特指党政机关公文,是党政机关实施领导、履行职能、处理公务时使用的,具有特定效力和规范格式的文书,是传达贯彻党和国家的方针政策,公布法规和规章,指导、布置和商洽工作,请示和答复问题,报告和交流情况等的重要工具。

根据中共中央办公厅和国务院办公厅2012年4月16日联合颁布、2012年7月1日起施行的《党政机关公文处理工作条例》规定,党政机关公文有15个文种:即决议、决定、命令(令)、公报、公告、通告、意见、通知、通报、报告、请示、批复、议案、函、纪要。

在本章,公文特指狭义的党政机关公文。

**二、党政机关公文的特点**

在第一章中,文秘写作的特点本身涵盖了党政机关公文的特点,但在具体使用中,党政机关公文又有自身的特点。

1. 作者的法定性

公文的作者,指的是社会组织。党纪国法规定了公文内容的范围和性质,领导者个人只有在职务的前提下,并且只能是社会组织的最高领导才能代表社会组织发出公文。在公文制发中,不管是草拟者,还是领导人,都不能用公文来表达个人意图,公文反映和传达的是社会组织的集体意志。

因此，公文制作的社会组织，包括社会组织的领导人，是公文的法定作者。而动笔草拟公文初稿的人，如文秘人员，应称为起草人，不是法律意义上的作者。

2. 格式的规范性

应用文书均有一定的固定格式，如工作计划、工作总结等，但相对来说，这些应用文书的格式还是具有一定的灵活性。党政机关公文的格式是由最高权力机关及有关部门通过法规性条文规定的，更加严格、规范、固定。

公文格式的规范性，是公文本质特性的发展，是公文写作和办理的需要，这种格式和程式有利于保证公文写作和办理的效率，有利于确保公文的严肃性和权威性。随着行政行为的规范化和法制化，公文的规范及格式会更加科学、严谨。

3. 读者的明确性

公文在格式上对阅读范围有明确规定。有的公文有专门规定来约定读者范围，即主送机关、抄送机关和附注。有些重要公文，可能还需要通过标明秘密等级，即绝密、机密、秘密来约定公文的读者范围。一旦违规，相关单位和人员将受到纪律或法律的惩处。

但有的公开告知性的公文，如决议、命令、公报、通告、公告、通报等，主要通过新闻媒体、公开张贴等形式发布，阅读范围还可以包括广大的社会群众，甚至面向国际社会。

4. 效力的强制性

公文体现的是社会组织的集体意志，它具有令行禁止的作用。当然，公文的法定效力不可与法律同日而语，但也具有法规给予社会组织职权所产生的强制性，如批复，是上级机关对下级机关具体请示事项的指导意见，下级机关必须遵照执行；决定，具有党和国家领导机关的指挥性和约束力；通知，具有规定性、指挥性和指导性。甚至其中一些公文，其执行力等同于法律。如命令，发出命令的行政机关有权依照法律的规定，动用军队或警察进行处罚；如果不按命令办理，就会受到法律的制裁。

**三、党政机关公文的分类**

党政机关公文分类的方式和标准可以多种多样，相应地，公文的类别也可以有若干种。

1. 按行文的方向来分

按行文的方向,公文可分为上行文、下行文、平行文、多向行文四类。

上行文是下级机关向其具有领导或指导关系的上级机关行文,主要有报告和请示。

下行文是上级机关向所属下级机关,或者虽无隶属关系却有指导职能的下级机关下发的公文,如命令(令)、决定、决议、通告、公告、批复及带有指示性质的通知、通报等。

平行文是平行机关与不相隶属机关之间,为商洽工作、询问或答复询问、请批或审批有关事项而制发的公文,包括函和议案等。

多向行文是既可上报,又可下发,还可平级发送的公文,如意见、纪要等。

2. 按公文的作用来分

按作用和功能,公文可分为指令性公文、指导性公文、照知性公文、公布性公文、商洽性公文、报请性公文、记录性公文八类。

指令性公文是由党政领导机关制发,用以确定开展工作或对重大事项做出部署的公文,包括命令(令)、决定、决议等。

指导性公文是由上级机关制发,用以阐明基本的方针和原则,要求下级机关根据实际情况灵活处理的公文,包括批复、意见等。

照知性公文是用来在特定的对象中通知事项、通报情况、提出要求的公文,包括通知、通报、公报等。

公布性公文是向一定的范围,如全世界、全国、全区、全机关等公开告知需要了解情况或需要遵守事项的公文,相对于照知性公文,此类更具广泛性,包括公报、公告、通告等。

商洽性公文是不相隶属的机关、团体、企事业单位之间用来商讨问题、接洽事项、沟通情况、谋求合作的公文,包括函、意见等。

报请性公文是下级机关向其直接领导机关汇报情况、反映问题、请求指示和批准事项的公文,包括报告、请示等。

记录性公文是在会议记录的基础上形成的公文,如纪要。

3. 按公文的办理来分

按办理的时间要求,公文可分为特(加)急公文、紧急公文、常规公文三类。

特(加)急公文是指事关重大而又十分紧急,要求以最快的速度制发和处理的公文。特(加)急公文必须在版头部分注明紧急程度,它往往涉及重要工作,需要从快制发和处理。与加急公文相比,特急公文时间要求更加严格。

紧急公文不在版头单独标注紧急程度,只在公文标题中注明,如"关于××××的紧急通知"。紧急电报应当分别标注"特提""特急""加急""平急"。

常规公文是指可以按正常的速度、程序制发和处理的公文。当然,常规公文也具有时效性,不可拖延处理。如批复,延迟批复将会影响下级机关工作的开展。

4. 按公文机密程度来分

按机密程度,公文可分为绝密公文、机密公文、秘密公文和普通公文四类。

绝密公文是指内容涉及党和国家最高一级的核心机密,或者在一定时间内必须绝对将知情人限定在极小范围内的公文。绝密公文的密级最高,如有泄露将会给党和国家、人民的根本利益造成巨大损害。

机密公文是指涉及党和国家的重要机密,对知情人和知情时间的限定仅次于绝密公文的公文。

秘密公文是指涉及党和国家的一般秘密,对知情人和知情时间有一定限制的公文。

普通公文是指可以在机关、团体、单位内,依据相关职能广泛传阅的公文。一定条件下,普通公文可以向社会公布、对国外传播。

## 第二节 党政机关公文格式的特点和作用

《党政机关公文处理工作条例》第三条规定:"党政机关公文是党政机关实施领导、履行职能、处理公务的具有特定效力和规范体式的文书,是传达贯彻党和国家的方针政策,公布法规和规章,指导、布置和商洽工作,请示和答复问题,报告、通报和交流情况等的重要工具。"从上述关于党政机关公文的定义可以看出,公文有两大显著特征:一是特定效力,二是规范体式。

公文的这两个特征相辅相成,互为支撑。特定效力要求公文在写作时必须严肃、严谨,从而体现公文的权威性;而公文制发环节中各要素的统一化、规范化、标准化,进一步强化了公文的严肃性,增强了公文的特定效力和权威性。

**一、党政机关公文格式的特征**

公文的格式与其他应用文书格式存在明显不同,有以下几个基本特征。

1. 格式的法定性

公文格式的法定性缘于公文的法定性,公文必须有法定的作者,即依法成立并能以自己的名义行使权利和承担义务的组织,因此公文格式作为公文的一种外在表现形式,自然就具有了法定的权威性。

党政机关公文格式一直以来就有明确规定。2012年7月以来,党政机关公文格式开始按照中共中央办公厅与国务院办公厅发布的《党政机关公文处理工作条例》和国家质量监督检验检疫总局、国家标准化管理委员会颁发的《党政机关公文格式》的新规定进行处理。

2. 格式的整体性

公文格式是整个公文的有机组成部分,它同公文内容构成一个互相联系和制约的有机整体,这是公文格式整体性显现的一方面。从外在结构看,公文格式同公文内容相联系,形成一个从外到内的公文整体。如公文的主题决定了公文标题的格式要素;反之,公文标题的格式要素,又可让读者快速了解公文传达的核心事项。

另一方面,公文格式本身就是一个整体。党政机关公文格式这个整体由版头、主体、版记三部分、十八个格式要素构成,要素与要素之间互相依赖。从公文格式所起的作用,可将这十八个要素分为四个层次:

一是公文管理标识域,包括版头的七个要素。它们为收文机关识别文件的诸多特征,如份号、密级与保密期限、紧急程度、发文机关标志、发文字号、签发人、版头中的分隔线等,有利于进行文件的登记、办理、查阅、立卷、归档等管理活动。

二是公文事项表达域,包括标题、主送机关、正文、附件等四个要素。通过这个层次向收文机关传达公文的全部内容,标题表达主题,主送机关表达行文关系,正文是主题的展开和具体化,附件是对正文内容的补充。

三是公文生效识别域,包括发文机关印章(或签名章)和成文时间两个要素,这是公文制发机关对公文生效负责的凭证。

四是公文检索说明域,包括附注、抄送、印发机关、印发时间、页码五个要素。这个层次的内容是上述三个层次未加说明的事项。

3. 格式的美观性

一份公文的文面总体上给人以视觉美,这种文面上的美观既是公文法定的要求,也是公文严肃、权威的体现。

公文格式的美观性,主要体现在公文是整齐、匀称、错落、比例等多种美的形式的综合体:如对字体字号的要求,就突出了公文格式的整齐特征;对各要素提出的位置要求,则使公文具有了匀称性。公文格式的美观和庄重包括三个方面的内容:一是公文要素的设置和在公文中的排列位置要体现美观和庄重;二是公文的用纸的质量和印刷质量,装订质量的好坏也影响到公文的美观与庄重;三是文秘人员在办公过程中认真负责的态度,也影响到公文的美观与庄重。

4. 格式的稳定性

公文格式是应用文书发展到相对成熟阶段的产物,它一经形成就会保持相对稳定性,以便于人们上行下效,按"格式"写作。公文实用性的特点决定了它无须追求标新立异。当然,公文格式在实践过程中,必然随着社会的发展不断变化,保留合理的、规范的内容,扬弃不合理的、不规范的部分,逐步形成完善的"格式",这种变化在一定历史时期内可能很微小,只有经过长期积累,才会显示出较大的时代差异。

**二、党政机关公文格式的作用**

对于党政机关公文格式的规范化,有人可能认为太僵化、呆板。其实,任何表达方式都有其存在价值,公文格式也是如此。

1. 有利于提高行政效率

规范化、标准化、统一化的公文格式,具有增强公文外在形式美的美学效果,也能使公文更具严肃性、权威性,更易被受文机关接受和理解,使受文者更加准确、快速地了解公文核心事项,大大提高公文执行的效率和质量。另一方面来说,规范格式的公文,能直接识别公文种类、处理要求,有利于公文的归档、立卷与检索。

2. 有利于凸显公文权威

公文的权威性在很大程度上是通过公文格式显示出来的。比如,公文一般都有发文机关标识,无论是固定格式的公文,还是标明文种的公文,发文机关标识一律要用大字套红,既醒目、美观,又体现了发文机关的权威性。标明文种的公文,如命令、决定、指示等,就直接表达了发文机关的指挥意图,受文单位必须无条件地服从和执行。绝大多数公文必须加盖印章并要标明生效日期,这同样是公文权威性和有效性的具体表现。一份没有署名和印章的公文,如何发生法律效力?一份用印歪斜、印记粗糙,既不端正,也不清晰的文件,人们会怎样评价发文机关?

3. 有利于加强公文管理

公文格式是直接为公文管理工作服务的。规范的公文格式,既有利于提高公文处理工作的质量,也有利于运用现代科学技术对公文进行管理。公文格式中许多标识和要求,都是为了适应公文管理工作需要而设置的。比如,发文字号就为公文的登记、立卷、归档和查找、转发提供了方便;公文份号为控制重要文件的印数及登记、查找提供了方便;发文机关标识、文种标识和公文标题等,为转发公文、立卷、归档和查找利用也提供了方便;公文的用纸规格、书写、印刷和装订的统一要求,都是为了方便公文处理工作。随着时代的发展,公文格式也会不断发展变化,以适应公文管理工作的现代化。

4. 有利于保障公文安全

公文的主送机关明确了公文主要的发送对象,确保公文准确安全地送达受文单位;公文的抄送机关是公文所涉及的机关、单位,抄送机关标注的正确与否直接关系到该公文能否被正确的受文机关接收;密级作为公文格式的一个组成要素,只在部分保密性的公文中出现,使公文能在安全保密的环境中运行。以上公文格式使范围之外以及不相干的单位与个人没有接触公文的可能性,从而确保了公文的安全。

## 第三节　党政机关公文的通用格式

《党政机关公文处理工作条例》规定:"公文一般由份号、密级和保密期限、紧急程度、发文机关标志、发文字号、签发人、标题、主送机关、正文、附件说明、发文机关署名、成文日期、印章、附注、附件、抄送机关、印发机关和印发日期、页码等组成。"

2012版国家标准对党政机关公文通用的纸张要求、印刷要求、公文中各要素排列顺序和标识规则做了规定,并将组成公文的各要素划分为版头、主体、版记三部分。

公文首页红色分隔线（宽度同版心，即 156 毫米）以上的各要素统称为版头。版头位于公文之首，位置相对固定，与人们通常所说的"红头文件"的"红头"部分相对应，一般由份号、密级和保密期限、紧急程度、发文机关标志、发文字号、签发人等要素构成。

公文首页红色分隔线（不含）以下至公文末页上分隔线（不含）以上的部分称为主体。主体的篇幅不固定，依据公文内容的长短而变化，由于公文核心内容均在此部分，因此称之为"主体"。主体一般由标题、主送机关、正文、附件说明、发文机关署名、成文日期、印章、附注、附件等要素构成。

末页上分隔线以下、下分隔线以上的部分称为版记。版记位于公文之尾，位置相对固定，一般包括抄送机关、印发机关和印发日期等要素。版记应置于公文最后一页，版记的最后一个要素置于最后一行，页码在版心外。

## 一、版头部分

1. 份号

份号是指公文印制份数的顺序号。并不是所有的公文都需要编制份号。根据《党政机关公文处理工作条例》规定，凡涉密公文应当标注份号。当然，如果发文机关认为有必要，也可对不带密级的公文编制份号。

编制份号可以准确掌握公文的印制份数以及分发的范围和对象，有利于对发送的公文进行跟踪和管理。因此，发文机关和收文机关都要对份号进行登记。

2012 版国家标准规定，编制份号一般采用 6 位 3 号黑体阿拉伯数字，排列在首页顶行顶格居左位置。实际编号时可采用 3～6 位阿拉伯数字，即第一份公文份号可以编为"001""0001""00001""000001"，依次编序。

2. 密级和保密期限

密级和保密期限是指公文的秘密等级和保密的期限，秘密等级是标识公文保密程度的标志。

《党政机关公文处理工作条例》规定，涉密公文应当根据涉密程度分别标注"绝密""机密""秘密"和保密期限。根据《中华人民共和国保守国家秘密法》，"绝密"是最重要的国家秘密，泄露会使国家的安全和利益遭受特别严重的损害；"机密"是重要的国家秘密，泄露会使国家的安全和利益遭受严重的损害；

"秘密"是一般的国家秘密,泄露会使国家的安全和利益遭受损害。保密期限是对公文密级时效的规定。公文制发机关应当按照《中华人民共和国保守国家秘密法》和相关规定确定公文的密级和保密期限。

2012版国家标准规定密级和保密期限采用3号黑体字,保密期限中的数字用阿拉伯数字标注,顶格置于份号之下、版心左上角第二行。一般密级和保密期限之间可用"★"分隔,如"秘密★1年""绝密★10年","绝密""机密"或"秘密"字之间不空格,保密期限中阿拉伯数字和"年"字之间也不空格。如果只标密级不标保密期限,"绝密""机密"或"秘密"两字之间空1字。保密期限根据实际情况确定,一般分一年以内、一年及一年以上、长期和期限不做标注。期限不做标注一般按保密期限20年认定。

《党政机关公文处理工作条例》规定:"涉密公文应当标注份号。"这意味着标注密级必须标注份号,份号编排在第一行,密级和保密期限一定编排在第二行。

3. 紧急程度

紧急程度是对公文送达和办理的时限要求。根据紧急程度,紧急公文应当分别标注"特急""加急"。2012版国家标准中规定紧急程度采用3号黑体字,顶格编排在版心左上角。

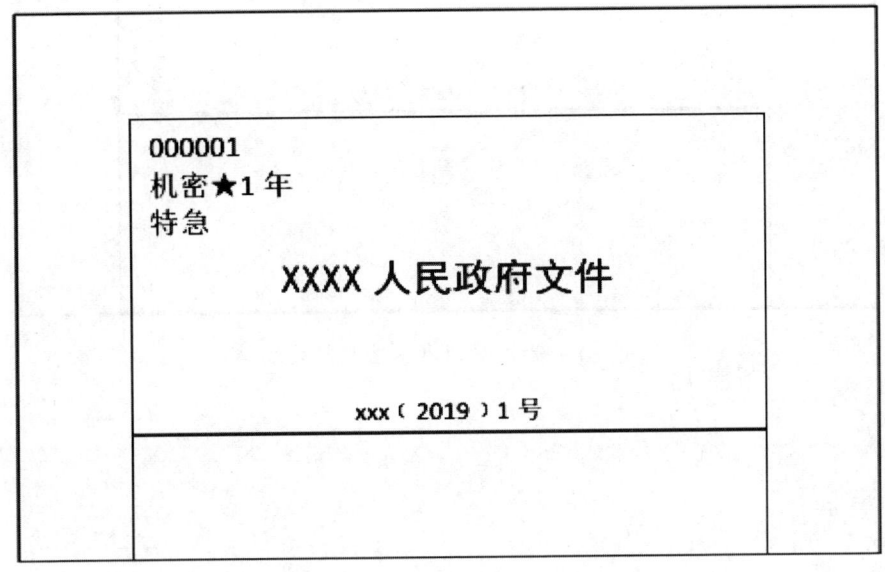

图2-1 份号、密级和保密期限、紧急程度的编排

紧急程度具体排在第几行,有下面三种情况:如果只有份号,没有密级和保密期限,紧急程度就编排在版心左上角第二行;如果有份号、密级和保密期限,紧急程度就编排在版心左上角第三行,三个要素在版心左上角的第一、二、三行依次编排;如果既没有份号,又没有密级和保密期限,紧急程度则编排在版心左上角第一行。

需要强调的是,如果同时标注密级和保密期限、紧急程度,表达紧急程度的两个汉字之间不空格,即应标注为"特急";如果只标注密级和紧急程度,不同时标注保密期限,表达紧急程度的两个汉字之间应空1字,即应标注为"特 急"。

图2-2 份号、密级和保密期限的编排

图 2-3　份号、紧急程度的编排

图 2-4　紧急程度的编排

4.发文机关标志

发文机关标志即人们通常所说的"红头""文件头"。《党政机关公文处理工作条例》规定,发文机关标志由发文机关全称或者规范化简称加"文件"二字组成,也可以直接使用发文机关全称,不加"文件"两字。发文机关全称应以批准该机关成立的文件核定的名称为准。规范化简称应由该机关的上级机关规定,也可由本机关自定。

2012版国家标准推荐发文机关标志使用小标宋体字,是因为小标宋体字显得庄重。关于发文机关标志的字号,本次修订不再做具体规定。关于发文机关标志的具体排布,文字少的情况下要尽量拉宽字间距,文字多的情况下尽量压缩字间距,总体上要求发文机关标志必须排列在一行内,并要小于版心的宽度,做到醒目、美观、庄重。发文机关标志的位置,距离版心上边缘都是35毫米,正好可以标注份号、密级和保密期限以及紧急程度。

图2-5 单一机关发文(带"文件"二字)

对于联合行文,发文机关标志可以同时标注联署发文机关的名称,也可单独使用主办机关的名称。如果需要同时标注联署发文机关时,应分行连续标注所有联署发文机关名称,一般主办机关在前,并将"文件"二字置于联署发文机关名称右侧,上下居中排列。

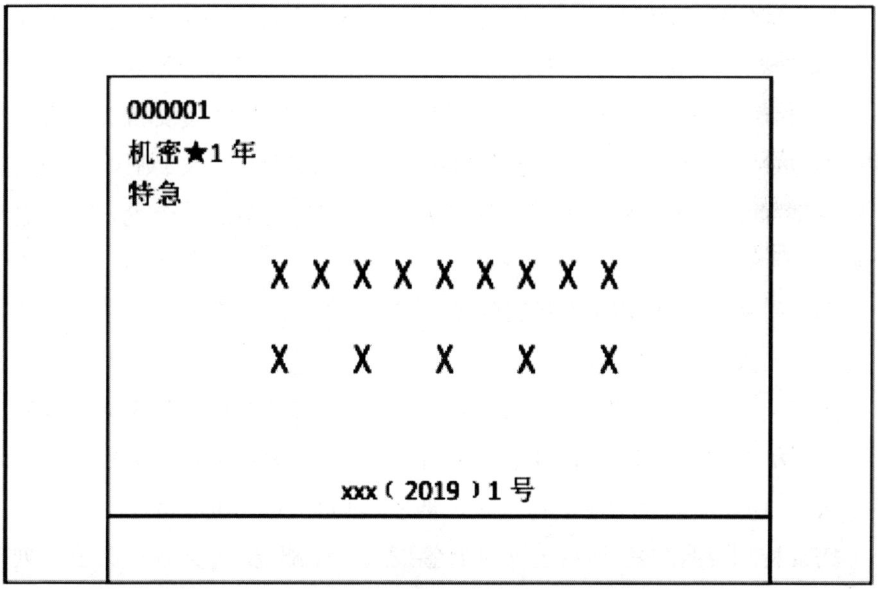
000001
机密★1年
特急
X X X X X X X X X
X X X X X
xxx（2019）1号

图2-6　多个发文机关联合发文（不带“文件”二字）

5.发文字号

发文字号由发文代字、年份、发文顺序号组成。发文字号是公文的“身份标识”。发文字号在文件登记、文件查询引用、文件归档管理等环节都有重要作用。

发文代字是由发文机关文秘部门为本机关所有部门统一编制的规范化缩写加“发”“函”等组成。发文代字一般由3个字构成，第一个字为地域代字，第二个字为机关代字，第三个字为分类代字。代字的确定应能代表发文机关的特征，如中共中央的代字为“中”，国务院的代字为“国”。

在编写机关代字时，力求做到明确、简洁、规范，且不产生歧义和冲突，特别不能与上级机关、同级机关的机关代字相互冲突或重复，如一个地方政府、政协和政法委在发文机关代字上都缩写成“政”的话，就可能出现不同文件同一发文字号的重复现象。

年份要用四位年代号，不应简化，如“98”“18”等都是错误的。年份用六角括号“〔〕”括起，如〔2018〕。注意六角括号不是数学公式中的中括号，也不是圆括号。

发文顺序号是一个发文机关一年内制发文件的统一流水号。所谓统一流水号，一般建议以不同发文形式分别进行统一编号，如以本机关名义制发的公文可以统一编号，以本机关办公厅名义制发的公文另行统一编号。发文顺序号不加"第"字，不编虚位（即1不编为01），在阿拉伯数字后加"号"字。

2012版国家标准规定，发文字号采用3号仿宋体，置于发文机关标志下空两行的位置。如果是平行和下行文，居中排布。如果是上行文，则居左排布，并左空一字，此时右侧对称位置标注签发人，发文字号与最后一个签发人姓名同处一行。

联合行文时，应使用主办机关的发文字号。

6. 签发人

上行文应当标注签发人姓名，所以，只有上行文才会出现签发人。签发人为发文机关的主要负责人，标注签发人姓名，主要是为了上级机关在处理下级机关公文时，让上级机关领导人了解下级机关谁对上报的事项负责。

需要特别说明的是，所有公文都有签发人这个概念。《党政机关公文处理工作条例》要求，公文应当经本机关负责人审批签发，重要公文和上行文由机关主要负责人签发。可见，任何一份公文都有签发人，一般性公文由主管领导就可以签发，而上行文必须由机关主要负责人签发。主要负责人指各级机关的正职或主持工作的负责人。

为清晰醒目，对比明显，"签发人"三字使用3号仿宋体字，签发人姓名使用3号楷体字。单一机关或者两个机关联合上行文，签发人编排在发文字号的右侧，与发文字号处在同一行，右空一字。这样显得对称美观。三个及三个以上机关联合上行文，签发人标注的方法是："签发人"三字和全角冒号与首行签发人姓名编排在发文机关标志下空两行位置，按发文机关顺序编排签发人姓名，每行一般排两个签发人姓名，两个签发人姓名中间空1字。回行时应做到，每行签发人姓名的第一个字都要对齐。发文字号应始终与最后一个签发人姓名处于同一行。

联合发文时，所有联合发文机关的负责人都称为签发人，并都需要标注签发人姓名，当然主办机关的签发人应放在第一位。

图2-7 单个签发人编排

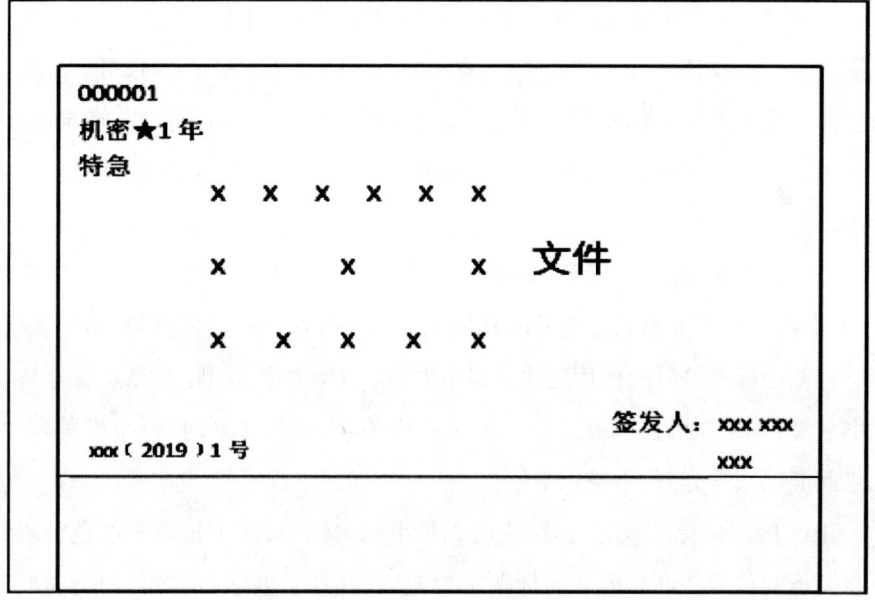

图2-8 多个(3个)签发人编排

在发文字号之下4毫米处印一条与版心同宽的红色分隔线。这条红色分隔线也是印制空白红头文件纸时所需的。红色分隔线的高度推荐使用0.35—0.5毫米,具体高度可根据发文机关标志字体字号确定。

## 二、主体部分

### 1.标题

标题是对公文主要内容准确、简要的概括,其作用在于向阅读者传达公文的基本内容。

公文标题的具体拟写方法有下列四种:

发文机关+事由+文种,如《国务院关于坚决制止乱砍滥伐森林的紧急通知》。

事由+文种,如《关于进一步加强网吧与网络游戏管理工作的通知》,使用这种标题的公文,一般应有固定的文件版头,或文末必须有发文机关署名。

发文机关+文种,如《中华人民共和国农业部公告》,这种标题适用于发文机关级别较高,发布内容重要、庄重、严肃,而篇幅较短的公文。

只标出文种如:通知、通告等,这种标题多用于内容比较简单的公文。

发文机关名称可用发文机关全称或规范化简称;三个以下(含三个)机关联合发文时,应列出所有发文机关的名称;四个以上机关联合行文时,可以采用排列在前的发文机关名称加"等"的方式。"事由"部分必须简明扼要,造词精准,突出主旨,力求用最精练的文字准确概括出全文的主要内容与精神实质,一般使用动宾结构。

公文标题中除法规、规章名称加书名号外,一般不用标点符号。在实际工作中,标题中确有除书名号之外的其他标点符号存在,如顿号、括号、引号、破折号。标题中标点符号的使用应注意以下两点:一是法律、法规、规章名称全称应加书名号;二是如果在事由部分出现多个机关、人名等并列时,每个机关名称、人之间应用顿号分开,不使用空格。

2012版国家标准规定,标题使用2号小标宋体字,居中排布于红色分隔线下空两行的位置。许多公文的标题字数较多,往往需要多行排布,回行时要做到词意完整、排列对称、长短适宜、间距恰当。标题排布应当使用梯形或菱形结构。

一般来说,标题要尽量简短,不要占的行数太多。每行标题字数不能过多,如果左右都顶到版心边缘,会显得十分拥挤。标题采用3号字,行距过大会使标题显得不美观。国家标准不能涵盖公文处理工作中出现的所有问题,按规定公文首页必须显示正文,这是原则,不能变,但有时标题所占行数太多会出现把正文挤出首页的情况,此时可以将标题上移,不必在红色分隔线之下空两行,确保公文首页有正文。

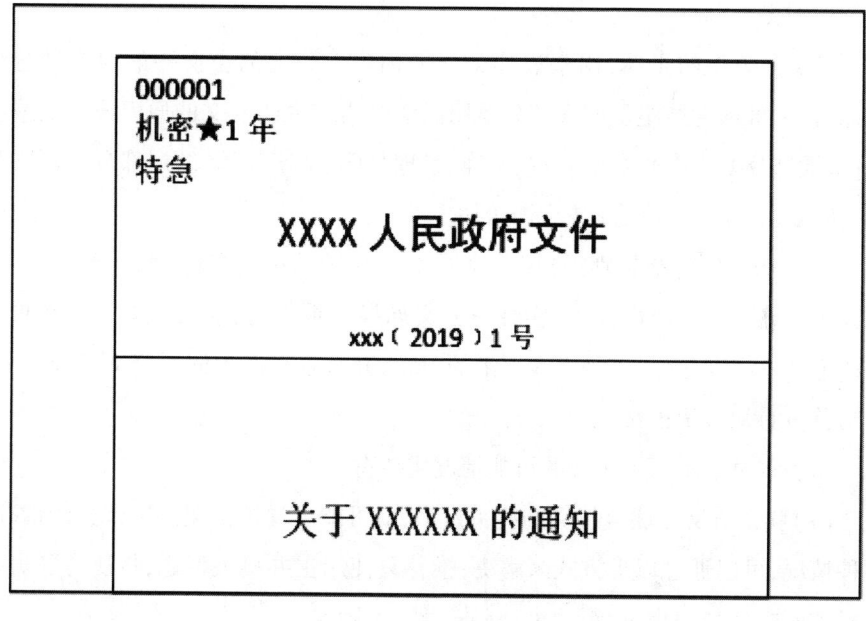

图2-9 公文标题位置

2. 主送机关

主送机关是指公文的主要受理机关,应当使用机关全称、规范化简称或者同类型机关统称。对于上行文,原则上只能有一个主送机关,以便公文的办理。所谓同类型机关统称,如"各省、自治区、直辖市人民政府,国务院各部委、各直属机构"。

有些公文可能没有主送机关。如公告,用于向国内外宣布重要事项或法定事项,一般通过报纸、电视、广播电台、网络向国内外公开发布和传播,所以没有特定的主送机关。

主送机关的顺序一般按照重要程度排列。各有关单位之间用顿号或逗号分清层次,同类型机关内同级机关之间用顿号分隔,不同类型机关之间使用逗号分隔,最后一个主送机关之后标全角冒号。如"各省、自治区、直辖市党委和人民政府,中央和国家机关各部委,解放军总部、各大单位,各人民团体"。

2012版国家标准规定,主送机关用3号仿宋体字,在标题下空一行顶格编排,回行时必须保持机关名称的完整性,仍然顶格。当主送机关过多导致公文首页不能显示正文时,应将主送机关名称移至版记中,置于抄送机关的上一行,与抄送机关之间不加分隔线。

3.正文

正文是公文的主体,用来表述公文的内容。公文的正文一般由三部分组成:前言+事项+结尾。前言部分要用简洁的语言说明发文的原因或目的或根据;事项部分要求中心突出、表意明确、条理分明、文字简练;结尾部分不同文种有不同要求,相同文种有比较固定的表述。

2012版国家标准特别提出"公文首页必须显示正文"这一明确要求,主要是为了保证公文的严肃性、真实性。公文如果首页没有正文,使人一看首页还不知道文件内容是什么,是不太严肃的事情,并且容易产生假冒公文,因此规定公文首页必须显示正文。

出现首页显示不了正文的可能情况主要有:

(1)联合行文。联合行文的机关过多,就可能出现把正文挤出首页的情况。此种情况,可以通过以下方式来解决:推荐只使用主办机关标志;将所有联署发文机关标志字号缩小、行距缩小;调整行距、字距。

(2)主送机关过多。主动机关过多,也可能出现把正文挤出首页的情况,可将主送机关移到版记中编排在抄送机关上一行。

(3)签发人过多。签发人太多,也可能把正文挤出首页,可增加每行签发人编排个数。

正文一般采用3号仿宋体字,从主送机关下一行开始,每个自然段左空两字,回行顶格,自然段之间不空行。

使用数字进行计量、编号或表述时间的场合,应该使用阿拉伯数字,一个用阿拉伯数字书写的数值应在同一行中,避免被断开;作为非公历纪年、概数(如三四个月、一二十个),应该使用汉字数字;公文中涉及字母词的应严格规范,各级党政机关制发公文时一般不使用字母词,如确需使用,应当在文中首次出现时以括注的方式注明准确的汉语译名,如使用GDP这个概念,应该以"GDP(国民生产总值)"方式引用。

```
000001
机密★1年
特急
         XXXX人民政府文件

              xxx〔2019〕1号


         XXXXX关于XXXXXX的通知

XXXX、XXXX、XXXX，XXXXX、XXXXX、XXXX、XXX，
XXXX、XXXX：
    XXXXXXXXXXXXXXXXXXXXXXXXXXX
XXXXXXXXXXXXXXXXXXXXXXXXXXXXXX
XXXXXXXXXXXXXXXXXXXXXXXXXXXXXX
XXXXXXXXXXXXXXXXXXXXXX。
XXXXXXXXXXXXXXXXXXXXXXXXXXXXXX
XXXXXXXXXXXXXXXXXXXXXXXXXXXXXX
XXXXXXXXXXXXXXXXXXXXXXXXXXXXXX
XXXXXXXXXXXXXXXXXXXXXXXXXXXXXX
XXXXXXXXXXXXXXXXXXXXXXXXXXXXXX
XXXXXXXXXXXXXXXXX。
XXXXXXXXXXXXXXXXXXXX。
```

图2-10　主送机关、正文格式

公文文中结构层次，一般不超过四层，其层次序数依次可用"一、""（一）""1.""（1）"标注；一般第一层用黑体字，第二层用楷体字，第三层和第四层用仿宋体字标注。层次序数可以越级使用，如果公文结构层次只有两层，第一层用"一、"，第二层既可以用"（一）"，也可以选用"1."。

当正文中需要引用其他公文时，按照先引标题后引发文字号的方式进行引用。如"根据《国务院国有资产监督管理委员会关于××××的通知》（国资发〔2018〕××号）的要求"。

4.附件说明

附件说明是公文附件的顺序号和名称。公文正文中的一些内容、如图表、名单、规定等，如穿插在公文正文中，往往隔断公文前后的联系造成阅读上的不便，需将其从公文正文中抽出来作为公文的补充单独表述，即附件。

公文附件是正文内容的组成部分,与正文具有同等效力。因此,在正文中涉及附件内容处加括号注明"见附件"或"附后";在公文的正文之下、公文生效标志(即发文机关署名、成文日期和印章)之上须准确标注附件的顺序号和名称,以显示公文的附件与正文不可分割的关系。

若公文带有一个附件,需在正文之下、公文生效标志(即发文机关署名、成文日期和印章)之上标注附件的名称;若公文带有两个及两个以上附件,需要在公文正文之下、公文生效标志(即发文机关署名、成文日期和印章)之上标注附件的顺序号和名称。

附件说明的编排规则为:一是用3号仿宋体字在正文下空一行之后,左空两字开始标注"附件"二字,后标全角冒号和附件名称。二是公文带有两个及两个以上附件,附件名称前面用阿拉伯数字标注附件的顺序号,顺序号后面紧跟一个小圆点(如"附件:1.××××"),顺序号上下对齐。三是附件名称较长需回行时,应与上行附件名称的首字对齐。四是附件名称不使用如何标点符号,如书名号、分号、句号等。五是正文中涉及附件处的标注内容、附件说明处的标注内容及附件的标注内容前后要一致。

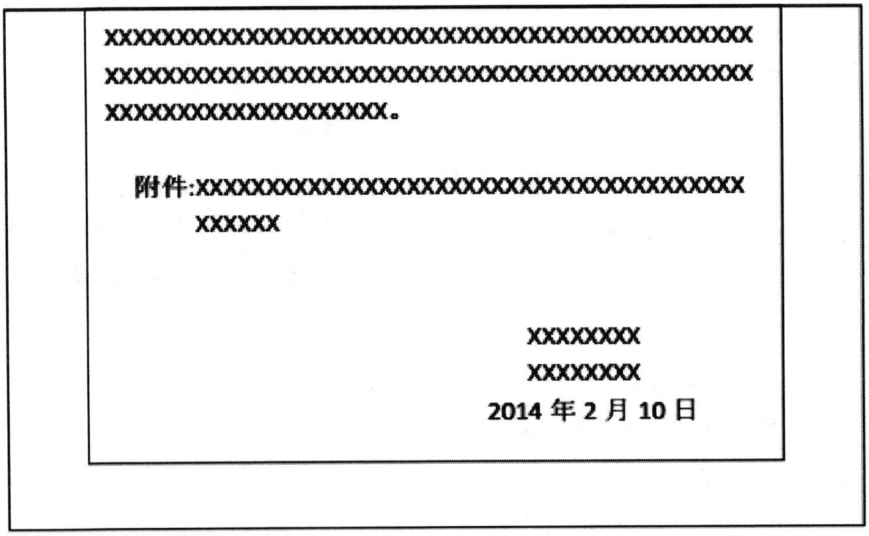

图2-11 带1个附件的附件说明

```
XXXXXXXXXXXXXXXXXXXXXXXXXXXXXXXXXXX
XXXXXXXXXXXXXXXXXXXXXXXXXXXXXXXXXXX
XXXXXXXXXXXXXXXXXXXX。
附件:1.XXXXXXXXXXXXXXXXXXXXXXXXXXX
       XXXXX
     2.XXXXXXXXXXXXXXXXXXXXXX

                         XXXXXXX
                         XXXXXXX
                       2014 年 2 月 10 日
```

图 2-12 带有多个附件的附件说明

需要注意的是:在正文中写明报送、批转、转发、印发等字样的公文,在其生效标志后附的内容不是公文的附件,而是公文的主体内容,因此在附件说明处不必标注相关内容。

5.发文机关署名、成文日期和印章

将发文机关署名、成文日期和印章三个要素放在一起进行规定,主要是由于这三个要素联系紧密,编排位置相互影响,构成了公文的生效标志。

(1)发文机关署名。发文机关署名应当用发文机关全称或规范化简称,以成文日期为准居中排列。公文一般以发文机关名义署名,特殊情况,如议案、命令(令)等文种,需要由签发人署名的,应当写明签发人职务并加盖签发人签名章。要注意发文机关署名应与发文机关标志、标题中发文机关名称相一致。

联合行文时一般须标注发文机关署名,发文机关署名的顺序应与发文机关标志的排列顺序一致。

(2)成文日期。成文日期是公文的生效时间,是党政机关公文生效的重要标志。成文日期确定的原则是:会议通过的决议、决定等以会议正式通过的日期为准;经发文机关负责人签发的公文,以签发日期为准;联合行文的公文,以最后签发的机关负责人签发的日期为准。

成文日期在公文中的标注位置有两种:一是在公文标题之下,并用圆括号"( )"括起来,如会议通过的决议、决定等公文;二是成文日期在公文正文或附件说明的右下方,排列在正文尾行空 4 行右侧空 4 字的位置。成文日期的格式必须使用阿拉伯数字标注完整的年月日,如:2013 年 1 月 1 日。

(3)印章。公文中有发文机关署名的,应当加盖发文机关印章,并与署名机关相符。公文加盖印章是体现公文效力的表现形式,是公文生效的标志,是鉴定公文真伪最重要的依据。

上行文,一定要加盖印章。纪要一般不加盖印章。联合下行文时,所有联署行文机关均须署名并加盖与发文机关署名、发文机关标志相符的印章。签发人签名章也属于印章的一种特殊形式。对于以机关负责人名义制发的公文,需要署签发人的签名章,如议案、命令(令)等。

图 2-13　单一行文发文机关署名、成文日期、印章编排

印章居中下压发文机关署名和成文日期,使发文机关署名和成文日期居印章中心偏下位置,居中下压是指印章、发文机关署名和成文日期的纵向中心线应该重合,印章下边缘与成文日期下边相切,印章的上边缘距正文(或附件说

明)距离应在1行之内,以防止空白过大,容易被人插入内容,伪造公文。印章端正是基本要求,特别是手工加盖印章,务必使印章清晰、不歪斜。

联合行文时,必须加盖所有发文机关的印章,每排最多排3个印章,确保印章间互不相切或相交,印章和署名的纵向中心线应重合,署名的左右排列顺序与发文机关标志中的排列顺序应一致;同时保证首排印章的顶端距离正文(或附件说明)也不能超过1行。最后1个印章端正居中下压发文机关署名和成文日期。

图2-14 两个机关联合行文署名、成文日期、印章编排

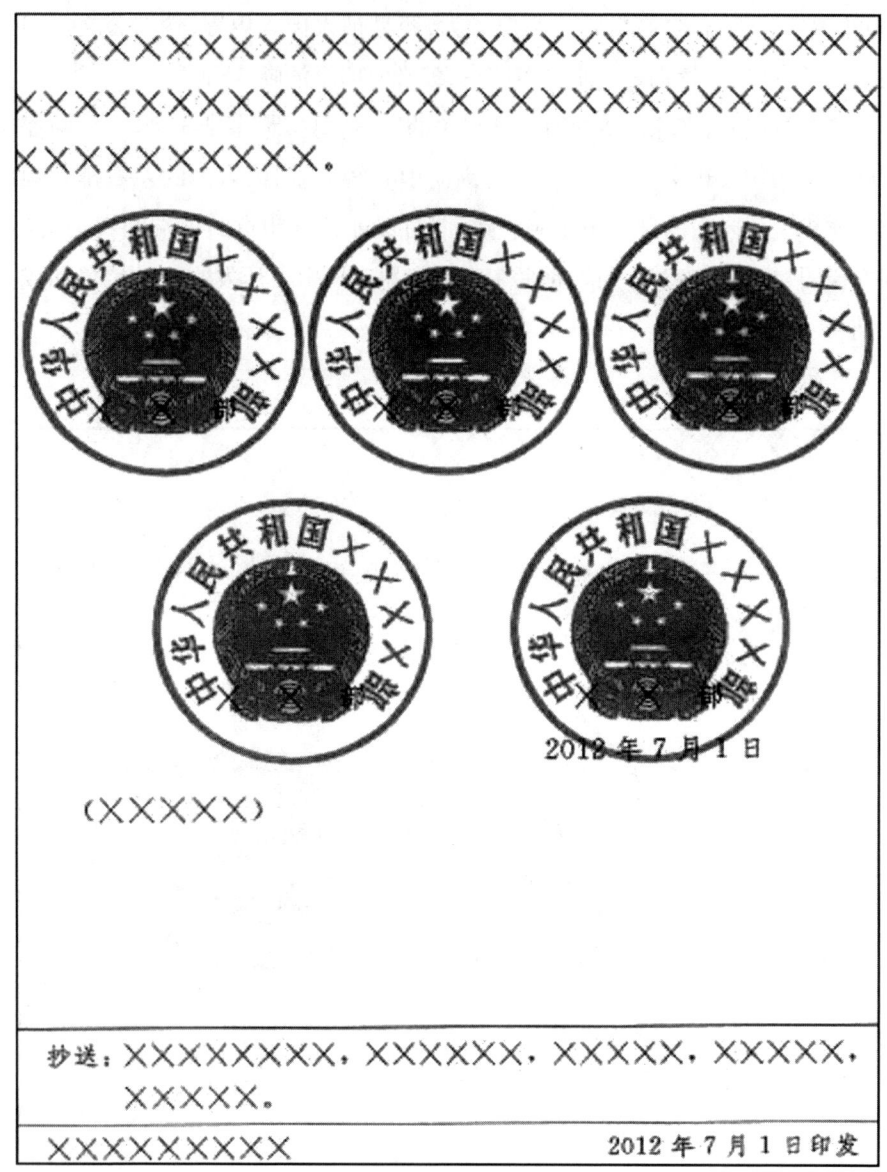

图 2-15　五个机关联合行文印章编排

不加盖印章的公文。无论是单一机关行文还是联合行文发文机关署名,第一个发文机关署名都标注在正文(或附件说明)下空一行位置(即离正文或附件说明 10 毫米),联合行文时首先标注主办机关署名,其余发文机关署名与主办机关上下对齐,依次向下排列。

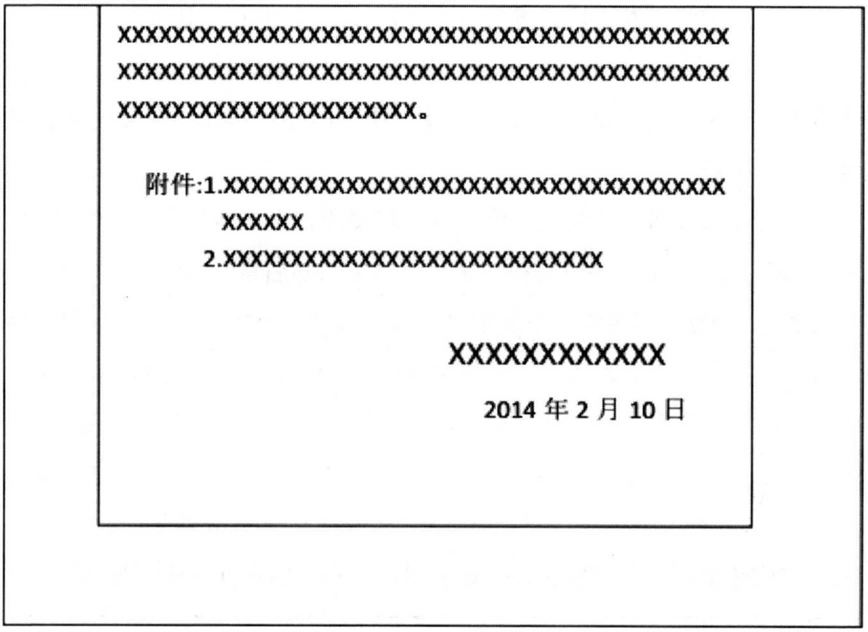

```
XXXXXXXXXXXXXXXXXXXXXXXXXXXXXXXXXXXX
XXXXXXXXXXXXXXXXXXXXXXXXXXXXXXXXXXXX
XXXXXXXXXXXXXXXXXXXXX。

附件:1.XXXXXXXXXXXXXXXXXXXXXXXXXXXXXX
      XXXXX
    2.XXXXXXXXXXXXXXXXXXXXXXX



                    XXXXXXXXXX
                    2014 年 2 月 10 日
```

图 2-16　不加盖印章落款(发文机关署名长)

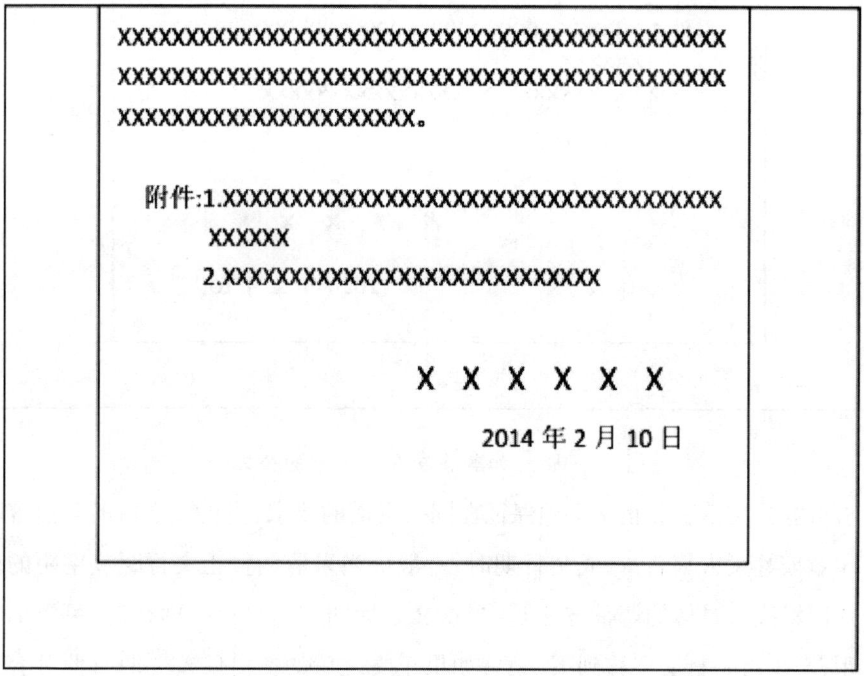

```
XXXXXXXXXXXXXXXXXXXXXXXXXXXXXXXXXXXX
XXXXXXXXXXXXXXXXXXXXXXXXXXXXXXXXXXXX
XXXXXXXXXXXXXXXXXXXXX。

附件:1.XXXXXXXXXXXXXXXXXXXXXXXXXXXXXX
      XXXXX
    2.XXXXXXXXXXXXXXXXXXXXXXX



             X  X  X  X  X  X
                2014 年 2 月 10 日
```

图 2-17　不加盖印章落款(成文日期长)

成文日期标注在发文机关署名的下一行,成文日期首字比发文机关首字右移两字;如果发文机关署名长于成文日期,那么发文机关署名居右空两字编排;如果成文日期比发文机关署名长,成文日期居右空两字编排,发文机关署名适当增加右空字数。

加盖签发人签名章的公文。单一机关制发的公文加盖签发人签名章时,在正文(或附件说明)下空两行右空四字加盖签发人签名章,签名章左空两字标注签发人职务,相对于签名章上下居中。在签发人签名章下空一行右空四字标注成文日期。联合行文需加盖签发人签名章时,在正文(或附件说明)下空两行右空四字加盖主办机关签发人签名章,签名章左空三字标注签发人职务,相对于签名章上下居中。其余机关签发人职务、签名章依次向下编排,与主办机关签发人职务、签名章上下对齐:每行只编排一个机关的签发人职务、签名章;签发人职务应标注全称。在签发人签名章下空一行右空四字标注成文日期。

```
XXXXXXXXXXXXXXXXXXXXXXXXXXXXXXXXXX
XXXXXXXXXXXXXXXXXXXXXXXXXXXXXXXXXX
XXXXXXXXXXXXXXXXXXX。

附件:1.XXXXXXXXXXXXXXXXXXXXXXX
      XXXXX
    2.XXXXXXXXXXXXXXXXXXXXX



                        省 长   X X X
                        2014 年 2 月 10 日
```

图 2-18 加盖签发人签名章的公文

根据公文落款和正文必须保证在同一页面的要求,当正文之后的空白容不下印章或签发人签名章、成文日期时,一般应当采取调整正文行距或字距的措施加以解决。具体的调整方法是:当正文之后的空白只有一两行时,可以加宽行距,至少将一行文字移到下一页;如果正文之后的空白仅差一两行便可容下印章位置时,可以缩小行距或缩小一两行字距,挤出能容下印章的空间;如果以上调整仍无法解决,也可以采取"此页无正文"的方法,即将印章加盖在下一空白页上,并在该空白页第一行顶格标注"(此页无正文)"。

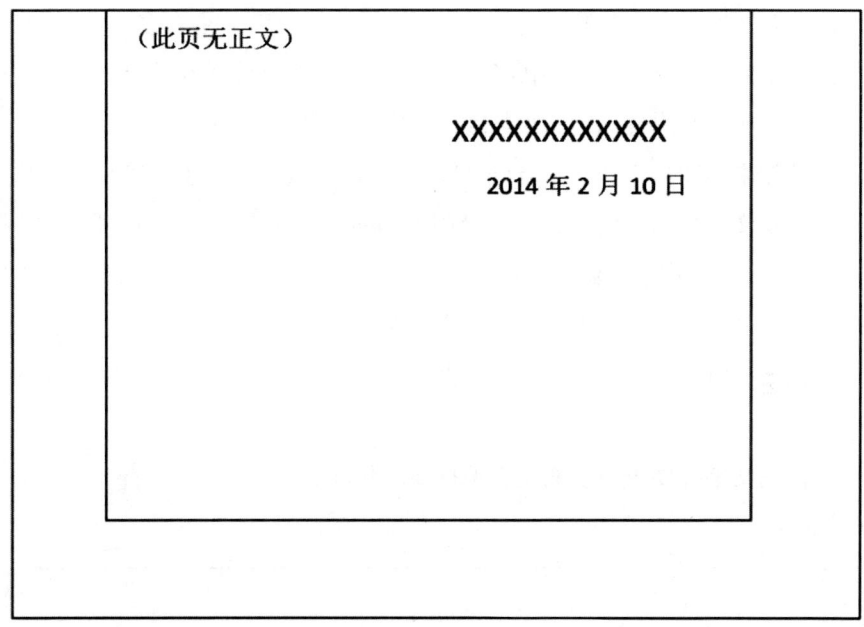

图 2-19 空白页落款

6. 附注

附注是公文印发传达范围等需要说明的事项,对公文的发放范围、使用时需注意的事项加以说明。印发传达范围一般针对平行文和下行文,如"此件公开发布""此件发至县团级"等,对发送范围和阅读对象进行限定。"请示"件应在附注处注明联系人及联系电话,以示负责。

附注不是对公文正文内容的解释,对正文的注释或解释一般在公文正文中采用句内括号或句外括号的方式解决。附注使用3号仿宋体,紧接成文日期下一行居左空两字,并在文字外加圆括号,回行时顶格。

7. 附件

附件指公文正文的说明、补充或者参考资料。因此,附件是附属于公文正文的其他文字、图表、图形等材料,对公文正文起说明、解释、补充、证实、参考作用,是公文正文的有机组成部分,同正文具有同等效力。

附件需要另页编排,就是不管前一页留有多少空白,都需要另起一页。附件应在版记之前编排,并与正文一起装订,这也是实际操作中容易忽视的一点。

如果在版记之后编排装订附件，由于版记是公文结束的标志，附件就不能视为公文的组成部分了。

　　附件要在版心左上角第一行顶格编排"附件"二字，如果有多个附件，其后必须紧跟附件顺序号，顺序号后无须加冒号。附件标题编排在首页第三行居中位置。附件序号和附件标题必须与附件说明中的内容完全一样。

　　附件如果不能与正文一起装订，则应在附件首页版心左上角第一行顶格标注公文的发文字号加"附件"二字以及附件顺序号。如正文中的附件标识为"附件：1. 2012年度国家标准制修订计划项目"，在与正文不一起装订的附件的左上角应标注"国标委〔2012〕215号附件1"。转发、印发类公文，被批转、转发、印发的内容，在公文正文中不加附件说明，直接另页编排，附件首页也不标注"附件"二字。

　　附件正文编排要求与公文正文编排要求相同。

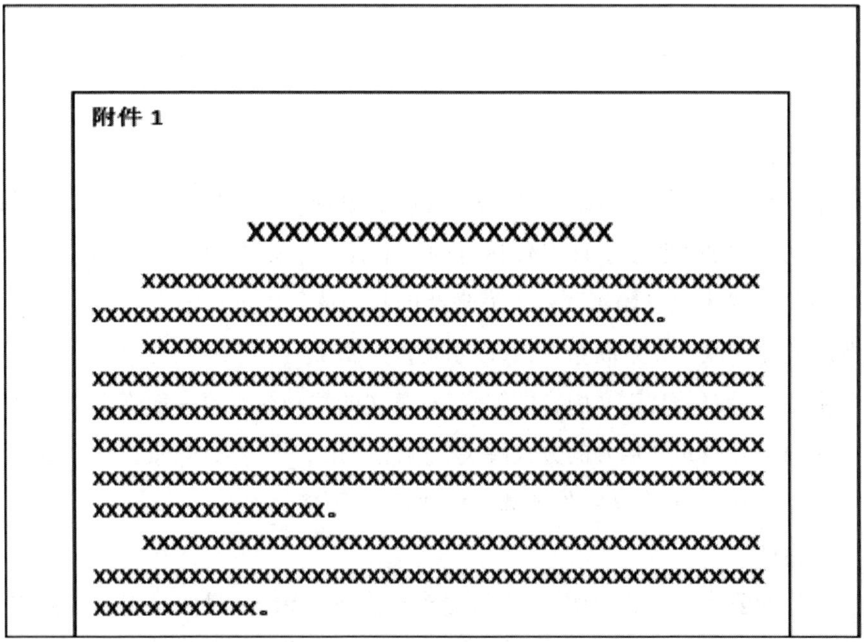

图2-20　与正文一起装订的附件编排

```
┌─────────────────────────────────────────┐
│  ┌───────────────────────────────────┐  │
│  │ 国办发〔2017〕5 号附件              │  │
│  │                                   │  │
│  │      ×××××××××××××××             │  │
│  │   ××××××××××××××××××××××××       │  │
│  │   ×××××××××××××××××××××。        │  │
│  │   ××××××××××××××××××××××××       │  │
│  │   ××××××××××××××××××××××××       │  │
│  │   ××××××××××××××××××××××××       │  │
│  │   ××××××××××××××××××××××××       │  │
│  │   ××××××××××××××××××。           │  │
│  │   ××××××××××××××××××××××××       │  │
│  │   ××××××××××××。                 │  │
│  └───────────────────────────────────┘  │
└─────────────────────────────────────────┘
```

图 2-21　单独装订的附件编排

### 三、版记部分

**1. 版记中的分隔线**

版记置于公文的最后一页，版记的最后一个要素置于最后一行，也就是说版记一定要放在公文的最后，即公文的最后一面的最下面的位置。

版记一般包括抄送机关、印发机关和印发日期等要素。确定版记的位置在实际操作中应注意以下问题：

（1）2012 版国家标准规定，公文双面印刷，版记一定要在偶数页上。假设公文内容很短，即使首页可以放下版记内容，由于公文是双面印刷，版记也必须移至第 2 页上，即便第 2 页除了版记没有任何内容。

（2）公文的篇幅如果在一个折页（即有四面）以上，这时公文的页数一般应是 4 的倍数（一般是用 A3 纸印刷，用骑马订装订），此时版记也一定要放在最后一面，而不管前面的空白有多少（一般不会超过 3 面），版记页和空白页都不标码。

（3）如果附件是被转发的文件，转发文件还应标识自己的版记。

版记中，抄送机关和印发机关、印发日期之间加一条分隔线隔开，名称为中间分割线，其作用为：一是显示各要素之间的区别；二是显得美观。要注意第一个要素之上和最后一个要素之下也各有一根分隔线，分别为上分隔线和下分隔线，这两条上下分隔线要比中间分隔线略粗一些，高度为 0.35 毫米，中间分隔线高度为 0.25 毫米。分隔线的宽度同版心宽度，即 156 毫米。

版记部分主要起公文识别作用。

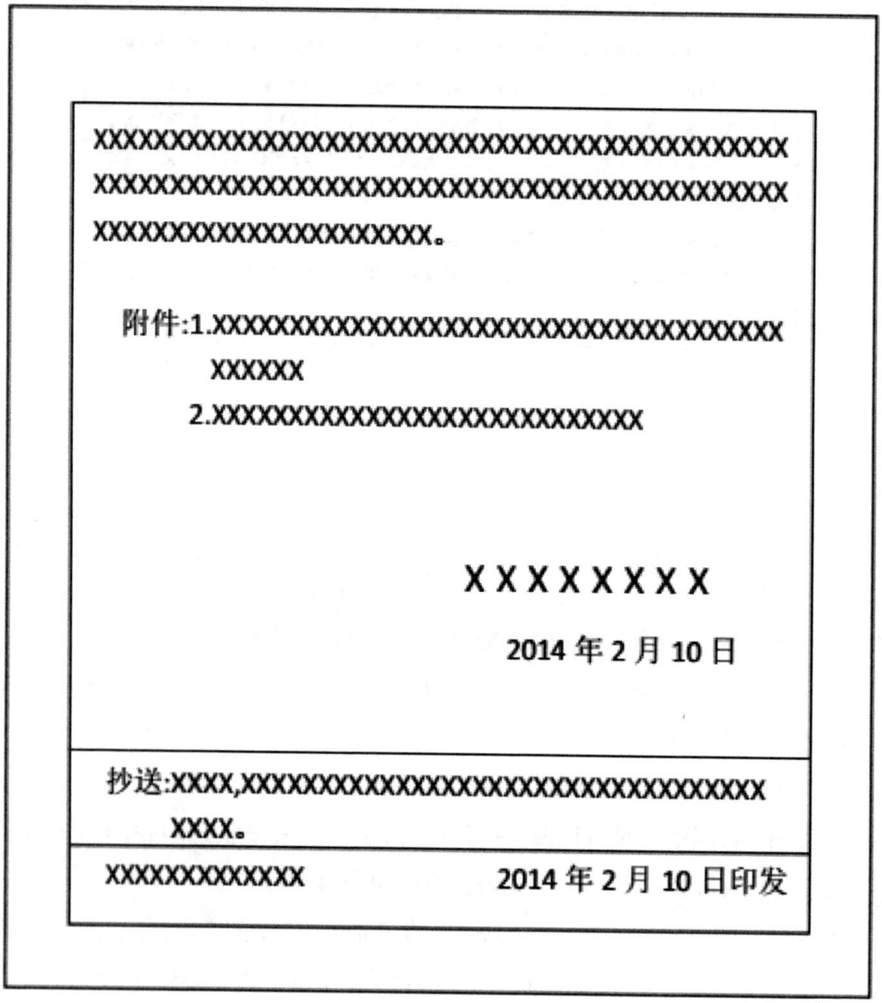

图 2-22　一般版记、页码编排

2. 抄送机关

抄送机关是指除主送机关外需要协助执行或者知晓公文内容的其他机关,应当使用机关全称、规范简称或统称。抄送机关应按照一定顺序排列,上级机关在前,其次为同级机关,再次为下级机关,同级别按照党、政、军、群的顺序排列。

抄送机关是版记中的第一个要素,使用4号仿宋体字,左右各空一字。首先标注"抄送"二字,后加全角冒号,随后标注抄送机关名称。回行时与冒号后的第一个抄送机关首字对齐。一般情况下,抄送机关之间标点符号使用方法是:不同机关之间用逗号分隔,最后一个抄送机关之后标句号。

如果抄送机关之上需标注主送机关(主送机关过多而使公文首页不能显示正文时所发生的情况),主送机关与抄送机关之间不用分隔线分开。此时主送机关的编排方法与抄送机关的编排方法相同。

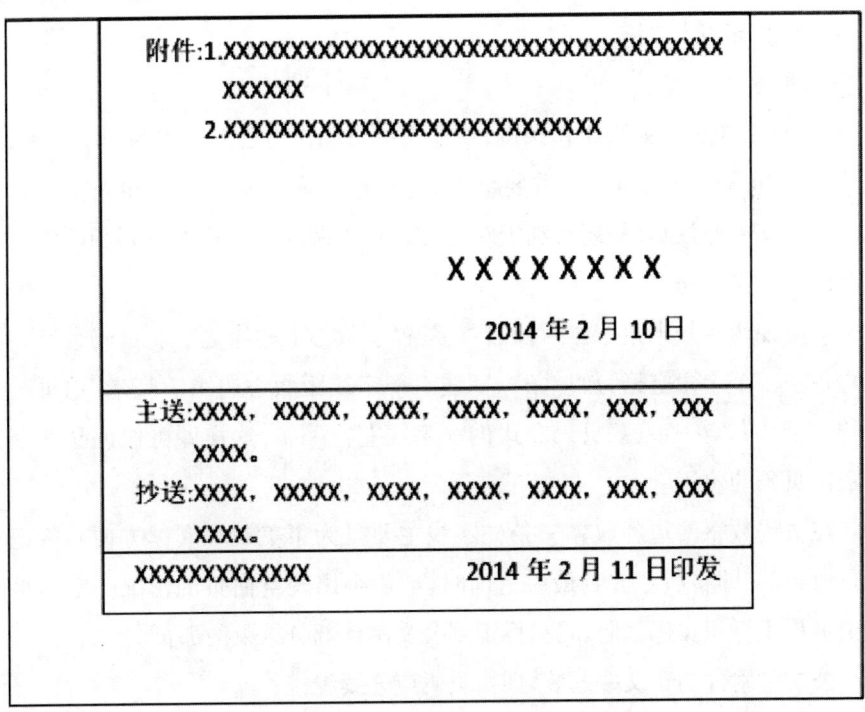

图2-23 主送机关移到版记中

### 3. 印发机关和印发日期

印发机关和印发日期是指公文的送印机关和送印日期。印发机关不是指公文的发文机关,发文机关已有明显的"发文机关标志",这里的印发机关是指公文的印制主管部门,即公文具体制发部门,一般应是各机关的办公厅(室)或文秘部门。有的发文机关没有专门的文秘部门,发文机关就是印发机关。

标注印发日期是为了准确反映公文的送印时间。一般来说,公文在负责人签发之后,也就是成文日期之后,往往需要经过打字、校对、复核等环节,因此成文日期与印发日期通常存在时间差,通过标注印发日期,既可以使发文机关掌握制发公文的效率,也可以使收文机关掌握公文的传递时间,有利于公文的办理和工作效率的提高。

印发机关和印发日期使用4号仿宋体字,如有抄送机关,编排在抄送机关下一行,印发机关和印发日期只能占一行。印发机关居左空一字标注,用机关全称或规范化简称;印发日期居右空一字标注,用阿拉伯数字完整写明年、月、日,后面加"印发"二字。

### 4. 页码

《党政机关公文处理工作条例》将公文的页码作为公文格式的一项要素,这充分说明页码是公文的一项重要组成部分,是保证公文有效性和完整性的标志。在公文中标注页码,还有利于对公文进行查阅、统计、检索、印制和装订,甚至有助于公文的防伪。

页码使用4号半角宋体阿拉伯数字,置于版心下边缘之下。页码数字左右两边各空一个半角空格,放一条一字线。一字线距版心边缘7毫米,单页码右边的一字线右空一字,双页码左边的一字线左空一字,这样即可保证从两个方向定位页码的位置。

在页码数字两边各放置一条一字线主要是为了美观和阅读方便。版记前有空白页的,即将版记放到最后一面时,前面会出现空白页的情况。空白页和版记页均不标识页码,即页码只标识到公文主体部分结束的那页。

公文的附件与正文一起装订时,页码应连续编排。

**四、排版规格与印制装订要求**

《党政机关公文格式》对党政机关公文的用纸、排版、装订均提出了明确的要求。

1. 用纸要求

公文用纸必须采用 A4 型纸,其成品幅面尺寸为 210 mm×297 mm。

2. 排版要求

公文正文用 3 号仿宋体字,一般每面排 22 行,每行排 28 个字,并撑满版心。特定情况可以做适当调整。

3. 装订要求

公文应当左侧装订,不掉页,两页页码之间误差不超过 4 mm,裁切后的成品尺寸允许误差 ±2 mm,四角成 90 度,无毛茬或缺损。

## 第四节　党政机关公文特定格式

在党政机关公文的 15 个文种里,函、命令、纪要的公文格式比较特殊。

**一、函的格式**

相对于公文的通用格式,函的格式较简单、易操作,并也常见于通知、批复等文种中。

1. 发文机关标志使用发文机关全称或者规范化简称,居中排布,上边缘至上页边为 30 mm,推荐使用红色小标宋体字。联合行文时,使用主办机关标志。

2. 发文机关标志下 4 mm 处印一条红色双线(上粗下细),距下页边 20 mm 处印一条红色双线(上细下粗),线长均为 170 mm,居中排布。

3. 份号、密级和保密期限、紧急程度,应当顶格居版心左边缘,编排在第一条红色双线下,按照份号、密级和保密期限、紧急程度的顺序自上而下分行排列。

4. 发文字号顶格居版心右边缘编排在第一条红色双线下。

5. 标题居中编排,与其上最后一个要素相距两行。

6. 首页不显示页码。版记不加印发机关和印发日期、分隔线,位于公文最后一面版心内最下方。

```
┌─────────────────────────────────────────────┐
│                                             │
│         中华人民共和国 XXX 部                │
│                                             │
│  000001                        XXX〔2014〕3号│
│  机  密                                     │
│  特  急                                     │
│                                             │
│                                             │
│             XXXXX 关于 XXXXXX 的函          │
│                                             │
│  XXXXX:                                     │
│     XXXXXXXXXXXXXXXXXXXXXXXXXXXXXXXXXXX     │
│  XXXXXXXXXXXXXXXXXXXXXXXXXXXXXXXXXXXXXXX    │
│  XXXX。                                     │
│     XXXXXXXXXXXXXXXXXXXXXXXXXXXXXXXXXXX     │
│  XXXXXXXXXXXXXXXXXXXXXXXXXXXXXXXXXXXXXXX    │
│  XXXXXXXXXXXXXXXXXXXXXXXXXXXXXXXXXXXXXXX    │
│  XXXXXXXXXXXXXXXXXXXXXXXXXXXXXXXXXXXXXXX    │
│  XXXXXXXXXX。                               │
│     XXXXXXXXXXXXXXXXX。                     │
│                                             │
│                                             │
│                         2014 年 2 月 10 日  │
│                                             │
│  抄送:XXXXXX,XXXXXXXXXXXX,XXXXXXX,XXXXXXXX  │
│       XXXXXXX。                             │
└─────────────────────────────────────────────┘
```

图 2-24　函的格式

## 二、命令(令)格式

命令(令)格式中各要素的编排规则如下:

1.发文机关标志:发文机关标志由发文机关全称加"命令"或"令"组成,一般不使用发文机关规范化简称。发文机关标志上边缘距版心上边缘20毫米，推荐使用红色小标宋体字，字号大小由发文机关自定。

联合发布的命令（令），发文机关名称顺序分行编排，两端对齐，"命令"或"令"字置于所有联署发文机关名称右侧，上下居中编排。

图 2-25 命令（令）格式

2.令号:令号是命令(令)的编号,作用等同于发文字号。发文机关标志下空两行编排令号,一般采用"第××号"的形式,不编虚位。

3.标题和正文:命令(令)一般无标题。令号和正文间无红色分隔线,令号下空两行编排正文,正文的内容一般较为简短。

4.签名章:正文下空两行右空四字编排签发人签名章,签名章左空两字编排签发人职务,相对于签名章上下居中。联合发布的命令,签发人职务应写全称。成文日期位于签发人签名章下空一行位置,右空四字编排。

### 三、纪要格式

纪要格式中各要素的编排规则如下:

1.纪要标志:纪要标志使用"××××纪要"的格式,不加"文件"二字,字体使用小标宋体字,红色,字号大小自定。

2.纪要编号作用等同于发文字号,可居中编排在发文机关标志下空两行位置,可以采用"第××号"的形式,不编虚位。

3.规定了标注出席人员、请假人员和列席人员的编排规则:用3号黑体字在正文或附件说明下空一行居左空两字编排"出席"二字,后标全角冒号,冒号后用3号仿宋体字标注出席人单位、姓名,同一单位不同人员之间、不同单位之间的分隔符号可根据实际情况确定,回行时与冒号后的首字对齐,段末加句号。如需标注请假和列席人员名单,除依次另起一行并将"出席"两字改为"请假"或"列席"外,编排方法同前。纪要一般不加盖印章。

4.因为不同单位、不同性质的会议多种多样,一种纪要格式很难满足全部的需求,因此,各级党政机关可根据实际需要,参照2012版国家标准的要求制定满足自身实际需求的纪要格式。

```
┌─────────────────────────────────────────────┐
│  ┌───────────────────────────────────────┐  │
│  │                                       │  │
│  │                                       │  │
│  │            ×  ×  ×  ×  纪要           │  │
│  │                                       │  │
│  │               （×××）                 │  │
│  │                                       │  │
│  ├───────────────────────────────────────┤  │
│  │  ××人民政府办公室      2014年2月14日   │  │
│  │                                       │  │
│  │           ×××××××××××××              │  │
│  │                                       │  │
│  │    ××××××××××××××××××××××××××××××    │  │
│  │   ×××××××××××××××××××××××××××××××    │  │
│  │   ×××××××××××××××××××××××××××××××    │  │
│  │   ××××××××××。                       │  │
│  │    出席：×××、×××、×××、×××、×××、×××、×××、×××、×××、│  │
│  │         ×××、×××、×××。                │  │
│  │    请假：×××××××××                    │  │
│  │    列席：×××××××××××××                │  │
│  │                                       │  │
│  ├───────────────────────────────────────┤  │
│  │  分送：×××，×××××，××××，×××××。       │  │
│  ├───────────────────────────────────────┤  │
│  │  ××××××××××         2014年2月12日印发 │  │
│  └───────────────────────────────────────┘  │
└─────────────────────────────────────────────┘
```

图 2-26　纪要格式

# 第三章　党政机关公文写作

## 第一节　决　　议

**例文评析：**

**例文1**

### 第十三届全国人民代表大会第二次会议关于政府工作报告的决议

（2019年3月15日第十三届全国人民代表大会第二次会议通过）

第十三届全国人民代表大会第二次会议听取和审议了国务院总理李克强所作的政府工作报告。会议充分肯定国务院过去一年的工作，同意报告提出的2019年经济社会发展总体要求、政策取向、目标任务和重点工作，决定批准这个报告。

会议号召，全国各族人民更加紧密地团结在以习近平同志为核心的党中央周围，高举中国特色社会主义伟大旗帜，以习近平新时代中国特色社会主义思想为指导，全面贯彻党的十九大和十九届二中、三中全会精神，统筹推进"五位一体"总体布局，协调推进"四个全面"战略布局，坚持稳中求进工作总基调，坚持新发展理念，坚持推动高质量发展，坚持以供给侧结构性改革为主线，坚持深化市场化改革、扩大高水平开放，加快建设现代化经济体系，继续打好三大攻坚战，着力激发市场主体活力，创新和完善宏观调控，统筹推进稳增长、促改革、调结构、惠民生、防风险、保稳定工作，保持经济运行在合理区间，增强人民群众的获得感、幸福感、安全感，坚定信心，迎难而上，开拓进取，团结奋斗，保持经济持续健康发展和社会大局稳定，为全面建成小康社会收官打下决定性基础，以优异成绩庆祝中华人民共和国成立70周年！

【简析】

这是审批性决议。审批性决议适用于审议、批准会议有关重要文件。本决议审议国务院总理李克强所做的政府工作报告。

例文首先直接说明会议所审议的工作报告名称,交代审议报告的主要意见,并用"批准"表明态度。第二段提出要求,发出号召,使用"会议号召"起领,"高举""全面贯彻"等动宾结构句型以及四字句的使用,凝练地概括了号召的主要内容。

全文主题集中,行文简洁,语言庄重,表意准确,结尾富有感召力。

**例文2**

**关于进一步加强人民法院执行工作的决议**

(2018年6月22日渭南市第五届人民代表大会常务委员会

第十七次会议通过)

为了贯彻落实党的十八届四中全会《关于全面推进依法治国若干重大问题的决定》和十九大精神,进一步加强人民法院执行工作,实现"基本解决执行难"。根据《中华人民共和国民事诉讼法》等法律和有关规定,就进一步加强人民法院执行工作做如下决议:

一、人民法院依法执行生效法律文书,是维护人民群众合法权益的必然要求,是促进社会诚信建设、实现社会公平正义的关键环节,是国家治理体系及治理能力现代化的重要体现,对促进法治渭南建设、加快渭南追赶超越具有重要作用。生效法律文书及时有效地执行,对实现当事人合法权益,维护法律尊严意义重大。

二、全市各级人民法院应当切实履行主体责任,严格遵循依法、公正、高效、廉洁的执行理念,严肃整治消极执行、选择性执行、乱执行的现象。各级人民法院必须严格依照法律规定强化执行措施,执行人员在执行时应按规定着装,并出示人民法院执行公务证,依法使用警械和武器,完整记录执行过程,做到文明执行。

市中级人民法院统一管理、统一监督、统一指导、统一协调全市法院执行工作,不断提升法院执行工作公信力。

三、国家机关、企业事业单位、社会组织及个人应当自觉配合、支持人民法院执行工作,推动形成"党委领导、人大监督、政府支持、法院主办、部门配合、社会各界参与"的工作格局。

国家机关、企业事业单位、任何组织和个人应自觉履行生效法律文书确定的义务,不得拖延、妨碍、抗拒人民法院执行。负有协助执行义务的单位、组织和个人,应当依法及时协助人民法院执行,禁止地方和部门保护。

人民法院应当与检察、公安、监察、国土资源、建设、规划、房管、税务、工商、劳动保障、国有资产、银行、证券、保险、出入境、招投标等单位建立执行联动机制,不断拓宽协作内容和范围,形成执行工作合力。

四、人民法院应当依法强化传唤、搜查、罚款、拘留、悬赏公告、限制出境、限制高消费等强制执行措施的运用。凡是纳入失信名单的被执行人,要对其进行公开曝光和信用惩戒。对具有履行能力但未申报财产或者申报不实、妨碍或抗拒执行、规避执行、违反限制高消费令、无正当理由拒不履行执行和解协议的被执行人,依法采取制裁措施,构成犯罪的,依法追究刑事责任。

五、全市各级人民法院应当大力推进信息化建设。打造执行信息公开体系,加强案件流程管理,坚决杜绝暗箱操作。推动执行查控网络与政府相关部门以及金融机构等单位的网络连接,完善执行查控体系。

六、检察机关对公安机关决定提请逮捕、提起公诉的拒不执行人民法院生效判决裁定罪的案件,依法及时作出决定。检察机关应当加强对法院执行工作的监督,依法纠正违法执行行为。加强对公安机关的立案监督,加大对拒不执行生效判决、裁定犯罪行为的打击力度。

七、监察委员会、检察机关、公安机关要积极协助人民法院执行工作,对拒不执行生效判决、裁定以及其他妨碍执行构成犯罪的行为,应当及时依法侦查、提起公诉,建立常态化的打击妨碍执行违法犯罪行为工作机制。公安机关应当根据人民法院协作要求,协助查找被执行人下落,对规避、妨碍、抗拒执行的被执行人,根据情节轻重,依法采取查扣车辆、限制出境、临时控制、网上追逃等强制措施,并及时处置暴力抗拒执行事件。人民法院决定拘留、逮捕的被执行人及协助执行义务人,被执行人及协助执行义务人所在地公安机关应当及时收押、负责看管。检察机关对于涉嫌犯罪的暴力抗拒执行、不协助执行、干预执行等行为,应当依法及时履行批捕、起诉等职能。

八、被执行人有履行能力而拒不执行人民法院发生法律效力的判决、裁定及其他生效法律文书的,协助执行单位和个人不依法协助、配合人民法院执行的,人民法院应当通报其上级或行业主管部门及所在单位,并可以向监察机关或者有关部门提出对责任人或者直接责任人予以纪律处分的司法建议;同时根据情节轻重,依法予以罚款、拘留;构成犯罪的,依法追究刑事责任。

国家机关及其工作人员拒不履行执行义务或滥用权力干预案件执行的,人民法院可以向有关部门提出司法建议,接到人民法院司法建议的有关部门应当依法及时处理。

各级领导干部应当带头遵守宪法、法律,维护司法权威,支持人民法院执行工作。对于领导干部干预司法活动、插手具体案件处理的,必须严格执行情况记录、通报和责任追究规定。

九、人民法院应当依法公开执行裁判文书及其他执行案件信息,保障执行案件当事人和社会公众的知情权、参与权、监督权。有关单位应当在法定职责范围内,不断完善公民、法人、其他组织的财产及身份信息实名登记和信用采集制度,健全信息管理体制和通报机制,并与人民法院实现相关信息的互联互通和资源共享。

十、执行联动单位应当积极配合人民法院进一步完善被执行人财产查控机制,建立健全不动产、存款、金融理财产品、证券、保险、股权、车辆等主要财产形式的网络化、自动化执行查控体系,进一步拓展财产查控范围,实现对被执行人财产查控的全覆盖和网络查询、冻结、扣划等功能一体化。

十一、负有信用惩戒职能的国家机关和其他组织,要实现与全国信用信息共享平台联合惩戒系统的网络对接,将人民法院发布的失信被执行人名单信息嵌入本单位管理、审批工作系统中,实现对失信被执行人名单信息的自动比对、自动监督,并在职能范围内对失信被执行人在从事特定行业或项目限制、政府支持或补贴限制、任职资格限制、准入资格限制、荣誉和授信限制、特殊市场交易限制、限制高消费及有关消费等方面实施信用监督、警示和惩戒。

十二、新闻宣传媒体要加大对人民法院执行工作的宣传力度,大力弘扬社会主义核心价值观,教育社会公众诚实守信,形成全社会理解执行、尊重执行、协助执行的共识共动,为解决执行难营造良好的舆论氛围。

十三、人民法院要充分保障律师在执行工作中的调查权。完善执行程序中实施调查令制度,依法支持申请执行人委托律师向人民法院申请调查令,查询被执行人可供执行财产。

十四、各级人民政府要积极支持人民法院工作,主动协助执行工作,将执行联动单位履行职责情况纳入法治政府建设、社会治安综合治理目标进行考核。从资金等方面给予法院大力支持,把司法救助资金列入财政预算,保障执行工作的需要。

十五、各级人大代表要模范地履行生效法律文书确定的义务,对拒不履行执行义务的人大代表,人民法院要及时向人大代表所在的本级人大常委会或人大主席团报告;人民法院对县级以上人大代表采取拘留或法律规定的其他限制人身自由措施前,要按照法定程序向人大代表所在的本级人大常委会提出许可申请,人大常委会要严格依照法律规定进行审查并作出决定。

十六、各级人民代表大会常务委员会应当加强对同级人民法院执行工作的监督,通过定期听取和审议人民法院执行工作专项工作报告、开展执法检查或者作出决议决定等方式,督促、支持人民法院依法开展执行工作。

十七、本决议自通过之日起施行。2007年6月22日渭南市第三届人民代表大会常务委员会第十四次会议通过的《渭南市人大常委会关于加强法院执行工作的决议》同时废止。

【简析】

这是一份决策性决议。决策性决议适用于讨论通过的主要决策事项。本次会议通过的是进一步加强人民法院执行工作的决定。

例文首先表明做出此项决议的目的和依据,本决议议定的事项比较多,正文主体部分采用了分条列项的方法安排逻辑结构,重点说明了审议通过的议决事项的具体内容,包括加强人民法院执行工作的必要性和意义,各部门工作的总体任务和原则性意见。最后写明了执行决议时间。

全文内容复杂,但层次分明、语言精练、高度概括,突出了决议的指导性特征。

决议是党政领导机关就重要事项,经会议讨论通过其决策,并要求进行贯彻执行的重要指导性公文。

决议是记录和反映会议议决意见的一种决策性公文。可以使用决议的会议仅限于国家各级立法机构(如各级人民代表大会及其常务委员会)、执政党各级领导机构(各级党代会及中央、地方委员会)。

### 一、决议的适用范围

决议适用于会议讨论通过的重大决策事项。

首先,决议适用于会议作出的决策,即决议是在法定会议上经过严格的法定程序,充分讨论后,按照少数服从多数的原则通过的决策。

其次,决议的事项必须是全局性的重大问题的决策,而一般的问题和决定,不使用决议。

最后,决议是会议讨论表决后的决定,是原则性的指导性意见,没有具体要求和措施。如果有具体要求和措施,就要使用决定,如《中共中央关于全面深化改革若干重大问题的决定》(2013年11月12日中国共产党第十八届中央委员会第三次全体会议通过)。

### 二、决议的特点

决议是经过严格的法定程序产生的,因此它具有以下特点。

1. 权威性

决议经过党和国家权力机关会议,按照法定程序讨论通过才能生效,是其领导机关意志的反映。决议的内容事关重要的决策,一经公布,必须坚决贯彻执行,不得违背。

2. 指令性

决议对注意事项和重要问题作出的决策,一般不包含具体的措施和方法,只作认定性、认可性的结论,是指令性决策,内容较广泛,用语上多使用概括性、结论性的语言。

3. 使用范围有严格规定

一是只有法定的权力机关才能使用,如各级人民代表大会、各政党的代表大会;二是内容必须是重大事项、重大问题,如通过法律、会议讨论的重大事项等;三是要遵照严格的法律程序会议通过。

### 三、决议的种类

根据涉及内容的不同,决议可分为两类:

1. 审批性决议

审批性决议用于审议会议有关重要文件。一些重要会议,需以决议的方式对提交会议审议的文件进行讨论并表决。

2. 决策性决议

决策性决议用于讨论通过主要决策事项。内容多半是分析问题的性质,提出解决问题的办法,部署今后的行动,提出希望和号召。

### 四、决议的写法和格式

决议由标题和正文两部分组成。

#### （一）标题

决议的标题有两种形式：一种由发文机关（或会议名称）、事由和文种构成，另一种由事由和文种构成。

标题下面用括号注明决议正式通过的日期。如果标题中未写会议名称，则要写上通过时间和会议名称，如果标题中已有也可只注明通过日期。

#### （二）正文

正文由决议缘由、决议事项和结语三部分组成。决议的类别不同，其正文部分的写法也有所不同：

1. 审批性决议

缘由部分写明什么会议讨论通过（或审查、批准）了什么工作报告或文件。

主体部分表明对该工作报告或文件的基本态度，概括文件的主要精神，点评文件的若干重要内容，评价文件的作用和意义。写法上常以"大会听取了""大会讨论了""大会认为""大会强调""大会指出"等习惯用语起头。这部分内容如较多，可分条列项来写。

结语部分可对有关方面提出希望或要求，并发出号召。一般用"会议要求""会议希望""大会号召"等惯用语起头。

2. 决策性决议

缘由部分表明作出此项决议的背景、依据、目的和意义，或简要进行会议情况介绍，明确会议名称、会议时间、会议地点、与会人员身份及人数、会议主要议程等要素。

主体部分说明审议通过的议决事项的具体内容，一般包括施政举措的必要性、应采取的指导方针，以及总体任务、具体指标等要素。议定事项的内容层次较多时，可以采用分门别类或分条列项的方法安排逻辑结构。常使用"大会赞成""大会同意""大会提出""会议要求""会议号召"等词语起头。

结语部分写明对贯彻执行决议的要求、号召等。有的可随事结束，自然结尾。

决议标题中包含了通过时间和发文机关，因此不需落款。

### 五、决议和决定的区别

决议是权力机关就重要事项，经会议讨论通过其决策，并要求进行贯彻执行的重要指令性公文。决定是党政领导机关对重要事项或重大行动做出决策、安排和规定的指导性、指挥性公文。两者的区别有以下几点。

1. 决议须经某一级机关或组织机构的法定会议对某一议题进行集体讨论，由法定多数表决通过形成，并以会议的名义公布。而决定却不一定经过法定会议讨论通过的程序，它既可以是某种会议讨论研究的成果，也可由各级领导机关直接制作发布。

因此，可以认定，凡未经有关法定会议讨论通过这一程序，而是以领导机关的名义发布的决策性文件，只能使用决定。

2. 决议一律要求执行。而决定只有指导性决定才要求下级机关执行，惩奖性决定只起知照性、宣传性作用，不需要下级机关执行具体事项。

3. 在会议讨论通过的前提下，凡做出了具体的规定和要求，强制有关部门贯彻执行的，用决定。若只是概括性地表达意见，履行法律程序，要求贯彻执行的，用决议。

### 六、撰写决议的注意事项

决定一般不进行理论上的阐述，往往着重提出开展某项工作的步骤、措施、要求等。决定要求写得明确、具体，措施具有操作性，约束力强，可以直接成为下级机关行动的准则。

公布性决议、批准性决议一般写得比较简要、笼统，更具宏观性和战略性。总之，决议往往写得比较概括。

**病例修改：**

### 第7届全国人大常委会关于决定兴建长江三峡工程的决议
第7届全国人大第5次会议于1992年4月3日讨论通过

新中国建立以来，国家在长江流域进行了大规模的防洪建设，但由于多方面的原因，长江资源还没有很好开发利用，水患尚未根治。

为解决长江防洪问题，更好地开发长江资源，国务院向本次大会提交了兴建长江三峡工程的议案，根据全国人民代表大会财政经济委员会的审查报告，经过认真讨论和审议，大会决定将兴建长江三峡工程列入国民经济和社会发展十年规划，根据国民经济发展的实际情况和国家财力、物力的可能，由国务院选择适当时机组织实施。对于已经发现的问题要继续研究，妥善解决。

一九九二年四月十日

## 第二节 决 定

**例文评析：**

例文1

国务院关于取消和下放一批行政审批项目等事项的决定

各省、自治区、直辖市人民政府，国务院各部委、各直属机构：

第十二届全国人民代表大会第一次会议批准的《国务院机构改革和职能转变方案》明确提出，要减少和下放投资审批事项，减少和下放生产经营活动审批事项，减少资质资格许可和认定，取消不合法不合理的行政事业性收费和政府性基金项目。经研究论证，国务院决定，取消和下放一批行政审批项目等事项，共计117项。其中，取消行政审批项目71项，下放管理层级行政审批项目20项，取消评比达标表彰项目10项，取消行政事业性收费项目3项；取消或下放管理层级的机关内部事项和涉密事项13项（按规定另行通知）。另有16项拟取消或下放的行政审批项目是依据有关法律设立的，国务院将依照法定程序提请全国人民代表大会常务委员会修订相关法律规定。

各地区、各部门要认真做好取消和下放管理层级行政审批项目等事项的落实和衔接工作，切实加强后续监管。要按照深化行政体制改革、加快转变政府职能的要求，继续坚定不移推进行政审批制度改革，清理行政审批等事项，加大简政放权力度。要健全监督制约机制，加强对行政审批权运行的监督，不断提高政府管理科学化、规范化水平。

国务院<br>2013年5月15日

【简析】

这是一份指挥性决定。本文对于减少和下放一批审批事项做出了部署。前言部分简要说明了作出决定的依据，主体部分则重点说明了减少和下发的审批事项，结尾部分对贯彻落实决定提出了希望和要求。

全文结构完整、条理清晰、言简意赅、态度鲜明。

**例文 2**

江西省人民政府关于表彰 2013—2015 年度<br>加快工业发展加速工业崛起先进单位的决定

各市、县(区)人民政府,省政府各部门:

2013 年以来,全省深入实施工业强省战略,加快推进信息化与工业化深度融合,着力推动产业转型升级,着力促进园区集群集聚,着力支持企业发展壮大,全省工业发展呈现速度加快、总量增加、贡献提升的良好态势。2015 年,全省规模以上工业完成增加值 7268.9 亿元,实现主营业务收入 32459.4 亿元,实现利税总额 3543.8 亿元,全省工业总量、质量跃上了新台阶。

为鼓励先进、树立典型,省政府决定,对全省加快工业发展加速工业崛起先进单位予以表彰,其中年度贡献奖 71 个单位,园区发展专项奖 20 个单位,"优强企业"专项奖 37 个单位,"三年强攻"专项奖 19 个单位。

希望受到表彰的单位发挥好模范带头作用,再接再厉,再创佳绩。全省各地、各部门要以受表彰的先进单位为榜样,牢固树立和贯彻落实新发展理念,紧紧围绕工业强省战略目标任务,加快工业转型升级步伐,推动全省工业经济平稳健康发展,为决胜全面小康、建设富裕美丽幸福江西作出新的更大贡献。

江西省人民政府<br>2017 年 10 月 9 日

【简析】

这是表彰性决定。该决定标题采用发文机关、事由和文种组成。正文内容由先进事迹概述、评价、表彰事项和号召学习四部分组成,思路顺畅。

对先进事迹的介绍采用概括叙述,方方面面的工作点到为止,用语高度凝练。在此基础上,对其事迹的先进性及典型意义进行了综合评价,评述结合,边叙边议,这样写作的优点,是为表彰性决定做必要的铺垫。表彰事项明确具体。最后一段是号召学习,先对表彰对象提出希望,然后对号召对象提出要求,完整并富有层次感。

全文逻辑严密，结构完整，语言精练而庄重，体现了表彰性决定的基本特点。

## 例文 3

关于给予蓝佩环同志党内警告处分的决定

蓝佩环，男，畲族，1962年7月出生，景宁县人，初中文化，2005年8月加入中国共产党，2012年9月至2014年12月任敕木山村代理村委会主任，2015年1月至2017年5月任敕木山村村委会主任。

经审查，蓝佩环存在以下违反国家法律法规规定的问题。

2015年10月，蓝佩环与党支部书记蓝华亮（另案处理）、时任村监会主任雷香荣（另案处理）、党员蓝荣金（另案处理）等人，以虚报敕木山村畲文化广场维护项目的形式套取财政资金79711元，用于弥补村里的项目开支、招待费等相关资金缺口。相关违规使用款项已清退。

2017年3月，蓝佩环与党员蓝荣金（另案处理）将村停车场租金共6000元予以私分。其中，蓝佩环分得2000元，蓝荣金分得4000元。

2015年1月敕木山村党支部党员蓝荣金（另案处理）将村委支出的51900元游步道栏杆工程前期资金和2015年2月从村委借的55500元村停车场工程投标保证金的长期占有使用不归还。蓝佩环身为村委会主任，失职失责，对村集体资产未依规进行管理。

蓝佩环身为党员干部，违反国家法律法规规定，应予严肃处理，鉴于其在组织审查期间配合调查，主动上交违纪所得、挽回损失，可减轻处分。依据2016年《中国共产党纪律处分条例》一百三十三条，2003年《中国共产党纪律处分条例》第二十一条、第一百二十六条、一百六十一条，经鹤溪街道工作委员会研究，决定给予蓝佩环同志党内警告处分，违纪所得退赔村集体。

本决定自2018年5月16日起生效，如不服本决定，可向本委或上级党组织提出申诉。

中共鹤溪街道工作委员会<br>
2018年5月16日

【简析】

　　这是一篇处分性决定,由标题、正文、落款三部分组成。标题由发文事由和文种构成。正文部分由被处分人的身份认定、违纪的主要事实、性质定性、处理事项(其中包括引用党纪处分规定的依据、处分种类等)、申诉渠道等五部分组成,身份认定完整简洁,错误事项概述到位,性质分析全面深入,处分决定充分鲜明。

　　全文事项齐全,结构完整,文字简练明了,分寸适宜。

## 例文 4

磴口县人民政府关于撤销部分规范性文件的决定

　　按照《内蒙古自治区人民政府办公厅关于做好 2019 年度行政规范性文件全面清理工作的通知》(内政办字〔2019〕31 号)文件要求,我县已全面启动 2019 年规范性文件清理工作。在清理过程中,发现磴口县人民政府印发的部分规范性文件未履行规范性文件合法性审查程序,部分文件内容与现行法律、法规相抵触,部分文件内容法律依据缺失。为切实做好我县规范性文件全面清理后续整改工作,本着有错必纠的原则,根据中共中央办公厅、国务院办公厅《党政机关公文处理工作条例》和《内蒙古自治区规范性文件制定和备案监督办法》(自治区人民政府令第 191 号)的有关规定,经政府研究,决定撤销以下规范性文件:

　　一、《磴口县城镇建设开发改造优惠政策及实施办法》(磴政字〔2004〕77 号);

　　二、《关于印发〈磴口县城镇开发改造优惠政策及实施办法〉的通知》(磴政字〔2007〕39 号);

　　三、《关于调整〈磴口县城镇开发改造优惠政策及实施办法〉的通知》(磴政字〔2010〕47 号);

　　四、《关于印发〈磴口县棚户区改造优惠政策〉的通知》(磴政字〔2010〕144 号);

　　五、政府、政府办及其他政府部门制发的行政文件中,与法律、法规、规章规定相抵触或者依据缺失的内容一律无效。

　　决定撤销的行政文件自始无效,不得作为行政管理的依据。

磴口县人民政府<br>2019 年 4 月 20 日

【简析】

　　这是变更性决定。变更性决定可以变更，也可以撤销下级机关不适当的决定事项。本例文属撤销类。

　　本决定正文由决定缘由与决定事项两部分组成。开篇第一句话以上级文件精神和本地情况作为决定依据，构成决定缘由，下文依次说明撤销具体事项。

　　全文逻辑清晰，结构分明，表述严谨，语言精练。

　　决定适用于对重要事项做出决策和部署、奖惩有关单位和人员、变更或者撤销下级机关不适当的决定事项。

　　决定是一种具有权威性和约束力的下行文。所谓"重要事项"是指事项或行为本身带有全局意义，如实施重要的方针政策、布置开展重要的工作、确定召开重要会议、确定重要的人事任免；"奖惩有关单位及人员"是指贡献突出或错误性质严重、影响恶劣，对下级机关具有典型教育意义的单位或人员；"不适当的决定事项"是指下级机关违反党的方针政策、国家法律，有着不良影响的决定。

　　一、决定的特点

　　1. 事项重要

　　用决定做出决策和安排的事项必须是本机关的重要事项或重大行动，布置日常工作和处理一般事项时一般用通知行文。

　　2. 指挥性强

　　决定作为决策性下行文，它体现了上级机关的指挥导向，在效力上仅次于命令，对下级机关具有较强的约束力。

　　3. 使用广泛

　　决定的适用范围比较广泛，即无论单位性质、规模大小、级别高低，凡涉及重要事项，均可使用决定行文。

　　二、决定的种类

　　根据内容和性质划分，决定有三种类型。

　　1. 部署性决定

　　部署性决定即决策性决定，适用于对某些重要事项或重大行动做出安排和部署，是指导下级机关开展工作的下行文。

　　2. 奖惩性决定

奖惩性决定适用于对先进人物和集体进行表彰,对犯有严重错误的单位或个人进行处分。

3. 变更性决定

变更性决定适用于变更或者撤销下级机关不适当决定事项。对原决定的"变更或者撤销",体现了上级机关对下级机关的监督和指导功能。

### 三、决定的写作格式

决定一般由标题、主送机关、正文、落款组成。

**(一)标题**

1. 三项式:由发文机关、事由、文种组成,如《国务院关于全面推进依法行政的决定》。

2. 两项式:由事由、文种组成,如《关于表彰全国劳动保障系统先进集体和先进工作者的决定》。

3. 题注

凡是由法定会议通过的"决定",应用题注的形式标明该决定通过的时间和会议名称,并用上圆括号,与决议类似。标注题注的决定,正文后不需要落款。如:《中共中央关于全面深化改革若干重大问题的决定》(2013年11月12日中国共产党第十八届中央委员会第三次全体会议通过)

**(二)主送机关**

决定若有题注,一般不标注主送机关;如没有题注,大都标注主送机关。

**(三)正文**

正文一般由决定依据、决定事项、结语三部分组成。不同的决定,正文的写作方法不同。

1. 部署性决定

部署性决定涉及的内容往往政策性和指挥性都较强,篇幅较长。决定事项既要态度鲜明,高度概括,又要明确具体,切实可行。如《国务院关于加强节能工作的决定》等。

正文开头简要说明决定缘由;重点写作决定事项,由于涉及内容复杂,一般采取分条列项式结构;结尾一般对贯彻落实决定的下级机关提出希望和要求。

2. 奖惩性决定

奖惩性决定是对事迹突出、有典型意义的先进个人或集体进行表彰,或者对一些影响较大、群众关心的事故、错误进行处理。

奖惩性决定和用于嘉奖的命令、奖惩的通报作用相似。从规格上,决定低于命令,普通单位不能使用命令对先进单位、个人进行嘉奖;高于通报,一般性的奖惩或者小范围的奖惩活动,使用通报。

奖惩性决定分为表彰决定和惩戒决定两种。

表彰决定的正文主要包含四部分:先进事迹、先进人物概述,对先进人物或事迹的评价、定性,表彰的具体事项,提出希望与号召。

惩戒决定的正文主要包含五部分:身份认定,错误事实概述,错误事实的性质、根源及后果,具体处理事项,指出教训、提出希望。

奖惩性决定的正文内容比较多,写作时要注意逻辑排列,且避免内容的遗漏。

3. 变更性决定

这类决定处理的事项比较具体,所处理的是变更或撤销性的事项。首先明确说明变更或撤销有关决定事项的依据、原因、目的等;其次直接说明变更或撤销的具体事项;最后要说明变更或撤销事项的性质、后果、要求等。

(四)落款

署上发文机关名称和日期。凡经法定会议通过的"决定",在标题下以题注形式标明该决定通过的时间和会议名称,落款不再重复。

## 四、命令(令)与决定的区别

命令(令)与决定同是具有强制性、指挥性的公文,但二者区别较大:

1. 在执行力方面,命令(令)指示性强,具有至高无上的领导作用和强制执行的权威性,一旦发布必须无条件执行;而决定指令性较弱,语气比较缓和,约束力弱于命令。

2. 在使用权限方面,决定没有命令(令)那样的严格限制。除《中华人民共和国宪法》有关条文规定之外的党政机关、企事业单位、人民团体,均不得使用命令(令);决定文种,所有机关均可使用。

3. 在表达方面,命令(令)高度简洁,篇幅短小,只表达发文机关的意志;决定既要表达意志,又要阐发一定的道理,部署有关的具体执行方法和要求等。

## 五、命令、决定和通报用于表彰时的区别

以上三个文种均可以用于表彰、奖励先进单位和个人,但在具体行文时,应

根据相关规定和职权,根据奖励的性质、种类、级别、公示范围等具体情况,选择使用相应的文种。

表彰性命令是表彰奖励中级别最高的,通常用于国家高层领导机关表彰奖励成绩优异、贡献显著的单位和个人,被表彰奖励的单位或个人是全国人民学习的楷模,其公示的范围也最广泛。

表彰性通报是使用范围较广泛的文种,行文单位的级别也没有限制,不管任何机关单位对具有先进性的典型都有可以发文通报表彰奖励,一般通报的范围较小,通报对象的意义主要在于教育群众。

表彰性决定的适用范围则介于表彰性命令和表彰性通报之间,国家的高层领导机关可以使用,基层单位组织也可以使用。表彰性决定的事项一般更具典型意义,宣传的范围也更宽广,着重于树立典型。

**六、撰写决定的注意事项**

1.要注意文种的选择。不论是部署性决定还是奖惩性决定,在公文中都存在作用类似的文种。部署性下行文有命令、决定、意见、通知、批复等多个文种选择,奖惩性公文也有命令、决定、通报等文种选择,这就要求草拟者必须根据公文内容的性质、发放范围、主要目的选择合适文种。

2.要突出决定的指导性。决定不仅涉及对重要问题的看法和观点,更主要是对重要问题提出具体的,并要求下级机关遵照执行的目标、方法、措施等等。因此,决定提出的解决问题措施必须符合实际,具有可操作性,否则,就会给下级机关的工作造成严重影响和损失。

**病例修改:**
**例文1**

### 关于向李春芳同志学习的决定

各车间、各班组、各党支部:

我厂装配车间职工李春芳在上月十五日的特大洪水灾害中,为抢救国家财产不幸溺亡。厂党委和厂委员会决定在全厂开展向李春芳同志学习的活动。

一、学习李春芳同志公而忘私、奋勇保护国家财产的高尚品德,爱祖国、爱人民、敢于牺牲的精神。

二、根据李春芳同志生前的表现和愿望,追认李春芳同志为中共党员。

三、在全厂广泛宣传李春芳同志的先进事迹,运用这一典型对全厂党员职工进行一次努力奉献、坚持改革、敢于进取的革命精神,以及勇于献身的革命英雄主义精神的教育。宣传科和工会要把李春芳同志的事迹编印成册,广为发放。

四、各车间、班组、党支部要开展讨论,学习李春芳同志的优秀品质,开展比、学、赶、帮活动,争取生产上一个新台阶。

××厂党委<br>
××××年×月×日

### 例文2

关于开除×××同志党籍的处分决定

×××,男,1932年4月生,文化程度大学,1949年10月参加工作,1954年5月入党。×××因收受贿赂问题,于1986年3月2日由××市检察分院依法批捕审查。×××逮捕前曾任市委第一书记××同志的秘书、市委办公厅副主任、市委保密委员会副主任。

现已查实,×××同志自1982年至1985年,利用职务之便,盗用市委主要负责同志的名义,帮助有劣迹的林×促成其养女周×出境定居,并且违反保密规定,向林×透露了公安机关内部审查上报的部分内容;在外贸部门进口2.5吨钢坯的生意中,×××采用欺骗手法,谎称港商陈某是市委主要领导同志的朋友,促其成交。×××在上述违法活动中,先后收受林×和港商等贿赂的人民币、港币、兑换券及彩电、衣物等赃款赃物,折合人民币共计3万余元。

受贿问题被揭露之后,×××积极转移赃款赃物,态度极不好,也不交代问题,与有关人员订立攻守同盟,企图掩盖罪行,直到市检察分院对其采取强制手段后,才陆续交代了犯罪事实。

×××同志身为党员、国家干部,背着组织和领导,搞非法活动。×××利用职务之便,为港商不法分子和有劣迹的人谋取利益,从中收受巨额贿赂,已触犯刑律,完全丧失了共产党员的品质。为严肃党的纪律,挽回党内外的影响,经市委批准,决定开除×××的党籍。

中共×××市纪律检查委员会<br>
××年××月××日

## 第三节 命令(令)

例文评析：

例文1

**中华人民共和国主席令**

（第六十六号）

《中华人民共和国民法总则》已由中华人民共和国第十二届全国人民代表大会第五次会议于2017年3月15日通过，现予公布，自2017年10月1日起施行。

中华人民共和国主席　习　近　平

2017年3月15日

【简析】

这是一篇发布令，主要用来发布重要的行政法规和规章。

发布令的标题通常由"发令机关（或机关领导人名义）+文种（令）"组成，下面居中位置是汉字数字的令号。正文包括发布对象（《中华人民共和国民法总则》）、发布依据（于2017年3月15日通过）、发布决定（现予公布）、实施时间（自2017年10月1日起施行）。

全文标题、编号、正文、落款等项要素齐全，结构严谨，篇幅精短，文字简洁，语气庄重。

例文2

**中华人民共和国主席令**

（第四十五号）

根据中华人民共和国第十二届全国人民代表大会常务委员会第二十次会议于2016年4月28日的决定：

免去王正伟(回族)的国家民族事务委员会主任职务；

任命巴特尔(蒙古族)为国家民族事务委员会主任。

中华人民共和国主席　　习　近　平

2016 年 4 月 28 日

**【简析】**

这是任免令。任免令用于任免政府高级官员和级衔晋升。

例文用"根据……"作为依据，这是任免合法性的重要来源。分行写明被任免人员的姓名和职务。

全文内容简明，依据充分，条理清晰，用语郑重。

## 例文 3

### 中华人民共和国教育部嘉奖令

参与中华人民共和国成立 70 周年庆祝活动服务保障工作的全体师生：

10 月 1 日，中华人民共和国成立 70 周年盛大庆典在首都北京成功举行。首都高校及各类学校 9 万余名师生参与群众游行、联欢活动、阅兵、庆祝晚会、志愿服务等工作，圆满完成各项任务，为国庆盛典付出辛勤汗水，作出重要贡献。

庆祝活动政治要求高、筹备周期长、训练任务重，参与庆祝活动服务保障工作的全体师生战高温、斗骄阳、迎风雨，不畏艰苦，攻坚克难。在庆祝活动中，广大师生并肩同行、勠力同心，在天安门前踏出了"自由、生动、欢愉、活泼"的精彩节拍，充分展现了首都师生昂扬向上、奋发有为的精神面貌，生动表达了热爱党、热爱祖国、热爱人民的真挚情感，集中宣示了新时代青年立志成为社会主义建设者和接班人、矢志为中华民族伟大复兴而奋斗的决心，唱响了新时代的青春之歌，为社会增添了正能量。

为总结经验、表扬先进，教育部特对参与中华人民共和国成立 70 周年庆祝活动服务保障工作的全体师生给予通令嘉奖，各学校要在年终绩效考评、各种评奖评优中对受到嘉奖的师生予以优先考虑。

全国教育系统广大干部师生要坚持以习近平新时代中国特色社会主义思想为指导，深入学习贯彻习近平总书记国庆系列重要讲话精神和习近平总书记关于教育的重要论述,不忘初心、牢记使命,进一步增强"四个意识"、坚定"四个自信"、做到"两个维护",认真向受到嘉奖的全体师生学习,切实把庆祝活动形成的宝贵精神财富更好地转化为立德树人、教育报国的实际行动,进一步把爱国主义教育做深做实,将爱国情、强国志、报国行贯通起来,绵绵用力、久久为功,努力培养担当民族复兴大任的时代新人,共同为实现"两个一百年"奋斗目标和中华民族伟大复兴的中国梦而不懈奋斗!

中华人民共和国教育部<br>2019 年 10 月 24 日

**【简析】**

　　这是嘉奖令,用于嘉奖有突出贡献的人员或集体,使用嘉奖令的作者单位层级较高,突出了表彰的严肃性。

　　正文部分从四个方面展开:主要事迹概述、先进性定性、具体表彰事项和号召。主要事迹概述是发文的缘由,这部分要写得实事求是、概括得当、重点突出;性质和意义分析客观、完整,条理清晰;嘉奖办法、授予荣誉用语准确,文字简洁;提出的希望有针对性、鼓动性,切实起到宣传教育作用。

　　全文结构完整,思路清晰,内容充实,繁简得当,语言庄重。

　　命令(令)是用于依照有关法律公布行政法规和规章,宣布施行重大强制性行政措施,批准授予和晋升级衔,嘉奖有关单位及人员的公文。

　　命令(令)是国家权力机关、行政机关、军事机关及其首长颁布的,具有强制执行性质的领导性、指挥性的下行文。

## 一、命令(令)的特点

1. 执行的强制性

　　在所有的行政公文中,命令(令)最具有权威性和强制性,一经下发,就必须无条件遵照执行,不允许做任何变更或变通处理。

2. 制发的严格性

　　命令(令)不是任何上级机关或领导都有权利发布的。根据《中华人民共和国宪法》有关条文规定:全国人民代表大会常务委员会及委员长,国家主席,国务院,国务院总理,国务院各部、委、局、署及其正职领导以及县级以上各级地方人民政府,以及在非常时期成立的指挥机关(如抗震救灾指挥部等)可以发布命令(令)。

党务机关、政府各职能部门、企事业单位、各人民团体均不得使用该文种。

3. 语言的庄重性

命令(令)的权威性和强制性,在语言上表现主要为:一是语气坚定严肃;二是语言风格质朴简洁,篇幅短小;三是机关单位使用全称,一般不用简称。

## 二、命令(令)的种类

根据用途,命令(令)有以下四个种类:

1. 发布令

这种命令(令)主要用来发布重要行政法规和规章。发布的法规和规章的具体条文不在正文中出现,而是作为附件附在命令(令)的正文之后。

2. 行政令

这是就重大、紧急事项,采取强制性措施而发布的命令(令),包括动员令、戒严令。

3. 嘉奖令

这种命令(令)主要用来表彰对国家有重大贡献的单位和人员。这类命令(令)常常篇幅较长,内容比较丰富,并带有强烈的感情色彩,有很强的号召力和感染力。

4. 任免令

这种命令(令)用来宣布重要的人事任免事项。其中,重要的人事任免一般是指对国务院总理、副总理、各部委的领导的任免,省级以下的人事任免一般用"通知"。

## 三、命令(令)的写作格式

### (一)标题

命令(令)的标题常见的有以下两种形式:

一种是两要素标题:其一由发文机关名称和文种组成,如《中华人民共和国国务院令》;其二由发令人的职务和文种组成,如《中华人民共和国主席令》。标题中没有事由,即上述两要素标题,一般标"令"。

另一种是三要素标题,即由发文机关名称、事由、文种组成。如《中华人民共和国国务院关于发行新版人民币的命令》。标题中有事由这一项,即三要素标题,一般文种标"命令"。

**(二)命令(令)号**

命令(令)的序号一般为任期流水号,即从发令机关领导人任职开始编发令号,到任职期满该编号即告结束,下一任领导人另行编号。命令(令)号采用汉字数字,如第二十一号。

由政府机关名义发布的命令(令)一般采用普通公文的发文字号,即由发文代字、发文时间、发文序号组成,如国发〔2106〕5号。

**(三)主送机关**

命令(令)一般不标主送机关。但也有少数命令(令)有主送机关,如《中华人民共和国教育部嘉奖令》,主送机关为:参与中华人民共和国成立70周年庆祝活动服务保障工作的全体师生。

**(四)正文**

由于种类不同,命令(令)的正文内容也不尽相同。

1. 发布令:发布令的正文,一般首先写发布的法规规章名称;其次写公布的依据,即由哪个机关、什么会议、什么时间批准通过的;最后写实施时间。

2. 行政令:行政的正文一般由发令缘由、命令事项和执行要求三部分组成。

发令缘由简要说明发布命令(令)的背景、依据、目的、意义,然后用过渡句引领下文,如"为此,发布命令如下""为此,现发布如下命令"等。

命令事项要写明所要采取的重大强制性行政措施。一般要分项列条,内容少的可不分条,具体规定要求下级机关或有关人员做什么,怎么做,违反命令怎样追究责任等。

执行要求主要用于强调命令事项的意义,发出希望和号召等。这一部分不是行政令的必要组成部分,有时可省略。

3. 嘉奖令

正文一般由三部分组成。首先,概括嘉奖或授勋对象的主要事迹和意义,这也是发文的缘由。其次,写明对受奖人员或授勋对象的嘉奖办法、授予的荣誉称号等。最后,向有关人员提出希望,发出号召。

4. 任免令

任免令的正文一般包括任免依据和任免人员两部分内容。任免依据主要是写明做出任免决定的机关名称、会议名称和时间。任免人员直接写明任命谁担任什么职务或免去谁的什么职务。

单项任免令一般采用段篇合一的结构,多项任免令常将任免事项分条写作。

**(五)落款**

由签署命令的首长或发文机关署名以及成文日期组成。以国家机关领导人名义发布的命令,署领导人职务和姓名;以国家机关名义发布的命令,既可署机关名称,也可署领导人职务、姓名。

**四、撰写命令(令)的注意事项**

1. 制发严格慎重

命令(令)是重要的指挥性公文,代表国家领导机关的权威,集中体现人民政府的指挥意志,事关重大。因此,制发命令(令)必须严肃,作者必须具备发布命令(令)的职权,不得越权使用;命令(令)的内容必须是重大事项,不得小题大做,随意滥用。

2. 语气庄重严肃

撰写命令(令),要讲究篇幅简单,内容高度概括,一般不做具体的说明和解释。结构要严谨、逻辑要周密、条理要清晰、语言要精确、语气要果断,多使用"必须""不得"等决断性词语,不能模棱两可。

# 第四节 公 报

例文评析:

例文1

**中国共产党第十八届中央纪律检查委员会第一次全体会议公报**

(2012年11月15日中国共产党第十八届中央纪律监察

委员会第一次全体会议通过)

中国共产党第十八次全国代表大会选举产生的中央纪律检查委员会,于2012年11月15日在北京举行第一次全体会议。王岐山同志主持会议。中央纪律检查委员会委员应到130人,实到129人。全会选举了中央纪律检查委员会书记、副书记和常务委员会委员,报中央委员会批准。与会同志列席了中国共产党第十八届中央委员会第一次全体会议。

**【简析】**

这是一份会议公报。

例文标题由发文机关(会议名称)、文种两部分组成。标题下注明了公报通过的时间(成文日期)和会议名称,不再标注落款。正文分别介绍了会议名称、召开时间、会议主持人、出席人员情况及会议结果等。

全文简明扼要、逻辑缜密、结构完整、语言简练。

**例文2**

### 2018年郑州市人口抽样调查主要数据公报

按照《人口变动情况抽样调查制度》要求,以2018年11月1日零时为标准时点进行了2018年全国人口变动情况抽样调查。这次调查是以全省为总体,县级单位为次总体进行抽样设计,各县(市、区)采取分层、二级、整群概率比例的抽样方法。2018年我市抽取的样本量为20万人,约占郑州市总人口的2%。现将本次抽样调查推算的人口主要数据公布如下:

一、常住人口

全市常住人口为1013.60万人,同上年的988.07万人相比,增加25.53万人,增长2.58%。

二、总户数

全市共有300.80万户,平均每户的人口为3.37人,比上年的3.35人增加0.02人。

三、性别构成

全市常住人口中,男性人口为516.81万人,占50.99%;女性人口为496.79万人,占49.01%。总人口性别比(以女性为100,男性对女性的比例)由去年的104.14下降为104.03。

四、年龄构成

全市常住人口中,0—14岁人口为160.35万人,占15.82%;15—64岁人口为776.32万人,占76.59%;65岁及以上人口为76.93万人,占7.59%。与上年相比,0—14岁人口比重上升0.30个百分点,15—64岁人口比重下降0.50个百分点,65岁及以上人口比重上升0.20个百分点。

五、民族构成

全市常住人口中,汉族人口为998.70万人,占98.47%;各少数民族人口为15.53万人,占1.53%。同上年相比,汉族人口增加25.71万人,所占比重上升0.06个百分点;各少数民族人口减少0.18万人,所占比重下降0.06个百分点。

六、城乡人口

全市常住人口中,居住在城镇的人口为743.78万人,占73.38%;居住在乡村的人口为269.82万人,占26.62%。与上年相比,城镇人口增加30.07万人,乡村人口减少4.54万人,城镇人口比重上升1.15个百分点。

七、人口地区分布

**全市常住人口地区分布**

| 县(市、区) | 常住人口数(万人) | 比重(%) |
| --- | --- | --- |
| 合计 | **1013.60** | 100 |
| 中原区 | 78.33 | 7.73 |
| 二七区 | 83.81 | 8.27 |
| 管城区 | 57.51 | 5.67 |
| 金水区 | 131.60 | 12.99 |
| 上街区 | 14.40 | 1.42 |
| 惠济区 | 30.35 | 2.99 |
| 中牟县 | 51.04 | 5.04 |
| 巩义市 | 83.83 | 8.27 |
| 荥阳市 | 64.87 | 6.40 |
| 新密市 | 81.32 | 8.02 |
| 新郑市 | 64.78 | 6.39 |
| 登封市 | 71.74 | 7.08 |
| 经开区 | 27.35 | 2.69 |
| 高新区 | 29.76 | 2.94 |
| 郑东新区 | 69.34 | 6.84 |
| 航空港区 | 73.57 | 7.26 |

注释：

[1]本公报中数据均为根据2018年11月1日零时调查结果推算数。

[2]调查对象是指调查标准时点在中华人民共和国境内抽中调查小区内的全部人口（不包括港澳台居民和外国人）。

[3]常住人口包括：居住在本乡镇街道、户口在本乡镇街道或户口待定的人；居住在本乡镇街道、离开户口所在的乡镇街道半年以上的人；户口在本乡镇街道、外出不满半年或在境外工作学习的人。"境外"是指我国海关关境以外。

[4]城乡人口是指居住在我国境内城镇、乡村地域上的人口，城镇、乡村是按2008年国家统计局《统计上划分城乡的规定》划分的。

[5]全市数据包含巩义市。

【简析】

这是一份事项公报，用以发布2018年郑州市人口抽样调查主要数据公报。

标题由事由与文种组成。正文开篇直接说明了公报发布依据以及调查的范围、方式等，并用"现将本次抽样调查推算的人口主要数据公布如下"引入下文。主体部分采取序号式，从七个层面分别公布相关数据内容，数据表达规范准确、翔实客观。相关注释的运用有助于增强公文的科学准确性与可理解性。

全文结构合理，条理分明，用语规范，内容简明扼要。

例文3

## 中华人民共和国和圣多美和普林西比民主共和国关于恢复外交关系的联合公报

中华人民共和国和圣多美和普林西比民主共和国，根据两国人民的利益和愿望，兹决定即日起恢复大使级外交关系。

中华人民共和国和圣多美和普林西比民主共和国同意尽早互派大使，并根据1961年《维也纳外交关系公约》，为对方大使馆的建立和履行职务提供一切必要的方便和协助。

中华人民共和国政府支持圣多美和普林西比民主共和国为维护国家主权和发展经济所做的努力。

圣多美和普林西比民主共和国政府承认世界上只有一个中国，中华人民共和国政府是代表全中国的唯一合法政府,台湾是中国领土不可分割的一部分。圣多美和普林西比民主共和国政府承诺不同"台湾"发生任何官方关系,不进行任何官方往来。中华人民共和国政府对圣多美和普林西比民主共和国政府的上述立场表示赞赏。

两国政府同意在互相尊重主权和领土完整、互不侵犯、互不干涉内政、平等互利、和平共处的原则上发展两国友好关系。

双方签署代表受各自政府授权,签署公报中、葡文本一式两份,两种文本同等作准。

中华人民共和国　　　　　圣多美和普林西比民主共和国
代表(签字)　　　　　　　代表(签字)

2016年12月26日于北京

**【简析】**

这是外交公报,用以发布我国和圣多美和普林西比民主共和国恢复外交关系的新闻。

例文开门见山,直接说明公报的主题,类似于新闻的导语。主体部分采取分段式,分条列项说明两国协商议定的事项。文末署明发文机关、成文时间与地点。外交公报通常需会谈双方法定代表人郑重签署姓名方能生效。

全文结构合理,逻辑清晰,内容明确,语言庄重,行文流畅。

公报,在媒体发布时也称新闻公报,是党政机关和人民团体公开发布重大事件或重要决定事项的报道性公文。

### 一、公报的特点

1. 内容重大。公报主要用来发布党内发生的重大事件,召开的重要会议,重大人事、机构变动及不同时期制定的路线、方针、政策等内容。

2. 新闻性强。公报的内容多为国内外人士所关心,并需要及时与广大公众见面的事项,常借助报刊、广播、电视、互联网等新闻媒介发布,因此又具有新闻性的特点。

3. 周知面宽。与党内其他文件相比,公报需公众周知的面要宽泛得多。即不仅是党内,也需要党外;不仅在国内,也需要国外了解和知晓的重大内容。

二、公报的种类

1. 会议公报

这是用以报道重要会议或会谈的决定和情况的公报。这种公报一般用于最高领导机关召开的会议。例如《中国共产党第十八届中央委员会第三次全体会议公报(2013年11月12日)》。

2. 事项公报

用于政党高级领导机关发布重大情况、重要事件的文件。高层行政机关、部门向人民群众公布重大决策、重要事项或重大措施时有时也沿用此类公报,如气象部门发布的气象公报。

3. 联合公报

这是一种特殊用途的公报,用以发布国家之间、政党之间、团体之间经过会议达成的某种协议。这类公报具有极强的新闻功能,又称新闻公报。

三、公报的写作格式

1. 标题

会议公报:一般是"会议名称+文种",如《中国共产党第十八届中央委员会第三次全体会议公报》。

事项公报:一般是"发文机关+时间+事由+文种",如《××市2015年国民经济和社会发展统计公报》。

外交公报:一是"发文机关+事由+文种",如《中华人民共和国和美利坚合众国关于建立外交关系的联合公报》;二是"发文机关+文种",如《中华人民共和国和哈萨克斯坦共和国联合公报》。

2. 正文

公报的正文一般由前言、主体、结尾三个部分组成。

前言:会议公报的前言概括交代会议的名称、时间、地点、参会人员及会议主要议题;事项公报的前言阐明发文的背景、依据、目的、意义等,或简述事件的核心内容,即何时、何地、发生了什么重大事件;外交公报的前言要概述会晤的基本情况,即在何时何地,谁与谁就什么问题进行了什么性质的活动。

主体:会议公报介绍会议议定事项和会议的重要精神;事项公报报道与事件相关的决定事项,或公布各方面统计数据;外交公报具体阐述各方达成的共识及各方观点。

常见的写法有两种：一种是分段式，即每段说明一层意思或一项决定；二是序号式，多用于内容复杂、头绪较多的公报。

结尾：可写明会议发出的号召，或对公报会谈成果做出评价，或自然收束。

3. 落款

会议公报一般在标题之下正中位置注明什么时间、经什么会议讨论通过；事项公报一般在标题之下正中位置写明发布机关名称及发布时间；外交公报则需在正文之后右下方写明双方签署人的身份、姓名，签署的日期及地点。

**四、公告和公报的区别**

公告和公报都是由高层机关发布的公开周知性公文。两者的区别：

1. 从发文机关，党的领导机关多用公报，行政机关多用公告。

2. 从公布内容，宣布有关人员遵守的法定事项，一般用公告；发布会议情况、谈判情况、统计情况等多用公报。

**五、撰写公报的注意事项**

写作公报应注意：

1. 公报的制发机关要有一定权威，一般机关单位不可使用。

2. 公报的内容是重大事项，要高度概括，语言精练，注重时效。

# 第五节 公　　告

例文评析：

例文1

## 质检总局关于防止新型冠状病毒传入我国的公告

世界卫生组织9月23日报告，英国确诊1例人感染新型冠状病毒病例，该病例发病前具有去往沙特阿拉伯王国旅行史，发病期间曾在卡塔尔多哈一家医院救治。此前沙特阿拉伯曾报告1例感染新型冠状病毒的死亡病例。为防止该型病毒传入我国，保护我国前往上述地区人员的健康安全，根据《中华人民共和国国境卫生检疫法》及其实施细则的有关规定，现公告如下：

一、来自上述地区的人员，如有发热、咳嗽、气促、呼吸困难等急性呼吸道症状，入境时应当主动向出入境检验检疫机构口头申报。入境后出现上述症状者，应当立即就医，并向医生说明近期的旅行史，以便及时得到诊断和治疗。

二、检验检疫机构应当加强对来自上述地区人员的体温监测、医学巡查等工作，对申报或现场查验发现有上述症状的人员应当仔细排查，对发现具有急性呼吸道症状的嫌疑者，应当及时按规定程序采取医学措施。

三、检验检疫机构应当在口岸利用显示屏、广播和发放宣传册等多种形式告知出入境旅客有关感染冠状病毒疫情信息和防病知识，增强出入境人员防病意识。前往上述地区的人员，可以向出入境检验检疫机构及其国际执行卫生保健中心咨询或登录国家质检总局网站卫生检疫与旅行健康专栏，了解该地区的疫情和有关预防方法。旅行中或旅行后发现上述相关症状者，应当立即就医，并在出入境时向检验检疫机构申报。

四、前往上述地区的人员应当保持良好的个人卫生习惯。如果出现较重的感冒、发热症状应当立即就医。

本公告自发布之日起生效，有效期3个月。

质检总局
2012年9月27日

【简析】

这是一份重要事项公告。

例文标题由发文单位、事由和文种组成。前言部分交代了发布公告的原因、目的和依据，简要而完整，然后用"现公告如下"承启过渡；公告事项部分从四个方面对防止新型冠状病毒传入我国采取的措施进行了说明；结尾部分简要说明了措施时效日期和有效期限。

全文结构完整严谨，公告事项部分条理清晰，语言表述简洁准确。

**例文2**

**关于经营所得核定征收个人所得税有关问题的公告**

根据《中华人民共和国税收征收管理法》及其实施细则、第十三届全国人大常委会第五次会议审议通过的《全国人民代表大会常务委员会关于修改〈中华人民共和国个人所得税法〉的决定》以及《财政部 税务总局关于2018年第四季度个人所得税减除费用和税率适用问题的通知》(财税〔2018〕98号)等规定,现就我省经营所得核定征收个人所得税有关问题公告如下:

一、凡不符合查账征收条件的个体工商户业主,未办理个体工商户注册登记但取得生产、经营所得的自然人,其经营所得采用定额方式征收个人所得税。应纳税额计算公式:应纳税额=应税收入×附征率。

上款所称的应税收入是核定的收入总额或纳税人申请开具发票的金额。

二、凡不符合查账征收条件的个人独资企业和合伙企业自然人投资者、企事业单位承包承租经营者,其经营所得采用核定应税所得率方式征收个人所得税。应纳税额计算公式:

应纳税所得额=应税收入×应税所得率,或者应纳税所得额=成本费用支出额/(1-应税所得率)×应税所得率。

应纳税额=应纳税所得额×经营所得5级累进税率。

上款所称的应税收入是每一纳税年度的收入总额,成本费用支出额是每一纳税年度的成本费用支出总额。

三、凡不符合查账征收条件的个体工商户业主,核定的应税收入不高于90000元/季的,附征率为0;核定的应税收入高于90000元/季的,全额征收个人所得税。

四、纳税人经营多业的,无论其经营项目是否单独核算,按其主营业务所属行业(以实际营业额占总营业额最大比例为标准)确定适用的附征率或应税所得率。

五、本公告自2018年10月1日起施行。《海南省地方税务局关于核定征收个体工商户生产经营所得个人所得税等有关问题的公告》(海南省地方税务局2015年第6号公告)、《海南省地方税务局关于个人所得税核定征收有关问题的公告》(海南省地方税务局2017年第6号公告)同时废止。

特此公告。

国家税务总局海南省税务局
2018年10月30日

【简析】

这是一份法定事项公告。

例文标题采用事由+文种的两要素构成形式。正文第一段是公告缘由,用"根据……"简要交代了国家税务总局海南省税务局公布经营所得核定征收个人所得税有关问题的依据,然后用"公告如下"进行了过渡。公告事项部分分别从四个方面说明了不同纳税主体缴纳个人所得税的计算方法,最后交代了公告的实施时间,最后用"特此公告"另行作结。

全文结构规范,条理清晰,逻辑缜密,行文简洁。

公告是国家权力机关、行政机关向国内外宣布重要事项或法定事项的公文。它是普发性公文,受文对象广泛,内容关系重大,使用需慎重。

### 一、公告的特点

**1. 庄重性**

公告的内容是国内外或全社会广泛关注的大事,事涉国家重大法规、重要决定、重大事件、重大要闻,因此公告要依照法律法规的规定及时发布,语言要庄重严肃。

**2. 广泛性**

公告是向"国内外"发布的事项,知照范围很广泛,公报一般不采用红头文件的方式发布,往往借助新闻媒体公开发布。

**3. 限制性**

公告的发布机关多为较高级别的国家行政机关或权力机关,如全国人民代表大会,国务院,各省、市人民政府及人大等;某些法定职能部门,如人民检察院、人民法院、人民银行或授权的部门如新华社等也可来制发公告,不够级别的单位一般不能发布公告。

### 二、公告的种类

根据内容的不同,公告可分为两类。

**1. 重大事项公告**

内容大多是关系到国家的政治、经济、军事等领域内的大事,适用于公布国家重要领导人的选举、任免及出访,公布重要人士的逝世消息、重大的军事实验或科研成果等。

**2. 法定事项公告**

法定事项公告适用于政府及有关职能部门或其他组织依据法律法规的规定，面向社会广泛告知具有规定性、权威性、约束力的重要事项或法定事项。

### 三、公告的写作格式

**（一）标题**

标题有三种写法：

1. 发文机关＋事由＋文种，如《质检总局关于防止新型冠状病毒传入我国的公告》。

2. 发文机关＋文种，如《中华人民共和国全国人民代表大会公告》。

3. 只标出文种"公告"。

有的公告在标题下方有编号，一般的写法是"第×号"，并用圆括号括住。

**（二）正文**

一般由公告背景、缘由、公告事项和公告结语（"现予公告"或"特此公告"等）部分组成。也有的公告省略了缘由，开门见山，直接写出公告事项。

公告事项要根据内容多少来确定表达方式，如果内容较多，要分列条款；如果内容比较简单，则可不分段落。

**（三）落款**

在正文的右下方署上发文机关的名称和日期。如果标题已写上了发文机关的名称，在报纸上登载时则常省略落款。也有的公告，成文日期写在署名下方或标题和编号之下。

### 四、公告与通告的区别

1. 公告的内容是向国内外宣布重要事项或法定事项的，即国家的重大法规、重要决定、重大事件、重要新闻。通告所涉内容一般为一定范围内的普通公众需要遵守或周知的事项。

2. 公告的告知范围是国内外，有些公告是专对国外而发的，如《新华社授权公告》，一般要求使用严肃的新闻媒体发布；而通告一般限于国内或限于一定地区，小范围通常采用张贴的形式发布，告知范围较广，可采用新闻媒体发布。

3. 公告的发布层级较高，通常是由国家领导机关制发的；而通告发布的层级相当规范，上至国家机关下至基层单位均可制发。

### 五、撰写公告的注意事项

1. 在使用范围上，公告主要用于党和国家向国内外公布重大事宜时使用，所以,非权力机关和一般业务部门通常不能使用这种文体,不能发布公告,但在特定情况下,可由国家授权给该单位发布,如《新华社授权公告》。

2. 公告在文字上除要求概括简练外,还应当注意严密性,特别要注意可能产生的政治影响。

3. 公告的语言除简略外,还要注意准确、质朴、庄重。

**病例修改:**

资产处置公告

经批准,潍坊农商银行滨海支行拟对下列债权资产进行处置,资产状况如下:

袁水的 15 万元保证贷款,借款起止日期为:2012 - 09 - 30 至 2013 - 05 - 05。

央子镇社会福利橡塑助剂厂 40 万元贷款,借款起止日期为:1998 - 05 - 18 至 1999 - 05 - 18。

现催请上述主从债务人及相关责任人立即履行还款义务,欢迎符合规定的境内外投资者购买上述债权。以上交易的对象为法人、自然人、其他组织,但参与资产包定价的内部人员,经办资产转让的法官、律师、评估师等参与人员及其他与债权债务有利害关系的人员不得购买和变相购买该资产包。

潍坊农商银行滨海支行地址:潍坊滨海经济开发区海化路与禄海路交叉口东 100 米路北。

联系人:王先生

监督电话:5339900

特别提示:公告中的有关信息不构成要约及承诺,资产转让的具体权利和义务,由买卖双方洽谈,并签订有关合同。

潍坊农商银行滨海支行<br>2014 年 6 月 18 日

# 第六节　通　　告

例文评析：

例文1

### 关于对岳阳大道地质勘测路段实行交通管制的通告

为确保岳阳大道电力廊道建设地质勘测工作如期完成,根据《中华人民共和国道路交通安全法》《湖南省实施〈中华人民共和国道路交通安全法〉办法》有关规定,决定对岳阳大道南北辅道部分点段实行交通管制。

一、管制时间

2019年11月28日至2019年12月31日。

二、管制路段

岳阳大道王家河大桥东至107国道南北两侧辅道路段。

三、分流方案

交通管制期间,途经施工点段公交车从道路中部车行道路绕行。

封闭施工期间,请行经管制路段车辆自觉遵守现场交通指示标志、交通安全引导员和交警的指挥通行,确保安全、畅通、有序。

岳阳市公安局交通警察支队

2019年11月25日

【简析】

　　这也是一篇周知性通告,用于发布岳阳大道地质勘测路段实行交通管制的信息,以使人们知晓。

　　标题由发文事由与文种组成,事由概括简洁、准确。例文第一段为通告缘由,用"为""根据"等简要说明了行文目的与依据;主体部分分条列目地交代了通告的具体事项;省略了结尾。

　　全文格式规范,条理分明,行文简练,语言清晰、简明。

例文 2

## 关于防范非药用类麻醉药品
## 和精神药品及制毒物品违法犯罪的通告

为切实加强对非药用类麻醉药品和精神药品、制毒物品的管控,有效遏制此类违法犯罪活动,根据国家相关法律法规规定,现将有关事项通告如下:

一、根据《中华人民共和国刑法》第350条之规定,严禁任何组织和个人非法生产、买卖、运输醋酸酐、乙醚、三氯甲烷或者其他用于制造毒品的原料、配剂,或者携带上述物品进出境。严禁任何组织和个人明知他人制造毒品而为其生产、买卖、运输前款规定的物品。

二、根据《中华人民共和国刑法》相关规定,明知某种非列管物质将被用于非法制造非药用类麻醉药品或精神药品而仍然为其生产、销售、运输或进出口的,按照制造毒品犯罪共犯论处。

三、根据《中华人民共和国禁毒法》第21条、第22条之规定,严禁任何组织和个人非法生产、买卖、运输、储存、提供、持有、使用麻醉药品、精神药品和易制毒化学品。严禁任何组织和个人走私麻醉药品、精神药品和易制毒化学品。

四、根据《非药用类麻醉药品和精神药品列管办法》之规定,非药用类麻醉药品和精神药品除《非药用类麻醉药品和精神药品管制品种增补目录》中列明的品种外,还包括其可能存在的盐类、旋光异构体及其盐类。

五、根据《易制毒化学品管理条例》第5条之规定,严禁任何组织和个人走私或者非法生产、经营、购买、转让、运输易制毒化学品。严禁使用现金或者实物进行易制毒化学品交易。严禁个人携带易制毒化学品进出境,个人合理自用的药品类复方制剂和高锰酸钾除外。

六、根据《易制毒化学品进出口管理规定》第47条之规定,严禁任何组织和个人未经许可或超出许可范围进出口易制毒化学品,严禁个人携带易制毒化学品进出境,个人合理自用的药品类复方制剂和高锰酸钾除外。

七、邮政、物流、快递企业发现非法邮寄、运输、夹带疑似非药用类麻醉药品或精神药品、易制毒化学品等制毒原料或配剂的,应当立即向公安机关或者海关报告,并配合公安机关或者海关进行调查。邮政、物流、快递企业应当如实记录或者保存上述信息。

八、任何单位或者个人出租、转让其反应釜、离心机、氢气钢瓶等特种设备的,应当如实登记承租或者受让企业、个人信息,并及时将登记信息向所在地县(市、区)安全生产监管部门和公安机关报告。

九、明知某种非药用类麻醉药品和精神药品或制毒物品已在国外被列为毒品或易制毒化学品进行管制而仍然向该国生产、销售、走私的,将可能面临该国执法部门的刑事指控或制裁。

十、鼓励广大群众向公安等有关行政主管部门举报新精神活性物质等毒品或者制毒物品违法犯罪行为。对举报属实的,将按照有关规定予以现金奖励。相关部门将对举报信息严格保密,对举报人依法予以保护。

特此通告。

国家禁毒委员会办公室<br>2019 年 8 月 1 日

【简析】

这是一篇约束性通告。此类通告重在依照某种法规,提出让有关单位、个人必须遵守的规定。

例文标题采用事由+文种的模式,事由明确。正文由通告缘由、通告事项和结语三部分构成。缘由部分简要说明了发布通告的目的和依据,然后以"现将有关事项通告如下"过渡。主体部分在写作方面有两大亮点:一是思维严谨,各项规定全面具体,对各种违规情况都做了明确规定,为执法部门照章办事、依法治理提供了很好的文件依据;二是措施切实可行,每款条文都有政策依据,符合国家的各项法律法规,是国家法律法规和政策条文的延伸或细化。

全文格式规范,逻辑清晰,措施可行,用语精准。

## 例文 3

### 关于江西省各类市场主体报送 2016 年度报告的通告

根据《企业信息公示暂行条例》《个体工商户年度报告暂行办法》《农民专业合作社年度报告公示暂行办法》等有关规定,以及《工商总局关于做好 2016 年度年报公示工作的通知》(工商企监字〔2016〕247 号)和《工商总局人力资源社会保障部 统计局关于在企业年报中增加社保和统计事项有关问题的通知》

(工商企监字〔2016〕226号)文件精神,现就我省各类市场主体报送2016年度报告相关事项通告如下:

一、年度报告的主体

凡2016年12月31日前在江西省各级工商和市场监管部门登记注册的企业、个体工商户和农民专业合作社,均应当报送2016年度报告。

2017年设立登记的市场主体,自2018年起报送并公示2017年度报告。

二、年度报告的时间

2017年1月1日0时至6月30日24时。

三、年度报告的内容

(一)企业年度报告内容

1.企业通信地址、邮政编码、联系电话、电子邮箱等信息;

2.企业开业、歇业、清算等存续状态信息;

3.企业投资设立企业、购买股权信息;

4.企业为有限责任公司或者股份有限公司的,其股东或者发起人认缴和实缴的出资额、出资时间、出资方式等信息;

5.有限责任公司股东股权转让等股权变更信息;

6.企业网站以及从事网络经营的网店的名称、网址等信息;

7.企业从业人数、资产总额、负债总额、对外提供保证担保、所有者权益合计、营业总收入、主营业务收入、利润总额、净利润、纳税总额信息;

8.社保事项:参保险种类型、单位参保人数、单位缴费基数、本期实际缴费金额、单位累计欠缴金额;

9.统计事项:主营业务活动、女性从业人员、企业控股情况(分支机构不填报,私营企业年报中的"企业控股情况"固定为"私营企业")、分支机构隶属母公司的统一社会信用代码(仅分支机构填报)。

(二)个体工商户年度报告内容

1.行政许可取得和变动信息;

2.生产经营信息;

3.开设的网站或者从事网络经营的网店的名称、网址等信息;

4.联系方式等信息;

5.国家工商行政管理总局要求报送的其他信息。

（三）农民专业合作社年度报告内容

1. 行政许可取得和变动信息；

2. 生产经营信息；

3. 资产状况信息；

4. 开设的网站或者从事网络经营的网店的名称、网址等信息；

5. 联系方式信息；

6. 社保事项：参保险种类型、单位参保人数、单位缴费基数、本期实际缴费金额、单位累计欠缴金额；

7. 统计事项：主营业务活动、女性从业人员、通信地址、从业人数；

8. 国家工商行政管理总局要求公示的其他信息。

四、年度报告报送并公示的方式

企业、农民专业合作社应通过国家企业信用信息公示系统(江西)报送2016年度报告并公示。

个体工商户通过国家企业信用信息公示系统(江西)或者以纸质方式报送2016年度报告，并自主选择其年度报告内容是否公示。选择公示年度报告内容的个体工商户，应当通过国家企业信用信息公示系统(江西)报送年度报告并公示；决定不公示年度报告内容的个体工商户，应当向负责其登记的工商行政管理部门报送纸质年度报告。

五、年度报告报送并公示流程

第一步：登录"国家企业信用信息公示系统(江西)"后，点击"企业信息填报"。

第二步：依次填写"企业统一社会信用代码/注册号""联络员姓名""联络员身份证号码""联络员手机号""密码"进行登录。

第三步：登录后，按要求填写公示内容后，保存并公示。

企业报送并公示完成后，可进行自主查询是否已完成公示。具体查询步骤为：登录"国家企业信用信息公示系统(江西)"，填写注册号进行查询，点击企业名称后查找"企业公示信息"，以及"年报信息"进行查询。

农民专业合作社和选择公示年度报告内容的个体工商户，登录国家企业信用信息公示系统(江西)的步骤与企业相同。

六、法律责任

企业、个体工商户、农民专业合作社对其年度报告内容的真实性、及时性负责。企业、个体工商户、农民专业合作社未按照本通告期限报送年度报告,以及在年度报告中隐瞒真实情况、弄虚作假的,工商和市场监督管理部门将按照《企业信息公示暂行条例》《个体工商户年度报告暂行办法》《农民专业合作社年度报告公示暂行办法》《企业经营异常名录管理暂行办法》等有关规定,将其依法列入经营异常名录或标记为经营异常状态。被列入经营异常名录的企业将在政府采购、工程招投标、国有土地出让、授予荣誉称号等工作中,依法予以限制或者禁入。

尚未报送公示2015年度报告的企业、个体工商户和农民专业合作社,须与2016年度报告一并完成。补报2015年度及之前年度年报的,按照《企业信息公示暂行条例》规定的内容填报,不增加社保和统计事项。

望广大市场主体依法、及时、如实报送年度报告。

2017年9月13日

【简析】

这是一份办理性通告,主要用于向不特定单位和个人发布需要办理相关事项时使用,其作用类似通知,两者主要区别在于主送机关:通告的主送机关为有的范围内不确定对象;通知的主送机关为需要执行的下级机关。

例文正文由缘由、事项、结语三部分组成。缘由部分重点引述相关法规,简要说明了发文依据,并以"现就我省各类市场主体报送2016年度报告相关事项通告如下"过渡;主体部分从六个方面详细说明了报送年度报告的相关事项;结尾提出了希望和要求。

全文结构完整,层次分明,用语准确。

通告适用于在一定范围内公布应当遵守或周知的事项。

通告与公告是两个比较相近的文种,两者有一个共同的特点,就是都用来广泛传播,可以通过报刊、广播、电视、网络等媒体公开发布。

## 一、通告的特点

### 1. 发布事项具体

通告的内容往往直接指向某项明确、具体的事务性事宜,内容带有专业性、业务性、政策性。宣布国家重要事项或法定事项一般使用公告。

### 2. 发文主体广泛

通告的制发不受发文机关级别高低的限制,上至国家机关,一般党政机关、企事业单位、社会团体,下至最基层单位,都可根据其职权限定范围和开展业务的需要发布通告。

### 3. 发布范围固定

通告是在一定范围内发布的,而且多就某一地区或某一事项而发布,让一定地域或某行业系统的相关人员知晓,其告知对象有一定的限制,因此通告除在新闻媒体上发布,还可以张贴的方式直接发布。

## 二、通告的种类

### 1. 知照性通告

知照性通告是用于告知一定范围内不确定对象应当周知或需要遵守的简单事项的通告。如《关于对岳阳大道地质勘测路段实行交通管制的通告》即属这类。

### 2. 办理性通告

办理性通告是用于告知不确定对象办理例行事项的通告,其内容如注册、登记、年检等。如《关于江西省各类市场主体报送2016年度报告的通告》属此类通告。

### 3. 约束性通告

约束性通告是用于公布一些禁止类事项的通告,其内容主要涉及不确定对象必须遵守的相关规定或事项,如《关于防范非药用类麻醉药品和精神药品及制毒物品违法犯罪的通告》即属此类通告。

## 三、通告的写作格式

通告主要由标题、正文、落款组成。因通告告知的对象不确定,一般不注明主送机关。

### 1. 标题

通告的标题一般有四种拟写方式:

一是发文机关+事由+文种,如《××市人民政府关于进一步开展禁毒斗争的通告》。

二是发文机关+文种,如《××市税务局通告》。

三是事由+文种,如《关于2018年春运班次安排的通告》。

四是只写文种,即《通告》,主要适用于在公共场所张贴的通告。

2. 正文

通告的正文一般由通告缘由、通告事项、通告结语三部分组成。

通告缘由,主要介绍发布通告的背景、原因、依据、目的和意义等。一般用承启语"特通告如下"或"现将有关事项通告如下"等引起下文。

通告事项,明确具体写清楚需要告知和应当遵守的事项。事项简单的,可以一气呵成,不分段落;事项较多的,应分条列项,同时要注意条理性和周密性。

通告结语,即正文结尾,或对通告内容做强调和要求,如"以上各点,希遵照执行";或对通告执行加以说明,如"本通告自公布之日起执行";或以"特此通告"等惯用语作结。有些通告,可省去结语,自然收尾。

3. 落款

写明发文机关名称和日期。

**四、通告和公告的区别**

1. 发布机关不同

公告的发文机关一般层级较高,主要由党和国家最高领导机关发布,涉外部门、新华社、司法机关以及其他一些政府部门可以根据授权使用公告。而通告的发布机关可以是各级政府及其职能机关,也可以是社会团体、企事业单位。

2. 发布范围不同

公告可向国内发布,又可向国外发布,范围较广。通告只能向国内一定范围内发布,范围较窄。

3. 内容侧重不同

公告用于"向国内外宣布重要事项或者法定事项";通告的内容是"在一定范围内应当遵守或周知的事项",多是具体的业务工作。

4. 发布形式不同

公告、通告都可以在报纸上刊载,也可通过广播、电视播出,但公告一般不张贴,通告可以张贴。

**五、撰写通告的注意事项**

1. 通告的内容要一文一事,主旨明确。

2. 通告的事项要能阐明中心并做到条分缕析,结构严密。

3. 通告的文字要通俗易懂,语言要严肃精准,结构要严谨周密,以便群众理解和遵守。

**病例修改:**

通　告

本渡口是××河上的重要渡口之一,过往车辆、行人很多,等候时间往往较长。为了减少等船时间,加强渡口管理,特做如下规定:

一、不准携带易燃、易爆、腐蚀性强的物品上船。违反规定擅自携带上船,被查出者,没收所带物品,并酌情予以五十元至二百元罚款。

二、凡需乘渡船过河者必须购票,机动车每辆五元,非机动车每辆三元,行人每位一元(儿童免票)。不买票者不得乘船。

三、乘客必须听从工作人员指挥,按顺序上下船。各种车辆要按指定位置停放,以保证渡船安全。

四、凡牵引牲畜过渡,到指定舱位,并购票,每头(只、匹)二元。放在筐、篮等容器内的家禽、仔猪等以筐计算,每筐一元。

五、渡船开动后,乘船者不要来回走动,机动车必须熄火,牲畜必须有人看守。

六、违反规定或者在船上无理取闹、不听指挥、妨碍渡船正常航行者重罚,情节严重的扭送公安机关,依法惩处。

七、乘船者必须爱护渡船及其设备,损坏要赔偿。

河渡口管理处<br>2015 年 ×月×日

## 第七节　意　见

例文评析：

例文1

江西省人民政府办公厅<br>关于全面推行行政规范性文件合法性审核机制的实施意见

各市、县(区)人民政府,省政府各部门：

为贯彻落实《国务院办公厅关于全面推行行政规范性文件合法性审核机制的指导意见》(国办发〔2018〕115号),进一步完善全省行政规范性文件(以下简称规范性文件)制定程序,全面落实合法性审核制度,切实提高规范性文件质量,经省政府同意,现提出以下实施意见。

一、总体要求

（一）指导思想。以习近平新时代中国特色社会主义思想为指导,全面贯彻党的十九大和十九届二中、三中全会精神,认真落实党中央、国务院决策部署,按照依法治国、依法执政、依法行政共同推进,法治国家、法治政府、法治社会一体建设的要求,全面推行规范性文件合法性审核机制,加快建设法治政府,提高政府治理能力。

（二）主要目标。进一步明确规范性文件合法性审核的范围、主体、程序、职责和责任,建立健全工作制度机制,加大组织保障力度,确保所有规范性文件均经过合法性审核,保证规范性文件合法有效。

二、主要任务

（一）准确界定审核范围。除政府规章外,凡我省行政机关或者经法律、法规授权的具有管理公共事务职能的组织(以下统称行政机关)依照法定权限、程序制定并公开发布,涉及公民、法人和其他组织权利义务,具有普遍约束力,在一定期限内反复适用的文件,都属于规范性文件。各地、各部门要结合工作实际,从制定主体、公文种类、管理事项等方面,确定纳入规范性文件合法性审核的标准和范围。制定机关的办公机构要根据标准和范围,对规范性文件进行准确认定,认定把握不准的要及时研究或交由审核机构确认,以确保实现合法性审核的全覆盖。行政机关内部执行的管理规范、工作制度、机构编制、会议纪要、工作方案、请示报告及表彰奖惩、人事任免等文件，不纳入规范性文件合法性审核范围。

（二）审定公布适格主体。各级人民政府、县级以上人民政府工作部门和依法设立的派出机关，法律、法规授权的具有管理公共事务职能的组织是制发规范性文件的主体。各级人民政府的议事协调机构及其办事机构，未经法律、法规授权的内设机构、派出机构都不具有制发规范性文件的主体资格。县级以上人民政府承担规范性文件合法性审核工作的部门，要对本级的规范性文件制定主体予以确认，编制清单报本级人民政府审定后，向社会公布。省人民政府各部门要在2019年5月底前，向省司法厅申请确认规范性文件制发主体资格，并随附法律法规规章等相关依据。省司法厅汇总审核后，编制省级规范性文件制定主体清单，征求省委编办意见，报省人民政府批准后，由省司法厅统一公布。各级规范性文件制定主体清单应当于2019年8月底前向社会公布。

（三）明确落实审核机构。各级人民政府及其工作部门要明确具体承担规范性文件合法性审核工作的部门或者机构（以下统称审核机构）。省司法厅是省人民政府的规范性文件审核机构。以县级以上人民政府或者其办公机构名义印发的规范性文件，或者由县级以上人民政府部门起草、报请本级人民政府批准后以部门名义印发的规范性文件，由同级人民政府司法行政部门进行审核。在送政府审核机构审核前，起草部门审核机构应当先行审核，出具合法性审核意见。县级以上人民政府部门制定的规范性文件，由本部门审核机构进行审核。乡镇人民政府及街道办事处制定的规范性文件，由其负责审核的机构或者人员进行审核。

（四）规范完备审核程序。各地、各部门制发规范性文件，应当在文件草案提交讨论前交由审核机构进行合法性审核。制定机关的办公机构要加强制发程序管理，预留合法性审核的必需时限，对认定为规范性文件的，要及时告知起草单位按要求报送审核材料。起草单位报送的审核材料，应当包括文件送审稿及其说明、制定文件的依据、征求意见及采纳情况、本单位的合法性审核意见，以及针对不同审核内容需要的其他材料等。制定与企业生产经营密切相关的规范性文件的，起草单位还应当提交征求相关企业和行业协会商会意见及意见采纳的情况。制定产业发展、招商引资、招标投标、政府采购、经营行为规范、资质标准等涉及市场主体经济活动的规范性文件的,起草单位还应当按照有关规定提交公平竞争审查结论。涉及重大行政决策的规范性文件,起草单位还应当提交风险评估报告。对专业性、技术性较强的规范性文件,起草单位还应当提交组织相关领域专家进行论证的结论意见。涉及机构编制事项的规范性文件,起草单位应当先行征求机构编制部门的意见。

以政府或者其办公机构名义印发的规范性文件,或者由政府部门起草、报请本级人民政府批准后以部门名义印发的规范性文件,起草单位应当将文件送审稿及有关材料报送政府办公机构,政府办公机构要对材料的完备性、规范性进行审查。符合要求的,转送审核机构进行审核;不符合要求的,可以退回,或者要求起草单位在规定时间内补充材料或说明情况后转送审核机构进行审核。除为了预防、应对和处置突发事件,或者执行上级机关的紧急命令和决定需要立即制定实施规范性文件等外,合法性审核时间从送审材料齐备后计算一般不少于5个工作日,最长不超过15个工作日。

(五)严格把握审核标准。审核机构应当认真履行审核职责,对文件的制定主体、程序、有关内容是否合法进行审核。重点审核以下内容:制定主体是否合法;是否超越制定机关法定职权或者超越法律法规规章的授权范围;内容是否符合宪法、法律、法规、规章和国家政策规定;是否违法设立行政许可、行政处罚、行政强制、行政征收、行政收费等事项,是否增加办理行政许可事项的条件,规定出具循环证明、重复证明、无谓证明的内容;是否存在没有法律、法规依据做出减损公民、法人和其他组织合法权益或者增加其义务的情形;是否存在没有法律、法规依据做出增加本单位权力或者减少本单位法定职责的情形;是否违反规范性文件制定程序。审核机构要根据不同情形提出合法、不合法、应当予以修改的书面审核意见。起草单位应当根据合法性审核意见对规范性文件做必要的修改或者补充,并将意见的采纳情况向审核机构反馈;特殊情况下,起草单位未完全采纳合法性审核意见的,应当在提请制定机关审议时详细说明理由和依据。

(六)切实强化审核责任。要充分发挥合法性审核机制对确保规范性文件合法有效的把关作用,不得以征求意见、会签、参加审议等方式代替合法性审核。未经合法性审核或者经审核不合法的文件,不得提交集体审议或签发。未经合法性审核或者不采纳合法性审核意见导致规范性文件违法,造成严重后果的,依纪依法追究有关责任人员的责任。起草单位未严格履行本单位审核职责或者在提请审核过程中失职、缺位导致规范性文件违法,造成严重后果的,依纪依法追究有关责任人员的责任;审核机构未严格履行审核职责,造成严重后果的,依纪依法追究有关责任人员的责任。

(七)不断健全审核工作机制。审核机构可以根据工作需要,采用多种方式进行合法性审核。对影响面广、情况复杂、社会关注度高的规范性文件,如审核过程中遇到疑难法律问题,要在书面征求意见的基础上,采取召开座谈会、论证会、听证会等方式听取有关方面意见。要建立健全专家协助审核机制,充分发挥政府法律顾问、公职律师和有关专家作用。必要时,审核机构可以要求起草单位或者自行委托第三方进行评估论证。

(八)探索建立审核管理信息平台。积极探索利用信息化手段推进规范性文件合法性审核机制建设,完善合法性审核管理信息平台,制定建设标准,统一格式、文本等各项要求,做好与公文管理系统和政务信息公开平台的衔接,实现电子审核一体化和平台互联互通。建立合法性审核台账,对已审核的规范性文件实行动态化、精细化管理。建立合法性审核信息共享机制,充分利用大数据技术和资源,加强对审核数据的统计分析,推动信息共享和整合,切实提高审核实效。

三、保障措施

(一)加强组织领导。各地、各部门的主要负责同志作为本地区、本部门规范性文件合法性审核工作第一责任人,要切实加强对规范性文件合法性审核机制建设工作的领导,听取合法性审核工作情况汇报,及时研究解决工作中的重要问题。要根据本意见提出的任务和要求,结合本地区、本部门实际抓紧建立各项工作制度,健全工作机制,完善工作流程,细化具体措施,明确责任分工和时间进度要求,确保各项工作落实到位。

(二)突出能力建设。各地、各部门要高度重视合法性审核能力建设,设立专门工作机构或者明确相关机构负责合法性审核工作,把政治素质高、业务能力强、具有法律专业背景的人员调整充实到审核岗位,配齐配强审核工作力量,确保与审核工作任务相适应。要加强合法性审核人员专业化、职业化建设,建立健全定期培训和工作交流制度,有条件的地方,可以与高等院校合作,开展多形式业务学习和进修,全面提升合法性审核人员的政治素质和业务能力。要保障专家咨询、论证会、听证会、第三方评估论证、管理信息平台建设等合法性审核工作的必要经费。

（三）强化指导监督。各地、各部门要将规范性文件合法性审核机制建设情况纳入法治政府建设督察内容，将规范性文件合法性审核工作纳入法治政府建设考评指标体系，建立情况通报制度，对工作扎实、成效显著的予以表扬激励，对工作开展不力的及时督促整改，对工作中出现问题造成不良后果的依纪依法问责。各级人民政府对所属部门、上级人民政府对下级人民政府要加强指导监督，发现问题及时纠正。审核机构要建立健全统计分析、规范指导、沟通衔接、问题通报等机制，加强共性问题研究，定期向制定机关、起草单位通报本地区、本部门合法性审核情况和存在的问题，切实提高规范性文件质量。

省司法厅负责组织协调、跟踪推进、督促指导本意见贯彻落实工作。要及时跟踪了解落实情况，督促检查指导规范性文件合法性审核机制建设，总结交流推广工作经验，研究协调解决共性问题。各地、各部门要将本意见的贯彻落实情况和工作中遇到的重要事项及时报省司法厅。

2019 年 4 月 13 日

**【简析】**

这是一份下行文的指导性意见。指导性意见发文目的非常明确，在写法上，要求紧紧围绕某个或某方面的重要问题进行分析、解剖，提出解决意见，指导工作。

例文开篇用"为""进一步完善""全面落实""切实提高"等简要阐述了行文目的，并以"现提出以下实施意见"引出下文。主体部分按照内容的逻辑关系从三大方面加以阐述。先是从指导思想、主要目标两大方面，阐明了全面推行行政规范性文件合法性审核机制总体要求；接着从八个小方面提出了主要任务，明确了三大方面的保障措施；最后就落实意见提出了要求。

全文规范得体、层次分明、逻辑严密，语言表达严肃、庄重，对下级相关工作具有很强的指导性。

例文2

## 国家广播电视总局印发
## 《关于推动广播电视和网络视听产业高质量发展的意见》的通知

各省、自治区、直辖市广播电视局,新疆生产建设兵团文化体育广电和旅游局,总局直属各单位,中央广播电视总台办公厅,中国教育电视台:

　　《关于推动广播电视和网络视听产业高质量发展的意见》已经总局同意,现印发给你们,请结合实际认真贯彻落实。

2019年8月11日

## 关于推动广播电视和网络视听产业高质量发展的意见

　　为深入贯彻落实党中央、国务院关于推动高质量发展的决策部署,结合广播电视行业实际,现就加快推动我国广播电视和网络视听产业高质量发展提出如下意见。

　　一、总体要求
　　(一)指导思想(略)
　　(二)基本原则(略)
　　(三)发展目标(略)
　　二、加速升级新型产业体系
　　(四)推动内容产业健康繁荣(略)
　　(五)加速广电网络提质升级(略)
　　(六)加快服务能力与科技深度融合发展(略)
　　三、大力优化产业布局
　　(七)鼓励优势产业区域率先发展(略)
　　(八)发挥高质量产业基地(园区)的辐射带动作用(略)
　　(九)提升品牌展会的市场影响力(略)
　　(十)扩大广播电视对外贸易和文化交流(略)
　　四、大力完善市场体系
　　(十一)营造健康有序的营商环境(略)

(十二)培育壮大骨干企业(略)

(十三)建立产业与金融市场对接机制(略)

五、加强政策支撑

(十四)加强组织领导(略)

(十五)用足用好财税优惠政策(略)

(十六)争取政府购买服务支持(略)

(十七)建立完善产业项目库(略)

(十八)强化人才保障(略)

(十九)完善统计支撑(略)

【简析】

这是一份由转批通知与意见构成的复合公文。该意见属上行文,下级机关报送上级机关后,经上级机关同意印发给下属机关执行。

例文中,国家广播电视总局同意《关于推动广播电视和网络视听产业高质量发展的意见》,并将《意见》下达给下级单位和部门执行,这就是我们见到的由转发通知和意见组成的复合公文。不过,经批转的《意见》,从性质上看,已不再是参考建议的性质,而成为下行文,对"各省、自治区、直辖市广播电视局,新疆生产建设兵团文化体育广电和旅游局,总局直属各单位,中央广播电视总台办公厅,中国教育电视台"具有指导功能。

意见适用于对重要问题提出见解和处理办法。意见的适用对象相当广泛,各级党政机关、企事业单位、人民团体均可适用。

一、意见的特点

1. 内容的多样性

它既可以对下级机关的工作做出指导、提出要求,又可以对上级机关的工作提出建议,还可对平行机关的提出意见和参考。它主要用于党政机关,但也可用于人民团体、企事业单位。

2. 行文的多向性

它既可以用作下行文,即上级机关向下级机关行文,指导下级机关工作;又可以用作上行文,即下级机关向上级机关提出工作建议和参考意见;还可以用作平行文,即就某一专门工作向平行的或者不相隶属的有关方面做出评估、鉴定和咨询。

3. 作用的针对性

意见的制发往往是针对工作中急需解决的重要问题,因此它提出问题要及时,分析问题要结合实际,提出见解、办法要对症下药,具有可针对性和操作性。

二、意见的种类

根据意见的行文方向,意见可分为上行文意见、下行文意见和平行文意见。而根据作用的不同,意见可分为以下两类:

1. 建议性意见

这是下级机关向上级机关或向不相隶属机关提出改进、推动某项工作或解决某个问题的思路、设想、建议,供上级或相关机关决策时参考的意见,分为上行建议性意见和平行建议性意见。

2. 指导性意见

这是上级机关就某一重要问题或专项工作,对下级机关提出指导思想、工作原则、主要任务与执行要求等的意见。它与决定、通知等文种一样,对下级机关有一定的规范和约束作用,但内容上更注重灵活性,为下级执行留有更多创造性余地。

三、意见的写作格式

1. 标题

一般使用发文机关+事由+文种完整的拟写方式,也可省去发文机关。文种前根据具体情况可加上"若干""处理""实施"等字样。如《江西省人民政府办公厅关于全面推行行政规范性文件合法性审核机制的实施意见》。

2. 主送机关

上行、平行意见通常为一个主送机关;下行意见有时是一个,有时可署多个主送机关。

3. 正文

正文由意见缘由、意见事项和结束语三部分组成。

意见缘由简要阐明行文的原因、目的、依据、背景等,随后通常使用一些承转句引出下文,如"现就……提出如下意见""为了……特提出以下意见"等。如果在正文中已将内容说明清楚,可自然结尾。

意见事项说明意见的具体内容,如指导思想、目标任务、实施要求、措施办法和建议事项等。在结构安排上,通常采用分条列项或者列小标题的方法,以使内容条理分明。在层次安排上,先阐述理论见解,后说明处理方法;先拟写概括性、宏观性的,再陈述具体的措施。

结束语应根据不同的意见类型使用不同的表述。如下行文意见可选用"以上意见,请结合实际情况贯彻(参照、遵照)执行";上行文意见可选用"以上意见,请领导参考""以上意见,如无不妥,请批转各地执行"等;平行文意见要充分尊重对方,不宜使用命令语气。

4. 落款

署明发文机关名称和日期。

### 四、下行文意见与决定、通知的区别

同属下行文,对下级机关的工作同样具有规范性与约束力,意见与决定、通知的不同之处在于:

决定、通知一般是对下级机关的工作做出直接布置和安排,着重提出完成某项工作的具体要求和措施,具有较强的操作性,要求遵照执行。

意见往往是对重要问题表明态度、提出见解和参考的处理办法,更强调从宏观的角度展示工作远景,指示完成工作的指导方针与基本原则,具有较为浓厚的理论色彩,下级机关可以结合实际情况贯彻落实。

### 五、撰写意见的注意事项

1. 要注意语言得体

无论哪一类意见,语言既要严肃、明确,更要平和、简明,少用指令性词语,多用指导性词语。

2. 不同类型的意见写作内容侧重点不一

高层领导机关制发的指导性意见,更具原则性、理论性;基层领导机关的意见更具体,可操作性也强。

建议性意见,提出的建议、设想必须切实可行。批评意见一定要有理有据,既要批评不足与错误,更要尽可能提出改进措施。

**病例修改:**

××公司发展服务业的意见

由于长期以来人们对服务业的认识不足,一些基层单位在调整产业结构时,甚至任意砍掉服务业,致使公司内部职工需办的事情无人去办,服务网点

少、面窄,大量的待业青年得不到安置,公司的压力很大。但随着承包经营责任制的推行,我公司的生产、加工业却有了很大的发展,工业产值和利润都比上年同期水平有所提高,广大职工的生产积极性空前高涨,这是我公司发展的重要优势之一。为了迅速改变这种局面,拓展就业门路,特制定如下意见:

一、支持和鼓励待业青年开办个体服务业,积极发展集体服务业,确立发展服务业的指导方针。

二、鼓励优质服务,搞好网点建设,实行价格统一管理,反对和禁止违法违章经营。

三、不搞统负盈亏,实行自主经营、自负盈亏,国家统一纳税,推行责、权、利相结合的经营承包责任制。

四、提高服务质量,公司将加快人才培养,加强对服务业的领导和管理。

上述各条请各基层单位严格执行,并将实施情况及时上报总公司。

2013 年 × 月 × 日

## 第八节　通　　知

【例文评析:】

例文1

国务院办公厅关于印发消防工作考核办法的通知

各省、自治区、直辖市人民政府,国务院各部委、各直属机构:

《消防工作考核办法》已经国务院同意,现印发给你们,请认真贯彻执行。

国务院办公厅<br>2013 年 2 月 26 日

【简析】

这是发布类通知,用于发布规章制度和党内各项管理规定。

例文标题由发文机关、事由和文种组成。正文只有三句,第一句直陈所发布法规的名称及通过机关,是发文依据;第二句"现印发给你们",属该通知的具体事项;第三句是对主送机关提出的要求。

全文直陈事项、开门见山、简洁明快、庄重有力。

**例文2**
## ××市旅游委员会关于转发《旅游安全管理办法》的通知

各区、县(市)旅游局(委),市直旅游企业:

《旅游安全管理办法》(以下简称《办法》)已于2016年12月1日实施,现将该《办法》转发各单位,请遵照执行。

各单位要高度重视《办法》的贯彻实施工作,各区、县(市)旅游局(委)要明确本部门相关责任,进一步做好辖区内旅游行业安全的指导、防范、监管、宣传培训和应急处理等工作。各单位一把手要切实负责,一是认真组织本单位从业人员开展《办法》的学习,确保各部门各岗位全面覆盖,确保学习不走过场;二是结合旅游行业及本单位实际,对照《办法》的相关条款,重点做好安全主体责任和安全责任制的落实、安全管理制度的建设和落实、从业人员安全业务培训、安全设施设备的保有和维护,以及旅游突发事件预案的制定和演练等工作;三是要进一步认清当前安全生产工作严峻形势,立即在本单位开展安全隐患的全面排查和整改工作,切实采取有效措施,确保不发生重大安全责任事故,保障行业安全稳定。

××市旅游委员会<br>
2016年12月7日

**【简析】**

这是转发性通知。转发性通知的公文来源是上级机关或不相隶属机关。本通知的公文来源是上级机关国家旅游局,国家旅游局制定的《旅游安全管理办法》发布实施后,××市旅游委员会将该《办法》转发给各所属下级单位遵照执行。

例文开篇直入主题,为了让《办法》的贯彻实施真正落到实处,第二段用较大篇幅提出了具体的执行要求,并从文件学习、主体责任、管理制度、业务培训、设备维护、预案制定、隐患排查与整改等方面落实单位一把手责任。

全文周密妥帖,语言严肃、有力,富于执行性。

## 例文 3

吉安市人民政府关于印发<br>吉安市城市园林绿地损坏赔偿规定的通知

井冈山管理局、井冈山经开区管委会、各县(市、区)人民政府、庐陵新区管委会、市直各单位:

《吉安市城市园林绿地损坏赔偿规定》已经市政府研究同意,现印发给你们,请认真遵照执行。

2018 年 6 月 7 日

【简析】

这是批转性通知。批转性通知是上级机关将下级机关的文件批准并转发给所属下级机关执行的公文。

例文为四元素标题,交代了谁是批转单位,谁的文件被批转,被批转公文以及文种,利于受文者在阅读标题时即知晓公文大致内容。

批转通知正文的写作顺序是先"批"再"转"后提要求。先写批语,本例文的批语是"同意……";再是转发语,"现印发给你们……";最后提出要求,"请认真遵照执行"。

本例文是批转性通知的惯常写法,结构严谨,条理清晰,语言简练。

## 例文 4

国家认监委关于召开全国认证认可工作会议的通知

各直属检验检疫局,各省、自治区、直辖市及计划单列市、副省级城市、新疆生产建设兵团质量技术监督局(市场监督管理部门),各部室、下属单位:

国家认监委定于 2016 年 1 月 25 日在北京召开全国认证认可工作会议,与第十四次全国认证认可工作部际联席会议套开。现就会议有关事项通知如下:

一、会议主题

学习贯彻党的十八届五中全会及中央经济工作会议、全国质检工作会议精神,全面总结"十二五"期间及2015年认证认可工作,研究部署"十三五"规划及2016年工作。

二、会议时间

2016年1月25日(周一),会期一天。1月24日(周日)报到。

三、会议地点

北京金台饭店(北京市西城区地安门西大街38号,电话:010-66529988)。

四、参加会议人员

(一)各直属出入境检验检疫局和各省、自治区、直辖市质量技术监督局(市场监督管理部门)分管认证工作的局领导及认证监管处负责同志。

(二)各计划单列市、副省级城市、新疆生产建设兵团质量技术监督局(市场监督管理部门)分管认证工作的局领导。

(三)国家认监委各部室主要负责人和下属单位党、政主要负责人。

五、注意事项

(一)请各单位于2016年1月18日前将参会回执(见附件)通过传真或邮箱报国家认监委办公室。

(二)严格落实中央八项规定精神,严格遵守会议纪律。会议代表着便装,保持整齐、庄重。

六、联系方式

联系人:×××　010-82262726

　　　　×××　010-82262725

传真:010-82260799

邮箱:sunzs@cnca.gov.cn

国家认监委<br>2016年1月6日

【简析】

这是会议通知,属于事务性通知。

例文开篇直奔主题,简单说明发出通知的依据。通知事项部分共有六项内容,包括会议主题、会议时间、会议地点、参加人员、注意事项、联系方式等内容,这些都是会议通知的必备要素。

大型会务的会议通知常备有附件,包括交通路线图、相关文件、回执等。例文出具了附件《参加全国认证认可工作会议回执》,便于主办方将组织管理工作做得更周密。

全文结构严谨,事项说明充分,语言通俗简练。

## 例文 5

### 关于调整本市燃气电厂热力出厂价格的通知

各有关单位:

根据本市非居民天然气价格调整情况及国家增值税税率调整情况,经市政府同意,现就本市燃气电厂热力出厂价格调整有关事项通知如下:

一、本市燃气电厂热力出厂价格,自 2019 年 11 月 15 日至 2020 年 3 月 15 日调整为 86.5 元/吉焦(含税);自 2020 年 3 月 16 日起调整为 78.1 元/吉焦(含税)。

二、各经营企业要严格执行相关价格规定,自觉维护市场价格秩序。

三、《北京市发展和改革委员会关于调整本市燃气电厂热力出厂价格的通知》(京发改〔2019〕455 号)自 2019 年 11 月 15 日起废止。

特此通知。

北京市发展和改革委员会<br>2019 年 11 月 7 日

【简析】

这是一份指示性通知,对下级机关的工作提出具体工作方法和要求。

通知开头是缘由部分,简要说明发通知的依据;主体部分采用条文式分别说明了具体事项,这是指示性通知主体常用的结构形式;最后用"特此通知"自然结尾。

全文结构完整,语言简练、准确。

例文6

### 关于任免李××等同志职务的通知

院属各系部、各处室：

根据工作需要,2018年3月11日经院常务会议研究决定：

任命李××为行政主任,免去其学生处处长职务；

任命于××为学生处处长,免去其总务处副处长职务；

任命朱××为财务处处长,免去其财贸系副主任职务。

××学院<br>2018年3月11日

【简析】

这是一份任免干部的通知。

其标题为两要素标题,强调"任免""职务"。正文缘由部分简洁说明了任免的依据"工作需要"和法律程序"院常务会决定"；主体部分交代了三位同志的姓名、职务调动,先任后免,分列表述。

全文结构完整,条理分明,表述清晰。

通知是党政机关、社会团体、企事业单位在转批下级公文、转发上级机关和不相隶属机关的公文、发布法规、传达要求下级机关办理和有关单位需要周知或者共同执行的事项、任免或聘用干部时使用的一种公文。通知是各单位使用最普遍的一个文种。

**一、通知的特点**

1. 使用广泛

主要体现在三个方面：

一是从行文主体上说,不仅党政机关使用,企事业单位、社会团体以及各部门也可以使用；

二是从公文内容上看,它既可以传达行政法规等带有指令性的内容,也可以传达工作任务、召开会议、任免人员、告知事项等一般内容；

三是从隶属关系来看,既可以用于下行文,主要起指导、指挥作用,也可以用于平行文,主要起告知作用。

2. 准确具体

通知属于指挥性公文,对工作具有较详细的安排和部署,要求下级机关遵照执行。因此通知的内容必须具体明白,绝不能含糊其词;措施必须符合实际,具有可操作性。

3. 结构灵活

根据通知适用范围广泛和传达内容多样的特点,通知的结构也必须灵活多样。根据通知的不同类型,选择合适的结构和表达方式,应酌情而定,或分条列目、多段的述说,或不分段落、直接陈述。

## 二、通知的种类

按其内容、性质,通知可分为以下几种:

1. 指示性通知,又称"部署性通知",是上级机关对下级机关就某项工作交代任务、发出指示、做出安排、提出要求时使用的一种通知。

2. 印发、批转、转发性通知,是印发本机关、批转下级机关、转发上级机关、同级机关和不相隶属机关的公文以及发布某些行政法规和党内规章制度时使用的一种通知。

3. 会议性通知,是把会议的有关事项预先告知与会单位及与会者的一种通知。

4. 任免性通知,是用于任免或聘用人员职务时使用的一种通知。

5. 一般事务性通知,用于告知各方面的事项时使用的一种通知。这种通知发送对象广泛,对下级、平级均可发送。

## 三、通知的写作格式

不同类型的通知具有不同的写法,下面就不同类型通知的标题及正文的写法做具体介绍。

### (一)指示性通知

指示性通知其标题和正文的写法如下:

1. 标题。指示性通知要求使用完全性标题,如遇特殊情况,还可在通知前加"紧急""联合""补充"等字样。如《中共中央办公厅国务院办公厅关于切实减轻农民负担的紧急通知》。

2. 正文。指示性通知的正文包括三部分内容。

（1）发文的缘由。主要阐述发文的目的、意义及依据,目的是提高受文机关对通知的重视,提高执行的自觉性。这部分内容要求简洁、有针对性。

（2）通知的事项。这是指示性通知的主体部分,应写明指示的具体内容,并阐述执行的具体方法和要求。这部分一般采用分条列项的方法,在写作时应注意条与条、项与项之间的逻辑关系,每条涉及内容复杂,还需要拟写小标题。

（3）正文的结尾,一般多是"以上通知,望认真贯彻执行""特此通知""本通知自下发之日起实行"等语。执行要求,一般另起一行作为结尾,也可作为通知事项中的最后一项单列写出。

### (二) 发布性通知

这类通知主要用于发布行政规章、党内规章制度或是有关文件。在发布对象中,凡属法规性文件,标题与行文一般称为"颁布""颁发"或"发布",其他文件则称为"印发"。

发布性通知的标题和正文写法如下：

1. 标题。一般使用完全性标题,其内容部分是由"关于发布（印发）"加被发布的文件名称构成。如果被发布的公文是法规性文件,应加上书名号。

2. 正文。发布性通知的正文比较短,依次写清被发布的行政规章的名称、发布的目的、执行的要求和实施的日期即可。有的通知还需简要地说明被发布规章的适用范围及在执行过程中的有关事宜。

### (三) 批转、转发性通知

转发性通知一般将上级机关、同级机关或不相隶属机关的公文印发给所属下级机关执行时使用;批转性通知是上级机关批准下级机关公文,再转发给下级机关和有关单位贯彻执行时使用。

批转、转发性通知的标题和正文写法如下：

1. 标题。批转、转发性通知的标题制作比较特殊,通常由转发机关名称加上"批转"或"转发",然后加上被转发文件全称,再加上"通知"二字组成。

对于层层转发的通知,为避免重复,可采取省略中转层次直接取原文件标题的方法,即《××市政府办公室转发财政部关于××的通知的通知》。

2. 正文。批转、转发性通知的正文比较简短,有的通知只有一句话,即写明由谁批准或同意,转发了一份什么公文,然后对有关方面提出要求。

还有的批转、转发性通知除写清楚上述内容之外,还扼要地阐述被批转或转发公文内容的重要性及执行的具体要求。

### （四）任免或聘用性通知

这是机关单位在任免、聘用干部时使用的通知，也包括设立和撤销机构。

这类通知的正文很简单，通常只写明任免事项或设立和撤销的事项即可。有的也交代一下原因、依据等。在行文写作时，要遵循先任后免或先设后撤的原则。

### （五）会议性通知

会议性通知在写作上具有要素化的特点，即写清会议的名称、召开会议的目的、依据，会议的中心议题，召开会议的具体时间、地点、参加人员、会前准备工作及其他事项等。

## 四、通知与命令（令）、决定的区别

通知在强制性、约束性、权威性上弱于命令（令）和决定。通知主要传达应办应知事项，通知的事项也更加具体细微。在实际工作中，有的单位在对下级行文时，往往不区分公文的性质和目的，均用通知，这样做是不妥当的。

首先，通知固然有"传达要求下级机关办理的事项"的用途，但在强制力、约束力、权威性、指挥性和针对性上，与命令（令）、决定、批复有所区别。通知在强制力、约束力、指挥性和权威性上，弱于命令（令）、决定；在针对性上，弱于批复。

其次，在应当用其他下行文种行文时使用通知，会混淆文种，降低行文效率，达不到行文目的。因此，各级各类机关在需要对下级行文时，应当根据本机关的职责权限，以及行文的目的和公文所要表达的主题，选择适当的文种，应当使用命令（令）、决定、意见、批复等文种，不应不加区分均使用通知。

## 五、通知与通告的区别

1. 通知适用于发布、传达要求下级机关执行和有关单位周知或者执行的事项，批转、转发公文；而通告适用于在一定范围内公布应当遵守或周知的事项。

2. 通知的对象一般是下级机关的某些人或某些单位；通告的对象比较广泛，一般是社会公众，不专指某些人或单位。

3. 通知的事项一般需要办理或执行，而通告的事项一般只需要遵守和知晓。

4. 通知一般直接发送到相关主送机关，不直接公布，而通告一般以新闻媒体或张贴的方式发布，要求公之于众。

### 六、撰写通知的注意事项

1. 按权限行文。在公文中,通知属于种类较多的文种。选取通知的具体种类时,要考虑具体内容和作用。一般情况下,指示性通知只能由直接上级机关向下级机关行文,批转性通知只能相关上级机关才可制发。

2. 措施要具体。每份通知要求说明一件事情、布置一项工作,同时提出的措施要具体,符合实际,可操作。

3. 要简明有序。通知不宜长篇大论,应力求精简。内容稍复杂的通知均宜于采用分条列项式结构,以求层次的条理化;短篇通知必须层次分明、眉目清晰。

**病例修改:**

例文1

### 关于印发《关于严厉打击煤矿违法生产的有关规定》的通知

为了加大煤矿安全管理,严厉打击煤矿违法生产活动,市政府组织专家研究制定了《关于严厉打击煤矿违法生产的有关规定》。初稿形成后,经过三次征求意见会议,形成了讨论稿。××年×月×日,市政府常务会议讨论一致通过,现在印发给各单位。各单位要认真组织学习,领会精神实质,把握操作标准,严格执行,今后不得再出现违反本《规定》的行为。

×××××

2014年5月10日

例文2

### 机关游泳池办证的通知

机关各直属单位:

机关游泳池定于6月1日正式对外开放,5月10日开始办理游泳证。请你们接此通知后,按下列规定,于1月30日前来机关俱乐部办理游泳手续。

一、办证对象:仅限你单位身体健康的干部或职工。

二、办证方法:由你单位统一登记名单、加盖印章到俱乐部办理,交照片一张。

三、每张游泳证收费5元。

四、凭证入池游泳,主动出示证件,遵守纪律,听从管理人员指挥。不得将此证转让他人使用,违者没收作废。

×××俱乐部<br>2016年6月12日

例文3

关于庆祝教师节开展游园活动的通知

学校各部门:

为了庆祝教师节,更好地促进师生之间的友谊,我校定于×月×日晚×时在××(地点)举办游园活动。为确保此次活动的顺利开展,现将有关事项通知如下:

一、参加游园活动者都必须是本校教职工,其他人员不得参加。

二、必须听从工作人员的安排,服从工作人员的指挥,不得无理取闹,以免影响工作人员的正常工作。

三、必须严格遵守各项活动规则,不准随便破坏游园活动的规定,如违反,将受到校纪处分。

四、参加任何活动都必须排队,不准随意插队,不准在队列中故意拥挤。

五、保护好一切活动器械,严禁私自拿取或破坏。

六、领奖时必须排队,不准不排队而领奖这种现象发生。

七、工作人员必须严格要求自己,不得乱发奖票。

以上规定,望大家自觉遵守,互相监督执行。对那些不遵守者,应给予校纪处分。

特此通知。

××学校教师节游园活动筹备组<br>2017年9月9日

## 第九节　通　　报

例文评析：

例文1

上海市人民政府<br>关于表扬2017年本市应急管理工作先进单位的通报

各区人民政府，市政府各委、办、局：

2017年，各区政府、各部门、各有关单位深入贯彻落实《中华人民共和国突发事件应对法》和《上海市实施〈中华人民共和国突发事件应对法〉办法》等法律法规，按照市委、市政府"守牢城市安全底线"的要求，查隐患、补短板、强基层，加强突发事件防范与处置能力建设，不断完善应急管理工作体系，切实保障人民群众生命财产安全，维护城市运行安全和生产安全，取得了新的成效。

根据《上海市应急管理工作考核办法(试行)》，市应急办组织对各区政府、市政府有关部门和市级基层应急管理单元牵头单位等60家单位2017年应急管理工作进行了考核。根据考核结果，市政府决定，浦东新区政府等18家单位为2017年本市应急管理工作先进单位并予通报表扬，青浦区政府等17家单位获2017年本市应急管理工作特色奖。

希望上述单位再接再厉，争取应急管理工作取得更大的成绩。

希望各区政府、各部门、各有关单位全面贯彻落实党的十九大精神，牢固树立安全发展理念，围绕市委、市政府中心工作，完善应急管理体系，守牢城市安全底线。学习先进典型，切实推动关口前移、源头治理、精细管理，加强风险防控和安全隐患整治，保障人民群众生命财产安全，促进经济社会持续健康发展。

上海市人民政府<br>2018年2月12日

【简析】

这是一份表彰通报，用于表彰上海市2017年应急管理工作的先进单位。

例文正文由四个部分组成：首先概括介绍所通报表彰的先进集体在2017年应急管理工作中取得的成就；其次对所表彰的先进集体的事迹进行实事求是的分析评价，指出其意义："切实保障人民群众生命财产安全，维护城市运行安全和生产安全"；然后逐项写明表彰具体事项；最后对受到表彰的单位提出了新要求，向全市各单位发出了学习先进的号召。

全文内容层层递进，结构严谨有序，语言简练有力，结尾富有鼓动性。

## 例文2

**江西省人民政府办公厅关于2019年第二季度**
**全省政府网站与政务新媒体抽查情况的通报**

各市、县(区)人民政府，省政府各部门：

根据工作安排，对照《国务院办公厅秘书局关于印发政府网站与政务新媒体检查指标、监管工作年度考核指标的通知》有关要求，近期，省政府办公厅组织开展了2019年第二季度全省政府网站与政务新媒体抽查工作，并对"全国政府网站信息报送系统"中政府网站信息的更新调整情况进行了专项检查。现将有关情况通报如下：

一、基本情况

截至2019年4月，全省正常运行的政府网站583家。其中，省级政府门户网站1家、省级政府部门网站55家、市级政府门户网站11家、市级政府部门网站403家、县级政府门户网站100家、县级以下政府网站13家。

（一）总体情况。第二季度共抽查政府网站294家，发现存在突出问题的网站6家，抽查合格率为97.96%，同比上升6.96%。其中，省直部门抽查20家，合格率为100%；设区市及以下网站抽查274家，合格率为97.81%；共抽查政务新媒体64家，发现存在突出问题的政务微博、微信16家，抽查合格率为75%。

第二季度11个设区市均组织了市级监测抽查，其中景德镇市、吉安市、新余市、鹰潭市、九江市网站抽查比例达100%，南昌、赣州、宜春等市网站抽查比例超过90%。有关设区市对上季度省级通报不合格的网站组织了整改，但萍乡、上饶市未报送书面整改情况。政府网站安全扫描监测结果显示，本次监测的政府网站总体安全状况良好。

（二）专项检查情况。针对"全国政府网站信息报送系统"中部分网站基本信息填报漏项、内容不齐全、更新不及时等情况,本季度对"全国政府网站信息报送系统"中政府网站基本信息填报的齐全性和准确性情况进行了专项检查。按照阶段性要求,除上饶市以外,其他设区市均报送了对"全国政府网站信息报送系统"中政府网站基本信息填报齐全性和准确性的自查和整改情况。对相关地市报送的自查情况抽查结果显示,仍有不少网站存在基本信息填报不齐全和不准确的问题。

截至2019年6月9日,第二季度"我为政府网站找错"平台共收到留言240条,办结233条,处理中5条,待审核2条,没有出现超期办结的情况。

(三)省政府门户网站内容保障情况。省政府各部门主动公开信息3856条,其中,省文化和旅游厅、省市场监督管理局、省地方金融监督管理局、省应急管理厅、省交通运输厅公开信息的数量靠前。但部分机构改革后新成立的部门,如省监狱管理局、省戒毒管理局、省中医药管理局等单位仍未开展政府信息公开工作。19个政府部门共办结79件政府信息公开申请,未发生答复超时情况,其中,省生态环境厅、省卫生健康委员会、省自然资源厅、省发展和改革委员会、省人力资源和社会保障厅办结件数较多。各地、各部门共受理并办结"我向省长建言"网民建议63条,其中,省人力资源和社会保障厅、省教育厅、省交通运输厅,以及吉安市、赣州市、宜春市的受理量靠前,回复网民留言效率较高。

二、主要问题

(一)落实国办新检查指标力度不够。16家政务微博、微信因出现国办新检查指标中的内容不更新、未提供互动功能问题而被单项否决。6家不合格政府网站因出现"栏目不更新""互动回应差""安全、泄密事故等严重问题"等被单项否决。如"余江县人民政府"网、"月湖区人民政府"网等出现"严重表述错误"。本次抽查的44家门户网站中,有39家网站存在政策解读比例不足,发布的本地区政策文件未与被抽查解读稿互相关联。国办新检查指标首次设置了加分指标,主要针对得分80分以上的门户网站,最多可额外增加30分。本次抽查结果发现,大多数政府门户网站加分较少,其中服务关联、服务内容、实时互动等指标几乎没有网站获得加分。

(二)网站基本信息填报仍不完善。根据专项抽查结果,仍有很多政府网站,存在"全国政府网站信息报送系统"中基本信息栏目填报漏项、内容更新不及时、栏目地址信息填报不准确等诸多问题。其中,"公安机关备案标识码""党政机关网站标识"遗漏情况较为严重,少数政府网站在域名更换后未及时更新填报新的网站首页网址、栏目地址信息等,还有一些政府网站未正确填报网站主管单位名称。

(三)个别网站安全保障比较薄弱。抽查发现,有的政府网站的安全策略和技术防护措施较差,存在较为严重的安全隐患。"萍乡武功山管委会政务网"存在"SQL注入漏洞"问题,"九江市民政局"网、"新余市网上公安局"网等存在敏感信息泄露漏洞问题,"抚州市食品药品监督管理局"网、"上饶市环保局"网等存在明文传输漏洞问题。

三、相关要求

(一)全面落实国办新检查指标要求。《国务院办公厅秘书局关于印发政府网站与政务新媒体检查指标、监管工作年度考核指标的通知》,调整提升了单项否决项和扣分项标准,新增加分项类别,同时明确每半年对全国政府网站运行情况进行抽查,每年度对省级政府网站监管工作实施考核。各地、各部门要组织各政府网站主办单位工作人员认真学习领会,准确掌握国办下发的新检查指标,切实抓好贯彻落实。同时,进一步加大政府网站与政务新媒体监测抽查力度,扩大抽查比例,及时发现并解决相关问题。目前,全省已有8个设区市的政府网站季度抽查比例达90%以上,其余设区市应将网站抽查比例提高至70%以上。从第三季度开始,省级抽查比例以及对各地报送自查情况的复核比例将相应提升。

(二)全面对照国办新检查指标整改落实。各地、各部门要严格对标对表国办新检查指标的单项否决项、扣分项、加分项的要求,全面梳理本地、本部门政府网站与政务新媒体存在的问题和差距,特别是针对本季度存在的突出问题,要坚决守住单项否决项底线,全力避免扣分项,力争更多加分项,全面提升网站信息发布、互动交流、办事服务和功能设计等方面的建设和保障水平。

(三)进一步完善网站基本信息填报。各地、各部门要结合政府网站实际情况,在单位机构改革、政府网站基本信息发生后,及时准确地在"全国政府网站信息报送系统"中更新相关政府网站基本信息。

(四)切实加大安全保障力度。各地、各部门要加强对政府网站与政务新媒体的安全防护,部署必要的安防设备,妥善应对病毒感染、恶意攻击、网页篡改和漏洞利用等风险,切实保障政府网站安全平稳运行。对重要数据、敏感数据要进行分类管理,做好加密存储和传输。强化后台发布终端的安全管理,定期开展安全检查,防止终端成为后台管理系统的风险入口。

对本次通报的问题网站与政务新媒体,各有关地区和部门要采取有力措施进行整改,整改情况于2019年7月10日前书面报送省政府办公厅,县级政府网站与政务新媒体整改情况由所在设区市政府办公室汇总报送。

2019年6月28日

**【简析】**

这是一份情况通报,主要用于上级机关向下级机关传达有关重要精神或者情况,用以指导工作,规范下级及其工作人员的工作行为。

正文由三部分组成。缘由简单说明了通报依据,并以"现将有关情况通报如下"过渡。主体部分首先通报了检查情况,接着从三个方面指出了存在的问题,最后提出了改进工作的四个措施。结尾部分对整改工作提出了要求。

全文标题规范,主旨突出,逻辑严谨,结构紧凑,情况介绍全面,问题总结到位,措施得力有效。

**例文3**

## ××市人民政府办公室关于给予市广电局批评的通报

各县、区人民政府,各开发区、管理区管委,市直各委、办、局:

2015年6月25日,市广电局所属的"××市广播电影电视局网"因首页面长时间未更新被市网信办通报,之后经各级各有关部门多次督促仍未整改落实到位。2016年7月18日,"××市广播电影电视局网"再次因首页面长时间未更新被国务院办公厅通报,并被自治区纳入2016年度设区市绩效考评扣分项目,极大损害了我市党政机关的形象,严重影响市委、市政府关于2016年设区市绩效考评实现"提档晋级"重大决策部署的落实。

此事暴露出我市个别职能部门以及少数党员干部大局意识、责任意识淡薄,思想麻痹,未能以严实的工作作风落实上级决策部署,导致一些极易解决的问题久拖不决。经市委、市政府同意,给予市广电局通报批评。

各级各部门要从中吸取教训,举一反三,对本县区、本单位的政府网站开展全面自查自纠,建立政府网站常态化监测工作机制,坚决杜绝政府网站"僵尸""睡眠"等现象,切实维护市委、市政府的形象。要充分认识绩效考评工作的重要性,认真对照考核细则,突出重点,查漏补缺,确保市委、市政府2016年设区市绩效考评"提档晋级"目标的实现。

各级各部门要进一步强化责任意识,严格履行"一岗双责",真正把主体责任记在心上、扛在肩上、落实在行动上。要以高度的政治责任感和使命感,自觉把思想和行动统一到市委、市政府的决策部署上来,把各方面的积极性、主动性、创造性调动起来,切实增强大局意识,改进工作作风,主动作为,敢于担当,以扎实、深入、严谨的办事作风,将各项工作抓得更紧、更实、更具体。要加大重点工作、重点项目推进力度,绝不允许有令不行、有禁不止,绝不允许自行其是、阳奉阴违,绝不允许推诿扯皮、敷衍塞责。要加大责任追究力度,认真落实全面从严治党主体责任和监督责任,确保政令畅通。

××市人民政府办公室<br>2016年12月30日

【简析】

这是一则批评通报,用来批评广电局的懒政行为。

例文正文由缘由、分析评价、通报决定、希望要求四个部分组成。首先概述了广电局的懒政行为,属于通报缘由;接着用"极大损害""严重影响"等词语分析了其重要危害;在对事件性质进行分析评价的基础上,说明了通报批评的具体事项;最后分别从加强纠查整改与强化责任意识两个维度对各级各部门提出了具体要求。

全文叙议结合,结构完整,语言犀利,要求严格。

通报适用于表彰先进、批评错误、传达重要精神和告知重要情况。

通报可以用于表扬和批评,因此它属于褒贬和告诫性公文。通报又可以传达情况,因此它也属于传达和告知性公文。

一、通报的特点

1. 内容典型性

通报的内容不仅必须真实准确，而且还有典型性、代表性，能起到较广泛的教育和警示作用，所传达的重要精神也应对一个时期或一个方面的工作有重要的指导意义，有利于改进和推动各项工作。

2. 通报及时性

通报所列内容具有典型性，因此，一般通报下发的范围较广。同时根据通报行文的目的，还应尽快地把情况传达下去，以引起广泛注意，促进工作，因此撰写通报要求及时。

二、通报的种类

按照内容和性质，通报可以分为表彰性通报、批评性通报和情况通报等。情况通报按内容的繁简，可分为专题通报和综合通报。

1. 表彰性通报

表彰性通报用于表扬好人好事，表彰先进单位、先进事迹、先进人物，以此号召下级机关或者有关人员学习，指导其工作。

2. 批评性通报

批评性通报主要是用于批评有关单位或者个人的错误、总结处理重大事故的教训方式，以此来规范下级机关以及工作人员的行为，引导或提醒有关机关、单位或工作人员改进工作。

3. 情况通报

情况通报是传达有关重要精神或者情况，用以指导工作，规范下级及其工作人员的工作行为。

情况通报，其中一种是原原本本地传达重要精神，或者只对有关事实做客观叙述；另一种是对有关情况加以说明，有时还提出落实重要精神的指导性意见，或者针对有关情况提出应采取的对策等。

三、通报的写作格式

（一）标题

标题采用常规形式。

一是"发文机关＋事由＋文种"，如《上海市人民政府关于表扬2017年本市应急管理工作先进单位的通报》。

二是"事由+文种",如《关于表彰2008年度公司招商引资先进单位的通报》。

(二)主送机关

除普发性通报外,其他通报都应标明主送机关。

(三)正文

1. 表彰或批评通报

表彰或批评通报的正文一般由通报缘由、分析评价、决定事项、希望要求四部分组成。

通报缘由通常概括叙述通报事项发生过程,概述时要抓准实质性问题,避免过于详尽的细节描绘。

分析评价是对通报事件的理论概括,往往用一两句议论,简要分析评价通报的事情,揭示问题的实质,点明其意义所在。

决定事项是宣布对有关人员或团体进行奖励或处分的具体决定,如遇决定事项内容较多的情况,可分条列项。

希望要求主要是号召人们向被表彰的对象学习,或者要求大家从错误事实中吸取教训,引以为戒。这部分要结合前文内容,有针对性,切忌脱离实际,空喊口号。

2. 情况通报

情况通报的正文由通报情况、分析评价和提出要求三部分组成。

首先,概述通报的内容,或叙述总的情况,说明发文背景、根据、目的。

其次,对发生事件的性质、原因以及后果、影响进行分析说明。

最后,提出对策性的指导意见,如果是针对工作中的一些重大事故,还需提出防止发生类似事故的措施、要求以及应吸取的主要教训,有时还包括对事故责任者的处理决定等。

(四)落款

写明发文机关名称和成文日期。

四、通报与通告、通知的区别

这三种公文的使用范围都很广,使用频率也很高,是各个机关、团体及企事业单位通常使用的重要公文,其事项都是在一定范围内需要周知的。三个文种的区别主要体现在以下几个方面。

1. 受文对象不同

通告受文对象比较广泛并不确定；通知的受文对象是具体的将下级机关及所属人员；通报的受文对象既可为不确定的对象也可是下级机关。

2. 发文目的不同

通告一般只需要知道或遵守；通报是通过典型事例对大家进行教育，以便改进工作，或者把一些情况告诉对方，使之了解；通知是要求下级机关执行并有具体、详细的要求，具有一定的约束力。

3. 适用情况不同

通知、通告与通报尽管只有一字之差，但它们适用的情况还是比较明显：要求向确指的下级单位传达某些事项或发布行政法规和规章，或批转、转发公文，或要求下级办理、执行事项时用通知；在一定范围内普遍告知一些事项，且多是禁止要求遵守的事项时，用通告；只在所属范围内普遍告知一些事件或情况时，则用通报。

### 五、通报与决定的区别

通报在表彰先进、批评错误方面与有关的表彰、处分决定有明显的区别。

一是目的不同。通报起的是教育作用，目的是要下级机关和有关人员吸取经验教训；决定则有一定规定性，起确定作用，目的是依据职权进行表彰或惩戒。

二是对象不同。通报的对象是较小范围内具有典型意义的人或者是事，而决定则可适用于在更大范围内具有典型意义的人或者事。

### 六、撰写通报的注意事项

1. 通报事例要典型。通报具有宣传和教育作用，所通报的事例一定要有代表性、典型性，有普遍的指导意义，提炼出的经验教训必须具有较强的针对性，这样才能起到教育作用。

2. 通报评议要得当。无论是表彰、批评还是情况通报，都涉及对人对事的评价、定性问题，因此评论一定要客观公正、合情合理、切中要害，必须注意分寸的掌握。

3. 通报叙述要全面。简明通报以叙述事实为主，叙述时要准确无误，全面周详，要写明事情发生的时间、地点、人物，以及事情的起因、经过、结果等。同时要注意在叙述时只需粗略的进行概述即可，不可过于细腻。

**病例修改：**

**例文**

××百货商店关于表扬营业员×××同志的通报

各分公司：

  2014年×月×日中午十二时左右，××百货商店××路门市部售表柜台前来了一个青年顾客，提出要买一块"北京"牌手表。青年营业员×××同志将手表拿出上了几扣弦后递给这个顾客，又忙着接待别的顾客。一种强烈的责任心促使他随时盯着买表人的动作。忽然，×××同志发现那人侧过身子挡住营业员的视线，把表放在耳边装作听表样。这种行为引起了×××同志的警觉，他心想：挑表为什么要侧过身子背对着营业员呢？当他把表交回来的时候，×××同志立即进行了检查，发现弦是满的，表面上有两道划纹。他马上认定新表已被换走，于是当机立断，喊了一声："你停一下！"那人听到喊声，慌忙向店外跑去。见此情景，×××同志一跃跳到货柜外，用尽力气拼命追赶。霎时间，那家伙穿过胡同，跑出数百米。×××同志边追边喊："抓住他！抓住他！"在××分局同志的协助下，×××同志将犯罪嫌疑人逮住扭送公安派出所，从其衣袋里搜出调包的新表。

  ×××同志机智果断，不顾个人安危与坏人坏事做斗争，保住了国家财产，精神可嘉。本公司决定给予通报表扬，并颁发奖金，以资鼓励。

2014年××月××日

# 第十节 报 告

**例文评析：**

**例文1**

芹洋乡人民政府关于2016年政府信息公开工作年度报告

县政府办：

  根据《中华人民共和国政府信息公开条例》（以下简称《条例》）和《寿宁县

人民政府办公室关于印发2016年政务公开工作主要任务分解表的通知》(寿政办〔2016〕101号)(以下简称《任务分解表》)及县人民政府办公室有关2016年政府信息公开工作有关要求,我乡统一部署,加强组织领导,健全工作机制,认真贯彻上级有关文件各项要求,扎实推进政府信息公开工作。现将2016年1月1日至12月31日芹洋乡政府信息公开工作年度报告如下。

一、公开情况概述

1. 主动公开政府信息的情况:125条;

2. 行政机关依申请公开政府信息的数量:0条;

3. 不予公开政府信息的数量:0条;

4. 政府信息公开的收费及减免情况:0条;

5. 因政府信息公开申请行政复议、提起行政诉讼的情况:0条。

从公开情况上看,政府信息公开全部属于主动公开范畴,公开渠道全部属于政府网站公开,不存在其他类型公开信息。本单位下属安办、道安办、新农村建设办均能按时将应公开信息予以公开,不存在忘报、漏报情况。健全信息公开工作建设,成立了由乡长范世朗任组长,党委组织委员许斌任副组长,并由党政办、综治办、安办、民政办等负责人为成员的政府信息公开工作领导小组。同时领导小组下设信息公开办,挂靠乡党政综合办公室,信息公开办主要为周泽仁、徐芬华两位同志负责,主要职责是指导、协调、推进政府信息公开工作。建立信息公开管理制度,明确主要领导为政府信息公开管理工作第一责任人、分管领导具体负责的职责体系,从而打牢了我乡抓好政府信息公开管理工作的组织基础。2016年我乡先后投入资金7600多元,用于制作村级信息公开栏、信息公开工作领导小组会务等支出。

信息公开的主要渠道有三种:一是网上公开;二是办公现场申请公开;三是乡、村两级公开栏进行公开。

二、主动公开政府信息的情况

2016年,芹洋乡政府信息主动公开条数为125条,主要类别为机构职能类信息56条,贯彻落实国家农村工作政策的情况25条,抢险救灾、优抚、社会捐助等44条。以"寿宁县人民政府"门户网站上开辟的芹洋乡专栏直接链接发布渠道为主,涉及村级财务公开等应公开内容采用村务公开栏公开。

三、因政府信息公开申请行政复议、提起行政诉讼的情况

被申请行政复议、被提起行政诉讼和接受行政申诉、举报的条数为0。

四、工作措施

（一）抓实工作。一方面，通过政府信息公开管理系统填报本乡信息公开内容，并及时对公开内容进行更新和充实，做到全面真实、及时准确、重点突出，充分运用政府信息查阅点、政务公开栏等方式进行公开。同时，在各村落实以村主任为第一责任人信息公开联系人，为群众提供快捷、方便的服务，保证政府信息公开及时有效。鉴于村级干部因技术水平问题，大部分无法使用电脑操作，故采用村务公开栏进行公开，要求每月一公开，涉及财政、计生、党建等方方面面群众应知的工作。另一方面，在政府信息公开的全面性、真实性和制度化、规范化上下功夫，通过改进和完善，逐步建立了信息公开申请受理、保密审查、监督检查等一系列制度，严格了政府信息公开程序，形成群众监督、内部监督、人大监督的舆论监督体系。

（二）做好宣教。把宣传教育、业务培训作为推进政府信息公开工作的重要抓手，引导乡村干部、基层百姓深刻领会政府信息公开的重大意义，营造良好的舆论氛围。召开政府信息公开工作领导小组成员工作会议，就政府信息公开填报系统的操作、信息查阅流程等内容进行培训；印发通告，加强对政府信息公开的宣传，鼓励群众学习、熟悉《中华人民共和国政府信息公开条例》，为该条例的顺利实施打下坚实的基础。

五、存在的主要问题及改进情况

在芹洋乡政府信息公开工作取得一定成绩的同时，我们也清醒地认识到，我乡政务公开工作还存在着一些问题。一是人员交替频繁。因往年负责政府信息公开工作的人员变动，工作交接衔接不紧密，业务上有脱节现象。二是村级机构不完善。由于信息公开是一项全新的工作，现在我乡的工作机制方面虽然取得长足进步但是村一级还不够完善，人员安排还不够科学，导致信息指标统计不及时，发布信息量少等问题。三是普及不够。信息公开面对社会宣传力度不够，下一步将利用多种渠道发布公开信息，提高农民对本乡有关信息的知晓率。

2017年，我们将按照上级有关要求，继续推进芹洋乡人民政府信息公开工作，主要是做好以下两方面工作：一是加大学习、宣传、培训工作力度，重点加强政府信息公开条例的学习、宣传、培训；二是规范制度建设，建立一套行之有效、有操作性的相关制度，用于规范政府工作人员依法公开、真实公开，用于规范具体经办人员的日常工作行为。

芹洋乡人民政府<br>2017 年 1 月 15 日

【简析】

  这是年度综合报告,主要用于向上级机关汇报一定时期内的全面工作、存在的问题及打算。

  例文标题使用发文机关、事由、文种组成,显示该文为年度报告。正文开头简要说明了报告依据,并以"现将 2016 年 1 月 1 日至 12 月 31 日芹洋乡政府信息公开工作年度报告如下"过渡;主体部分从主要工作情况、工作经验(措施)、存在的问题以及改进工作措施等方面进行报告,并自然结尾。

  全文结构完整,总结全面,问题突出,措施有力,语言简练。

例文 2

××市新闻出版局<br>关于报刊驻×记者站 2013 年度核验情况的报告

国家新闻出版广电总局:

  根据《报刊记者站管理办法》的有关规定及总局《关于开展报刊记者站 2013 年度核验工作的通知》(新出厅字〔2013〕494 号)要求,我局起草下发了年度核验通知,认真组织开展了报刊驻×记者站年度核验工作,明确要求各报刊驻×记者站对机构、人员、业务活动情况进行严格自查,各新闻单位对派出记者站的工作情况进行认真核实,确保相关信息准确无误。

  目前,我市共有驻×记者站 71 家,通过核验 63 家,缓验 3 家,4 家新站不参加核验,申请停办 1 家。按照相关规定,我局为停办记者站办理了注销登记手续。

  通过 2013 年度报刊记者站核验工作,我局对驻×记者站人员和工作情况进行了检查梳理,对人员管理存在问题的驻×记者站予以缓验,进一步规范了报刊驻×记者站的内部管理和工作秩序。

××市新闻出版局<br>2014 年 5 月 14 日

**【简析】**

　　这是专题性工作报告。××市新闻出版局向上级机关国家新闻出版广电总局汇报本单位的专项工作。

　　例文开头在直接写明发文依据(即根据两个文件的规定要求)后,重点交代了本单位关于年度核验工作的组织开展情况;第二段详细说明了报刊驻×记者站的核验信息,数据具体明晰,足以让上级机关了解驻×记者站的核验情况。第三段则进一步阐明了开展本次核验工作的意义所在。

　　全文主旨突出,层次分明,语言精练。

**例文3**

××市贸易局关于百货大楼重大火灾事故的报告

省贸易厅:

　　2013年6月8日凌晨2时40分,我市××区百货大楼发生重大火灾。经过两个多小时的扑救,明火于5时全部被扑灭。该大楼二楼经营的商品以及柜台、货架、门窗等全部烧毁,直接经济损失达50万元。造成此次重大火灾的直接原因是二楼一个体商户经二楼经理同意从总闸自接线路,夜间没断电,致使电线起火。

　　这次火灾的发生暴露了该大楼领导对安全管理工作极不重视,内部管理混乱,安全制度不健全,违章作业严重等问题,因而造成了惨重的经济损失,教训十分深刻。

　　火灾发生后,市政府、市贸易局十分重视,三次派人员到事故现场进行调查,并对事故进行认真处理,责令该百货大楼二楼经理刘某停职检查,对个体商户李某罚款5000元,并听候进一步处理。

　　今后,我们要认真吸取教训,切实加强对安全工作的领导,尤其加强对零售企业的安全管理,及时消除各种不安全因素和隐患,为企业创造良好的经营环境。

　　特此报告。

××市贸易局<br>2013年6月13日

【简析】

　　这是情况报告,反映的是××市百货大楼发生的一起重大火灾事故以及善后处理情况。

　　例文按照陈述情况、分析原因、善后处理、经验教训的顺序行文。开篇陈述情况,点明了时间、地点、事件与损失情况,交代了造成这次重大火灾事故的直接原因;第二段则从思想认识、内部管理及制度方面进一步分析了事故的主客观原因;接着交代了调查情况与处理意见;结尾表明态度与决心,提出了改进工作的措施。

　　全文内容结构严谨,结构完整,条理清晰,语言简练。

例文4

**××学校关于学生收费情况的报告**

××市人民政府:

　　前接×政字〔2013〕××号函,询问我校学生收费的情况。现报告如下:

　　我校对学生收费的标准是根据省人民政府〔2010〕××号文件精神,同时又针对我校所设专业的不同而制定,并报市物价局核准后执行的,不存在乱收费、多收费的情况。另一方面,我校对部分特困生实行减免部分学费和不定期补助的做法,使部分特困生得以顺利完成学业。

　　今后,我校在收费方面将继续严格按上级有关文件精神和当地物价部门核准的收费标准执行,绝不做违规之事。

　　特此报告。

附件:1.《××学校收费标准》
　　　2.《××市物价局关于××学校收费标准的批复》

××学校<br>
2013年×月×日

【简析】

　　这是一篇答复报告,主要用于答复上级机关有关询问事项时使用的文种。

正文首先说明行文的缘由，引述上级来函文号及询问的问题，然后过渡到下文答复上级的询问，这种开头是答复性报告的常用写法；主体部分详细说明了本校在收费方面的具体做法、学生收费方面的一些优惠政策及今后的做法；结尾以答复报告的惯用语作结。

全文结构完整严谨，答复有据全面，语言简练准确。

报告适用于向上级机关汇报工作、反映情况，答复上级机关的询问。

报告只向本机关的直接上级机关发出，是汇报性的上行文，在工作中应用十分广泛，使用频率很高。报告能帮助上级及时了解情况，掌握下情，为领导决策提供依据，同时，有利于下级机关、单位接受上级的监督和指导。

### 一、报告适用范围

1. 一定时期或一个阶段的全面工作或单项工作的进展情况、结果要向上级书面汇报时；

2. 社会、政治、经济等方面出现的值得注意的新情况，重大方针政策出台以后干部群众的思想反映及贯彻情况需要向上级反映时；

3. 向上级机关汇报所犯错误的原因、过程、处理情况或意见、主要教训和改进措施等；

4. 答复上级机关对某问题、某项工作、某个事件的询问；

5. 向上级报送公文、资料、物件时。

### 二、报告的特点

1. 陈述性

报告在汇报工作、反映情况时，主要使用的表达方式是陈述性的，即以叙述和说明为主。不过，在说明情况的时候主要使用概述，不能进行细致描写。在运用议论表达方式时，也多限于夹叙夹议，重点表明观点，不需详细论述。

2. 单向性

报告是下级机关向上级机关汇报工作、反映情况时使用的单向上行文，不需要上级机关给予回复。报告一般不能越级报告，应遵守一级抓一级、一级对一级负责的原则，呈报给直接领导机关，如情况特殊需越级上报的，必须同时抄送直接领导机关。

3. 总结性

凡报告都是下级机关向上级机关或业务主管部门汇报工作，一般是将已经发生的事情报告给上级，因此，在报告中下级机关重点应对问题进行综合分析、归纳，即总结经验和教训，提出改进工作的规划和措施。

**三、报告的种类**

根据内容的不同，报告分为以下几种：

1. 工作报告

工作报告是指关于工作进程、经验、问题、意见的报告。工作报告就其内容的繁简程度又可分为综合性的和专题性的两种。

综合性工作报告是将本机关一定时期内的全面工作、存在的问题及打算向上级机关汇报，以使上级机关全面了解下级机关的工作情况，便于做全面的工作指导。综合性报告的特点为内容全面，总结性强，定期汇报，如政府工作报告、年度工作报告等。

专题性工作报告是下级机关就某一项工作、某一个问题或某一事件等向上级汇报、反映的报告。专题性报告是综合报告的有力补充，便于上级机关及时了解下级机关方式的重大事项和开展的重点工作情况。

2. 情况报告

这种报告以反映情况为特点，信息性强，常用于向上级机关及时反馈实际工作中出现的新情况、新问题，特别是突发事件、特殊情况、意外事故及处理情况的报告。国务院明确要求：特大事故的发生单位必须在特大事故发生 24 小时内写出事故报告送上级机关和部门。故意拖延报告期限和谎报情况的，将受到一定的处分，甚至追究法律责任。

情况报告所反映的一般是有代表性、倾向性的新情况，旨在引起上级机关的注意，以便上级机关及时采取措施，指导工作。

3. 答复报告

这是上级机关向下级机关询问有关问题时，下级机关按照上级机关的要求所做回答的报告。这种报告内容针对性强，不能答非所问、避重就轻，也不能有选择性地答复，必须完整、客观地回答询问的问题。对待上级机关的询问，一定要慎重，答复报告往往是对一些重大事项的答复，对一般性事项用函作答即可。

**四、报告的写作格式**

报告的结构一般由标题、主送机关、正文、落款组成。

### (一)标题

一般采用发文机关+事由+文种的公文标题的写法。有固定版头的,可使用事由+文种的标题。

### (二)主送机关

报告的主送机关应为直接上级机关,因而通常用习惯性简称,如"市委"或"市人民政府"等。如果需要同时报送其他机关,一般采用抄送的方式。

### (三)正文

报告的基本结构包括:开头、主体和结语。

1. 开头:报告开头主要交代报告的缘由,概括说明报告的目的、意义或根据,然后用"现将有关情况报告如下"一语转入下文。

2. 主体:报告主体是报告的核心部分,用来说明报告事项。不同类型的报告,在正文主体的写法上各有不同。

(1)工作报告:工作报告正文主要内容包括基本情况、主要成绩和经验、存在的问题和基本教训及今后的打算。偏重于总结经验的工作报告,详写工作情况、成绩和经验,略写问题、教训和打算;偏重于汇报工作情况的工作报告,则详写基本情况、成绩,略写经验和教训。

(2)情况报告:情况报告的主体由情况、问题和下一步打算组成。首先交代情况,包括工作的大体进展情况、取得的收效;其次写问题,重点总结情况发生的原因和教训,避免主次不分;最后针对存在的问题写下一步的打算,打算要有针对性、举一反三。

(3)答复报告:答复报告的主体由答复引语、答复事项组成。首先引述上级来函文号及询问的问题,然后过渡到下文答复上级的询问;主体部分详细回答上级机关所询问的问题,回答时应实事求是,不可节外生枝,东拉西扯。

3. 结语

根据报告种类的不同,一般使用不同的程式化用语,应另起一段来写。工作报告和情况报告的结束语常用"特此报告";答复报告多用"专此报告""以上报告,请审阅"等。

### (四)落款

在正文后右下方标注发文机关。如在标题中已出现发文机关,则落款省略。成文日期标注于落款之下。

**五、报告与请示的区别**

1. 目的不同。请示是就某一个问题,请求上级机关,希望能够给予指示、批准,并需要上级批复。报告是向上级汇报工作、反映情况、提出问题和建议,不要求上级答复的文种。

2. 时间不同。请示必须事前行文,不能"先干后说""先斩后奏"。报告一般是在事后,或者工作的进行过程中行文,这就是常常说的,"事前要请示,事后有报告"。这是一种上下级之间工作汇报的规则。

3. 要求不同。请示要求一事一文,一事一报。报告则可以一事一报,也可以多事一报,没有具体的限制。

4. 篇幅不同。请示件一般比较简明扼要,将请示事项、事由说清楚就可以了。而报告则往往篇幅比较长,有些事情,还要展开,摆明情况,特别是像调查报告一类的占更大篇幅。

5. 主送机关不同。请示只能写一个主送机关。报告则可以写一个或多个主送机关。

**六、撰写报告的注意事项**

1. 要注意明确写作目的。一是根据目的确定报告的具体种类,二是根据目的选择典型材料和重点内容。

2. 通过报告向上级汇报工作、反映情况和问题,其目的是让上级机关正确掌握全面情况,以便制定相应的方针、政策。所以"报告"材料要翔实、可靠,而不能用不负责任的"据说""传闻""估计"和"可能"的材料。

3. 报告里的观点要正确。报告里不仅有材料,而且有根据材料概括出的观点。如果下级机关概括的观点存在问题,势必会影响到上级机关根据报告做出科学决策。

**病例修改:**

关于张××同志职称问题的审查报告

××市人民政府办公室:

接市办5月20日查询我单位张××同志有关职称评定情况的通知后,我们立即进行了调查,调查结果如下:

××同志是我集团公司二分厂工程师。该同志1962年起曾在××工学院受过四年函授教育,学习了有关课程。由于"文革"而未能取得学历证明。根据上级有关文件精神,因缺乏学历证明,在今年上半年职称评定时,我单位职称评委会决定不向上一级职称评委会推荐评定他的高级工程师职称,待取得学历证明后补办。该同志认为这是不公平的,是刁难,因而向市政府提出了申诉请求。

接到市政府办公厅查询通知后,我们专程派人去××工程学院查核有关材料,得到××工学院的大力支持和热情帮助。他们在百忙之中抽出时间进行了认真细致的查询,根据当年学籍档案记载,正式出具了该同志的学历证明。现在,我集团公司职称评委会向该同志说明了情况,并为××同志专门补办了有关评定高级工程师的推荐手续。对此,本人已表示满意。

报告妥否,请批复。

××集团公司
2017 年 6 月 6 日

## 第十一节　请　　示

**例文评析:**

**例文 1**

### 关于请求批准《常熟国际贸易物流港控制性详细规划》的请示

常熟市人民政府:

为科学合理地指导常熟国际贸易物流港建设规划管理,保障土地科学、合理与经济利用,我单位委托常熟市规划建筑设计研究院有限责任公司编制《常熟国际贸易物流港控制性详细规划》(以下简称《规划》)。经过多轮认真细致的工作,《规划》于 2018 年 9 月 7 日通过专家论证。2018 年 9 月 13 日至 2018 年 10 月 12 日,我单位按规定对《规划》进行了为期 30 天的公示。公示期间没有接到反对意见。

目前,《规划》已经根据专家论证意见进行了修改完善。为使《规划》早日实施,更好地指导我单位的建设发展,请市政府予以批准。

特此请示,请示复。

2019 年 1 月 3 日

【简析】

这是一份求准性请示。

例文重点说明《常熟国际贸易物流港控制性详细规划》的形成、完善过程和程序,随后提出了请示事项,最后用了请示的常用语"特此请示,请示复"结尾。

全文结构完整,理由充分,请示事项明确,语言简练,篇幅短小,请求恳切。

**例文2**

**××区城市管理综合行政执法局**
**关于明确城市规划执法中依法没收的建筑物处置办法的请示**

区人民政府:

为有效遏制违法建筑的扩建,彻底清理和拆除我区的违法建筑,推进城市有机更新,努力建设文明幸福新××,区政府已做出了进一步加强违法建设查处的重要决策。根据《中华人民共和国城乡规划法》的有关规定,对违法建设行为的处罚种类有限期拆除、没收违法建筑物、罚款等几种。其中,在违法建筑无法采取改正措施消除对规划实施的影响而又不能拆除的情形下,予以没收违法建筑物不失为一种可取的处罚方式。

我局自成立以来,共做出过10余起没收违法建筑物的行政处罚决定。但是由于对违法建筑物没收后的处置我区目前尚无具体办法,影响了执法效果。因此,恳请区政府明确我区城市规划执法中依法没收的建筑物的处置适用《××市依法没收的建筑物处置办法》,明确专门部门作为被没收违法建筑物的接收处置单位,并采取拍卖、当事人回购、租赁、政府安排使用或者拆除等方式予以处置。

以上意见妥否,请批示。

附件:××市依法没收的建筑物处置办法

××区城市管理局
2018年5月9日

【简析】

　　这是求示性请示,是某城市管理局请求上级机关区政府就城市规划执法中依法没收的建筑物处置办法给予明示。

　　例文首先交代行文的背景、依据,说明城市规划执法中没收违法建筑物是贯彻区政府做出的进一步加强违法建设查处的重要决策,也符合《中华人民共和国城乡规划法》的有关规定,以强调其合理、合法性;接着交代了工作中遇到的难题,即对违法建筑物没收后的处置"尚无具体办法,影响了执法效果";随后提出了请示事项,请市政府对依法没收的建筑物的处置给予明确意见;最后用惯用语"以上意见妥否,请批示"结尾,这也正是求示性请示与求批性请示的区别之一。

　　全文结构严谨,说明充分,请示事项明确。


请示适用于向上级机关请求指示、批准。

　　请示一般以机关单位的名义发出,在国家行政机关中,为了明确行政领导负责制,重要的请示,也可以由机关单位的正职行政领导签署发出。

一、请示适用范围

1. 超出本机关的工作职权范围,须经请示批准才能办理的;

2. 对国家的有关方针政策或上级机关的有关规定、决定等不甚了解或有不同理解,需请上级机关解释或重新审定的;

3. 工作中出现了新情况、新问题,必须处理却又无章可循、无法可依,有待上级机关批示的;

4. 遇到本机关职权范围内很难克服或无力克服的困难,需请上级机关支持、帮助的;

5. 涉及全局性或普遍性而本机关无法独立解决的工作困难和问题,必须请示上级机关以求得到上级机关协调和帮助的。

二、请示的特点

1. 行文关系固定性

　　请示的行文不能超越法定的隶属关系,即一般只能逐级行文,向直接隶属的领导机关请示事项。如有特殊情况需要越级请示,也必须同时抄送直接领导机关。

**2. 行文内容单一性**

请示具有单一性,一个请示只请示一个事项或一个问题,即所谓的"一文一事""一事一请示",这是由行政管理权限及行文效果所决定的。

**3. 行文目的期复性**

请示主要针对的是下级机关在工作中遇到的问题和特定事项,获得上级机关的批准后才能实施。因此,对于下级机关符合要求的请示,无论同意与否,上级机关必须及时批复,给出明确的意见和态度。

**三、请示的种类**

根据内容和目的的不同,请示分为两类。

**1. 求示性请示**

下级机关对上级机关的政策、规定有不同看法,或下级机关遇到无章可循的新问题时,使用求示性请示。其目的是希望上级机关就政策、规定做出清晰的解释,为下级机关厘清法律法规内涵。

**2. 求批性请示**

下级机关遇到按相关规定必须请示,获批准后方可实施的事项时,使用求批性请示。其目的是希望上级机关做出明确指示,或是帮助下级机关解决请求事项。

**四、请示的写作格式**

请示由标题、主送单位、正文、签署及日期组成。

**1. 标题**

请示的标题由发文机关、事由和文种组成。标题中的事由必须是对请示的主要内容的精练概括,一般为请示事项或问题的名目。

**2. 主送机关**

请示的主送机关为直接上级机关。如有双重隶属关系时,则应主送能够直接批复的隶属上级,另一上级机关则以抄报处理。即主送单位只能是一个。

**3. 正文**

请示的正文包括请示缘由、请示事项及结语。

请示缘由是请示写作的重点,缘由部分说明得充分、客观,才会得到上级机关的理解和支持,请示的事项才能得到批示和批准。应详细、完整、科学地说明请示事项的主要原因,也即构成请示的主要理由。

请示事项,即需要上级机关批示、批准的具体事项。提出的请示事项或问题必须明确,切忌模棱两可。

请示的结语,常有"妥否,请批准""以上请示,可否,请指示"等。如果是呈转性请示,结尾时常写"以上请示,如同意,请批转×××执行"等。

4. 签署及日期

请示写上请示单位的全称和请示正式签发的完整年、月、日。

### 五、请示与上行文意见的区别

1. 行文动机不同

请示是下级机关针对本机关遇到的无权或无力但又必须做的工作而向上级机关请求指示或批准的公文,基本上是被动行文;而意见作为上行文,重点在于对工作中的重要问题或是涉及其他部门职权范围内的事项提出见解和处理办法,不一定是在遇到工作困境时行文,多数情况下是下级机关主动向上级机关行文。

2. 行文目的不同

意见是提出见解和处理办法,为上级机关献计献策,供上级机关参考;而请示不是给上级机关提供参考意见,其行文目的是说服上级机关批准本机关的某些请示事项,或说明原因与情况以使上级机关指示活动的原则方法。

3. 行文内容结构不同

请示文种是充分说明请示缘由在前,提出请求事项在后,是典型的因果式结构。意见则多以总分结构为主,分条列项、述议结合地阐明自己对重要问题的看法与建议。

### 六、撰写请示的注意事项

1. 不能多头请示。一个请示事项,一般不能同时请示两个以上的领导机关或主管部门,以免出现单位之间互相推诿的情况,延误请示的批复。受双重领导的单位,应根据具体情况,主送一个上级机关,抄报另一个上级机关;有些特殊的涉及几个部门的事项,也可同时由几个部门分别向上级请示。

2. 不要越级请示。除特殊情况外,一般不得越级请示。因特殊情况,必须越级行文时,一般应抄送越过的上级机关。不论什么内容的请示,不能同时下发或抄送给下级机关或平行机关。

3. 不要事后请示。请示必须事前行文,绝不能"先斩后奏"或边请示边办理。

4. 不要向领导个人请示。请示除领导直接交办的事项外，一般不得直接送领导个人。

5. 不要一文多事。一份请示只能写一个问题，不要把几个性质不同的问题、事项同时写在一份请示中，以免上级机关不好办批而贻误工作。

6. 不要请示、报告混用。把"……的请示"写成"……请示报告"或"……报告"都不对。

7. 语言要谦恭，要尊重上级，不要用要挟、命令、催促式的口吻。

**病例修改：**

关于申请拨给灾区贷款专项指标的请示

省行：

×月×日，××地区遭受了一场历史上罕见的洪水袭击，×江两岸乡、村同时发生洪水，灾情严重。经初步不完全统计，农田受灾总面积达38000多亩，各种农作物损失达100多万元，农民个人损失也很大。灾后，我们立即深入灾区了解灾情，并发动干部群众积极开展生产自救。同时，为帮助受灾农民及时恢复生产，我们采取了下列措施：

一、对恢复生产所需的资金，以自筹为主。确有困难的，先从现有农贷指标中贷款支持。

二、对受灾严重的困难户，优先适当贷款，先帮助他们解决生活问题。到×月×日止，此项贷款已达××万元。

由于这次灾情过于严重，集体和个人的损失都很大，短期内恢复生产有一定的困难，仅靠正常农贷指标难以解决问题。为此，请省行下达专项救灾贷款指标××万元，以便支持灾区迅速恢复生产。

以上报告当否，请批示。

××银行××市支行<br>2013年×月×日

# 第十二节 批　　复

**例文评析：**

例文1

### 最高人民法院关于适用刑法第六十四条有关问题的批复

××省高级人民法院：

你院《关于刑法第六十四条法律适用问题的请示》（×高院请〔2013〕5号）收悉。经研究，批复如下：

根据刑法第六十四条和《最高人民法院关于适用〈中华人民共和国刑事诉讼法〉的解释》第一百三十八条、第一百三十九条的规定，被告人非法占有、处置被害人财产的，应当依法予以追缴或者责令退赔。据此，追缴或者责令退赔的具体内容，应当在判决主文中写明；其中，判决前已经发还被害人的财产，应当注明。被害人提起附带民事诉讼，或者另行提起民事诉讼请求返还被非法占有、处置的财产的，人民法院不予受理。

最高人民法院

2013年10月21日

【简析】

这是指示性批复。最高人民法院答复××省高级人民法院的请示事项，对刑法第六十四条法律适用有关问题做出具体说明。

例文发文缘由以引据形式出现，先引标题，后引发文字号，引据与批复事项之间，用"经研究，批复如下"过渡至主体。批复事项部分明确回答了请示单位所提出的问题。段首"根据刑法第六十四条和……的规定"，答复有根有据，体现其科学、严谨性。最后以批复的惯用语作结。

全文注重政策性，具体明确，语言简练，操作性强。

例文 2

## 江西省人民政府
## 关于同意会昌县等 10 个县(区)脱贫退出的批复

萍乡市、赣州市、上饶市、吉安市、抚州市人民政府,省扶贫办:

省扶贫办《关于呈请批准会昌县等 10 个贫困县脱贫退出有关事项的请示》(赣扶文〔2019〕9 号)收悉。根据《中共中央国务院关于打赢脱贫攻坚战三年行动的指导意见》《中共江西省委江西省人民政府关于打赢脱贫攻坚战三年行动的实施意见》精神,现批复如下:

一、同意会昌县、寻乌县、安远县、上犹县、石城县、南康区、遂川县、余干县、乐安县、莲花县 10 个县(区)脱贫退出。

二、上述 10 个县(区)政府要认真总结脱贫攻坚工作经验,在脱贫攻坚期内,坚持"摘帽不摘责任、摘帽不摘政策、摘帽不摘帮扶、摘帽不摘监管",始终保持攻坚态势,把脱贫攻坚各项工作往深里做、往实里做,加大对剩余贫困人口的帮扶力度,持续巩固发展脱贫成果,确保脱真贫、真脱贫、稳脱贫,如期全面完成脱贫攻坚任务。

三、萍乡市、赣州市、上饶市、吉安市、抚州市人民政府和省扶贫办要进一步强化监督管理,深入实施精准扶贫、精准脱贫,继续实行最严格的扶贫考核评估,确保脱贫退出成果经得起历史和人民的检验。

2019 年 4 月 28 日

## 【简析】

这是批准性批复,是江西省人民政府对会昌县等 10 个县(区)脱贫退出的请求做出的批准性答复。

例文发文缘由采取引据和根据作为开头,然后以"现批复如下"过渡至批复主体;主体部分首先以"同意"表明了对下级机关请示事项的态度,随后分别对"10 个县(区)政府"和相关主管机关提出了原则性要求。

全文态度明确,条理分明,语言简练,所提要求符合实际。

例文 3

### 关于同意拨付远襄镇东街村温室大棚建设项目资金的批复

柘城县远襄镇人民政府：

  你镇《关于申请远襄镇东街村温室大棚建设项目资金的请示》(远政〔2019〕40号)收悉。经脱贫攻坚指挥部研究，同意拨付远襄镇东街村温室大棚建设项目资金。资金总额伍拾万元整(500000.00元)，资金来源为2019年度财政涉农整合资金。

2019 年 7 月 23 日

【简析】

  这是一份帮助性的批复，即批准下级机关远襄镇东街村在建设温室大棚遇到资金困难时所做的答复。

  例文首先以引据作为批复缘由；主体部分事项简单，明确做出"同意"表态；最后说明资金来源。

  全文表态明确、短小简练。

  批复是用于答复下级机关请示事项的公文，它是和下级机关的请示事项相对应的文种。

### 一、批复的特点

  1. 权威性。批复中提出的批准或批示的意见和要求，具有较强的行政约束力，均要求下级机关遵照执行，并常常具有明确的法规作用。

  2. 政策性。涉及重要事项和重大问题的批复，必须以一定法规、方针政策为依据，绝不能随心所欲。即使不同意请示的事项，也必须按照政策规定加以说明。

  2. 针对性。批复只主送给请示的单位，有关单位需要执行的，可以抄送；批复的内容应针对请示事项给出全面、明确的答复，不得在批复中夹带与请示内容无关的其他事项。

  3. 被动性。批复是根据下级机关报送的请示制发批示性公文，因而批复是被动行文，没有请示就没有批复，批复与请示是一对一的对应关系。

## 二、批复的种类

1. 请求指示性批复,即对下级机关理解不准或不甚了解的国家有关法规、方针政策或上级机关有关规定、决定,做出的解释性、指示性的答复。

2. 请求批准性批复,即对下级机关超出本职权范围,必须请示后才能办理或处理的事项表明明确态度和立场的答复。

3. 请求帮助性批复,即针对下级机关凭一己之力难以解决或无力克服的困难时而提出请求支持或帮助的请示所做的答复。

## 三、批复的写作格式

批复由标题、主送机关、正文、签署及日期四部分组成。

### (一)标题

批复的标题一般是三项式标题,即由发文单位名称、事由、文种组成,如《国务院关于同意在沈阳市进行经济体制综合改革的批复》;或由事由和文种构成,如《关于同意扩大新式邮资凭证使用范围的批复》。

另外,标题还加上"对""给"某请示单位的字样,如《国务院民政部关于设立蓬莱市给山东省人民政府的批复》。

### (二)主送机关

批复的主送机关就是请示的发文机关。如果需要更多的下级部门了解和执行,一般在批复给原请示机关的同时,以抄送的方式发给有关下级机关。

### (三)正文

正文一般由批复依据、批复内容和结语三部分组成。

1. 批复依据。先引述下级机关来文的日期、请示标题和发文字号,必要时可引述来文的要点,以使受文单位明确批复的事项。然后用"现对××问题批复如下"或"现批复如下"句式过渡,引出下文。

2. 批复内容。根据有关方针、政策、法令法规和实际情况,对请示中所提出的问题做出明确的答复或具体指示。如果全部同意,就写上肯定的意见;如果不予批准,需在否定意见后面简洁写明理由;如果只同意请示中的部分事项,先说明同意事项,再说明不同意事项,并简要说明理由。

3. 结语。一般用"批复"或"特此批复"等作结。

### (四)签署及日期

批复具有指示性质,落款要写发文机关名称和成文具体时间,并必须加盖发文机关公章,以示严肃性、权威性。

**四、撰写批复的注意事项**

1. 针对性和科学性。批复意见必须依照党和国家的方针、政策,针对所请示的问题给予明确答复。凡请示事项涉及其他部门的问题,批复前要取得一致意见,避免"政出多门";严格遵守请示、批复的要求。

2. 明确性和具体性。批复意见要明确,不可模棱两可;所提要求还应尽量考虑下级机关实际情况,以利下级机关执行。

3. 及时性和一致性。下级机关请示的事项,往往重大而紧急,上级机关必须及时批复,以免耽误工作。

4. 正确使用批复文种。批复使用,作者机关必须是请示单位的上级领导机关,不应不分隶属关系,有请示就使用批复。比如,对不隶属于自己的机关单位错误使用请示时,不应将错就错地用批复回答,而应使用函进行答复。

**病例修改:**

批　　复

××镇政府:

对你镇的数次请示,经研究做答复如下:

其一,原则上同意批准你镇建立联合贸易公司,负责本镇的内、外贸易工作。你镇应尽快使联合贸易公司开始营业。

其二,你镇提出试行《关于违反计划生育规定的处罚办法》最好不执行,因为这个办法违反上级有关文件精神。

其三,对你镇提出要建一俱乐部活跃居民文化生活一事,予以批准,但规模要适当控制,量力而行。

其四,同意你镇组团参加在上海举办的服装节和在服装节上进行引资促销活动。

××市人民政府<br>2014 年 11 月 21 日

## 第十三节 议　　案

例文评析：

例文 1

### 杭州市人民政府关于提请审议
### 《杭州市居家养老服务条例(草案)》的议案

杭州市人民代表大会常务委员会：

　　《杭州市居家养老服务条例(草案)》已于 2019 年 8 月 13 日经市人民政府第 41 次常务会议讨论原则通过，现提请审议，建议制定为本市的地方性法规。

市长：×　×　×<br>2019 年 8 月 15 日

【简析】

　　这是立法议案，用于提请同级权力机关审议、批准某项重要法律、条例、规定、办法等草案。

　　例文标题三要素齐全，并根据公文内容冠以"提请审议"术语。正文由案据、方案和结语组成。"案据"部分简要说明了所提请审议的法规依据；"方案"部分写明了所提请审议的法规即《杭州市居家养老服务条例(草案)》；最后表明了提请审议的请求，即"建议制定为本市的地方性法规"。

　　全文行文目的明确，条理分明，内容完整，语言庄重。

例文 2

### 关于提请增补 2018 年上半年县级政府投资项目的议案

县人大常委会：

　　为推进全县经济社会高质量发展，推动经济发展和结构优化，满足社会公共需要，经县政府常务会讨论研究，决定对 2018 年县级政府投资项目进行调整。

2018年，县级政府投资计划项目共148个，总投资1855443.3万元，其中结转项目83个，总投资1224368.3万元；新建项目65个，总投资631075万元。由于投资计划编制时间较早，现根据发展需要，拟增补项目共18个，计划总投资154439.2万元，2018年度计划投资135623万元。

根据《关于印发〈金湖县人民政府重大行政决策程序规定（试行）〉的通知》（金政发〔2015〕129号）文件要求，现提请县人大常委会审议通过。

县长：×　×　×<br/>2018年7月20日

**【简析】**

这是重大事项议案。×县人民政府拟增补2018年上半年县级政府投资项目，提请县人大常委会审议。

例文第一段是案据，说明了增补2018年上半年县级政府投资项目的目的、程序。第二段提出了方案，即提出了增补2018年上半年县级政府投资项目的内容。结语"现提请县人大常委会审议通过"，强调行文的目的。

全文具体交代了议案的缘由和内容，主旨明确，思路清晰，结构紧凑。

## 例文3

福建省人民政府关于提请杨贤金等任职的议案

福建省人民代表大会常务委员会：

根据《中华人民共和国地方各级人民代表大会和地方各级人民政府组织法》第四十四条第九、十项规定，现提请：

任命杨贤金为福建省人民政府副省长；

任命吴贤德为福建省旅游发展委员会主任。

请审议决定。

福建省人民政府省长<br/>2017年7月10日

**【简析】**

这是人事任免议案。

例文正文的第一句话"《中华人民共和国地方各级人民代表大会和地方各级人民政府组织法》第四十四条第九、十项规定"即案据,接着直接写明提请任职的人员和职务,最后以"请审议决定"作结。

全文内容简洁,语言凝练,庄重得体。

议案适用于各级人民政府按照法律程序向同级人民代表大会或人民代表大会常务委员会提请审议事项。

全国人民代表大会和地方各级人民代表大会是人民行使国家权力的机关,国家或地方上的重大事项须经人民代表大会及其常务委员会讨论通过后方能付诸实施。因此,国务院或地方各级人民政府对于应由同级人民代表大会及其常委会讨论决定的重大事项,应写成议案提请同级人民代表大会或其常务委员会审议。

### 一、议案的特点

1. 法定作者

制作议案的作者只能是各级人民政府即国务院和省(直辖市)、市(辖区人民政府)、县、乡等人民政府。各党派、企事业单位、人民团体和政府各职能部门均无权使用议案这一文种。

2. 内容特定

根据宪法、《中华人民共和国地方各级人民代表大会和各级人民政府组织法》的规定,各级人民政府提出议案的内容,必须是属于人民代表大会或者人民代表大会常务委员会职权范围内的问题,超出其职权范围的不能作为议案提出。

3. 时限性强

各级人民政府必须在人民代表大会或者人民代表大会常务委员会举行会议的时候,以书面形式提出议案。会议后提出,一般不再列为议案。

4. 内容单一

议案要求一事一文,即一个议案中只提请审议一个事项,不能在一个议案中涉及两个或多个事项,否则会给会议审议带来不便。

### 二、议案的种类

根据用途的不同,议案可以分为以下几类。

1. 立法议案

立法议案用于提请审议、批准某项重要法律、条例、规定、办法等。如《××省人民政府关于提请审议〈××省城市规划条例(草案)〉的议案》。

2. 重大事项议案

重大事项议案用于提请审议、批准某项重大工程、措施等,如财政预、决算,发展规划以及政治、经济、文化、教育、科技、卫生、体育等方面工作的重大事项。

3. 审批条约议案

审批条约议案用于提请审议、批准缔结国际条约和协定。这是国家间缔结发展双边关系的条约,按照法律程序,须经双方议会批准,方可生效。如《国务院关于提请审议批准〈中华人民共和国和土耳其共和国领事条约〉的议案》。

4. 人事任免议案

人事任免议案用于提请审议任免相应级别行政干部的职务。如《××市人民政府关于提请审议××等同志职务任免的议案》。

**三、议案的写作格式**

议案由标题、主送机关、正文、签署与日期几部分组成。

**(一)标题**

议案标题一般有两种形式:一种是三要素组成的完全式标题,即发文机关、事由、文种(议案),如《杭州市人民政府关于提请审议〈杭州市居家养老服务条例(草案)〉的议案》;另一种标题是由事由、文种(议案)组成,如《关于提请任命×××为××市副市长的议案》。

标题中的"事由"之前可写"关于提请""关于请求""关于建议"等词语。

**(二)主送机关**

议案的主送机关是固定的,明确标出同级人民代表大会或者人民代表大会常务委员会的名称。如"第×届全国人民代表大会第×次会议主席团"。

**(三)正文**

这是议案的主体,包括案据、方案和结语三部分。

1. 案据

案据,即提出就项议案的依据,要说明提请议案的理由、目的、重要意义等。

一般议案的案据,如立法议案、人事任免议案,仅做简要说明,但重大事项议案,案据部分应该作为重点来写,对提出议案的原因、目的、意义要进行充分说明，以获得代表们的理解和支持。如《国务院关于提请审议兴建长江三峡工程的议案》，该议案用五大部分对案据部分展开论述，事实与道理阐述得十分充足，因此奠定了此份议案获得批准的基础。

2. 方案

方案即对提请审议的事项提出解决的措施、方法。如立法议案，只需写明提请审议的法律法规的名称即可，但要把法律法规的草案文本作为附件。如是人事任免议案，要将被任免人的姓名和拟担任的职务写明。如是提请审议重大决策事项的议案，要把决策的内容一一列出，供大会审阅，不能只指出问题，而没有解决问题的方案，必须提出切实可行的措施和方法，并充分体现人民群众的意愿和要求。

如《国务院关于提请审议兴建长江三峡工程的议案》，对于兴建三峡工程的方案是"同意建设三峡工程。建议将兴建三峡工程列入国民经济和社会发展十年规划，由国务院根据国民经济的实际情况和国家财力物力的可能，选择适当时机组织实施"。这个方案提出了原则性意见，又有灵活变通的余地，是符合实际、切实可行的。

3. 结语

议案通常以表示祈使的语句结束全文。根据上文内容，可使用"请审议""请审议决定""现提请审议，并请做出批准的决定""现提请审议""请予审议"等语。

**（四）签署与日期**

议案的署名有法律规定。以国家行政机关为例，国务院向全国人民代表大会或者全国人民代表大会常务委员会提出的议案，由国务院总理签署。地方各级人民政府向同级人民代表大会或者人民代表大会常务委员会提出议案时，都应由国家行政机关的法人代表署名、盖章，成文日期以法人代表签发日期为准。

**四、撰写议案的注意事项**

1. 符合职权。所提议案既不能超越负责审议议案的国家权力机关的职权，也不能超越提出议案的行政机关的自身职权。

2. 一事一案。不得把许多事项并列到一个议案中提出，以免造成国家权力机关在审议时的困难。

3.内容简洁,论证有力,语言庄重、准确、规范。

**病例修改:**

××县人民政府关于提请审议设立×××化工园区的议案

××市人民政府:

按照省发改委等4部门《关于印发湖北省化工园区确认指导意见的通知》精神,县政府决定在××镇设立"湖北×××化工园区"。湖北××化工园区总体规划、控制性详细规划及产业发展规划进行了编制评审,环评、安评及水资源论证结果,符合相关要求。园区布局与主城区及周边的环保、安全、卫生防护距离符合要求。安全生产、环境保护各项资料完备,基础设施和公共服务设施配套齐全,符合设立化工园区的要求和标准。

设立化工园区相关事项已经县委县政府讨论通过,请批准。

××县人民政府<br>2016年12月10日

## 第十四节　函

**例文评析:**

例文1

××大学毕业生就业指导中心<br>关于建立毕业生就业工作长期合作关系的函

××市人才中心:

感谢贵中心多年来对我校毕业生就业工作的大力支持和帮助,我们愿与贵中心加强联系,建立毕业生就业工作长期合作关系,并拟在以下几方面为贵中心提供服务:

1.宣传贵市人才引进的优惠政策,组织我校毕业生到贵市人才网站投递简历,参加贵市举办的毕业生洽谈会等。

2.及时通告我校应届毕业生生源和专业情况,以及毕业生应聘活动的有关信息。

3.将我校毕业生就业网站与贵中心人才网链接,及时发布贵市人才需求信息。

与此同时,我们也竭诚希望贵中心能为我校提供以下帮助:

1.根据我校毕业生实际情况,组织贵市知名企业到我校招聘毕业生或参加毕业生供需洽谈会。

2.向我校提供贵市各类招聘会资讯,以及权威的招聘信息,为我校应届毕业生提供就业参考。

3.通过贵中心人才网和各类招聘会发布我校毕业生的求职信息,全方位推进我校毕业生到贵市就业。

4.为我校毕业生推荐实习单位并合作建立毕业生用人基地。

以上建议不知妥否,特发函洽商。如有合作意向,敬请复函或来电告知,有关事项可进一步商议。

联系人:赵××

联系电话:××××××××

××大学毕业生就业指导中心

2018年5月10日

【简析】

这是商洽函,主要用于不相隶属机关之间协商工作。

例文的发文缘由部分首先致谢,同时简单说明了商洽事项的目的。主体部分首先说明自身在合作中能提供的服务项目,接着说明了对方的义务,这是函商的中心内容,突出了平等协商的原则。结语部分表达了期望合作的愿望和进一步协商的意图。文末提供联系方式,便于双方沟通。

全文层次清晰,行文简洁,语言得体,商洽事项明确。

## 例文 2

### 国务院办公厅关于同意建立养老服务部际联席会议制度的函

民政部:

你部关于建立养老服务部际联席会议制度的请示收悉。经国务院同意,现函复如下:

国务院同意建立由民政部牵头的养老服务部际联席会议制度。联席会议不刻制公章,不正式行文,请按照国务院有关文件精神认真组织开展工作。

国务院办公厅<br>
2019 年 7 月 27 日

【简析】

这是审批函,是国务院办公厅就关于同意建立养老服务部际联席会议制度的请批函做出的答复。

例文的发文缘由部分直接引叙来函的标题,后加"收悉"二字,这也是批复引语的惯用手法,并以"现函复如下"过渡到复函事项部分;主体部分首先用"同意"表明了态度,并对联席会议提出了具体要求;省略了结语部分。

全文内容明确,态度明朗,语言简洁。

## 例文 3

### 关于启用新版部门统计调查项目审批申请书的函

省直有关部门:

《中华人民共和国统计法》第二十八条和《中华人民共和国统计法实施条例》第三十二条规定:县级以上人民政府有关部门在统计业务上受本级人民政府统计机构的指导。《中华人民共和国统计法》第十二条第三款明确:由县级以上地方人民政府有关部门制定的统计调查项目,报本级人民政府统计机构审批。

根据《中华人民共和国统计法》《中华人民共和国统计法实施条例》和中华人民共和国国家统计局第 22 号令,部门统计调查项目管理法规适用于政府各部门、具有行政管理职能的事业单位、经授权具有一定行政职能的人民团体以及经授权代主管部门行使统计职能的集团公司和工商领域联合会或协会。上述单位执行相关法律、行政法规、省委省政府和上级主管部门的决定，履行本部门职责，在江西省内开展统计调查活动的，应制定相应的部门统计调查项目，并报省统计局审批。

为切实履行法定职责，加强部门统计调查项目的规范、统一管理，我局对部门统计调查项目审批申请书做了修订，并自发文之日起施行。现将《江西省部门新增统计调查项目审批申请书》和《江西省部门修订统计调查项目审批申请书》印发给你们（申请书电子版可从江西省统计局门户网站下载，下载路径：网上办事—地方统计调查项目管理—表格下载）。

如你单位需在江西省内开展统计调查活动，请按要求制定部门统计调查项目，如实填报申请书并加盖印章，与单位申请审批项目的公文、设计的统计调查制度、拟定的防范和惩治统计弄虚作假责任规定等材料一同报送我局，依法审批。联系人：省统计局设计管理与三新统计处许国银，电话：88918296。

江西省统计局<br/>2019年4月4日

【简析】

这是告知函，即江西省统计局告知不相隶属机关启用新版部门统计调查项目审批申请书有关事项的函。

例文的发文缘由部分详细说明了发文依据和目的，以期得到不相隶属机关的理解和支持；主体部分说明了启用新版部门统计调查项目审批申请书的具体事项和要求；最后附上联系方式以便开展工作。

全文结构完整，重点突出，语言得体。

例文 4

**武昌区人民政府关于申报湖北省现代服务业示范园区的函**

武汉市发展和改革委员会：

为进一步加快推进我区现代服务业的发展，充分发挥服务业示范园区的示范、辐射和带动作用，根据《湖北省第二批现代服务业发展示范区申报办法》，现推荐湖北日报传媒集团楚天181文化创意产业园申报省现代服务业示范园区。企业基本情况如下：

楚天181文化创意产业园是湖北日报传媒集团倾力打造的文化创意产业园区，前身为湖北日报印刷厂，占地面积约60亩。园区一期改扩建面积为5万平方米，重点打造主流传媒聚集区，入驻企业近50家，主要包括现代传媒、艺术设计、文化演出、商业配套等四大类。二期创意大厦及内庭工程新建建筑面积2.1万平方米，将重点引进艺术设计类企业，扶持和培育个人艺术工作室，积极打造湖北省最大的艺术发布中心、艺术交易市场和艺术培训基地。三期规划建设项目有文谷大厦项目，规划建筑面积16万平方米，主要引进湖北省非物质文化遗产产品展示（博物馆）及交易中心、华中艺术品展示交易中心、国际驻汉媒体及中央驻汉媒体办公区等，是未来园区的产业发展促进中心。

该园区是我区重点打造的以现代传媒为核心，艺术设计、文化演出、产业人才储备为特色的文化创意产业基地，对加快我区文化产业发展、建设高端服务业示范区有着重要的示范和带动作用，请市发改委对湖北日报传媒集团楚天181文化创意产业园申报湖北省现代服务业示范园区给予大力支持。

可否，请复。

2013年4月8日

【简析】

这是请批函。作者单位为武昌区人民政府，主送单位为武汉市发展和改革委员会，尽管属申请事项，因两者不相隶属，故使用函。

请批函的写作与请示相同，重在说明请示缘由，例文着重说明了申报湖北省现代服务业示范园区的目的、依据以及企业基本情况；请批事项明确，最后用"可否，请复"作结，显示了对主送机关的尊重。

全文行文目的明确，表述精到，措辞得当。

函适用于不相隶属机关之间商洽工作、询问和答复问题、请求批准和答复审批事项。

一、函的特点

1. 使用的广泛性

函的使用不受级别高低、单位大小的限制,收发函件的单位均以比较平等的身份进行联系。上至国务院,下至基层组织、企事业单位、社会团体都可以广泛地使用函。

2. 行文的灵活性

函主要用于平行或不相隶属单位之间相互之间的来往,既可以向没有隶属关系的上级机关行文,也可以向没有隶属关系的下级机关行文,还可作为平级单位之间行文。

3. 用语的谦敬性

不论什么类型的函,用语都得注重谦恭有礼,尊重对方,力求得到对方的理解和支持。函注重使用文言词汇,是党政机关 15 个公文中最富有文学性的文种。

二、函的种类

若按行文去向分类,函可以分为去函和复函。若按照文面格式分类,函可以分为公函和便函。按内容和用途,函可以分为:

1. 商洽函

平行机关或不相隶属机关之间商洽工作、联系有关事宜的函。如人员商调、联系参观学习、工作协商等。

2. 询答函

实际上又可分为"询问函"和"答复函"。有些不明确的问题向有关机关和部门询问,用询问函。对机关和部门所询问的问题做出解释答复,或批准有关请批事项,用答复函。

3. 审批函

用于不相隶属机关之间请求批准的函,用于主管部门答复不相隶属机关单位的请批事项,类似于批复。

4. 告知函

告知不相隶属机关有关事项的函,类似通知。

三、函的写作格式

函的一般格式主要包括:标题、受文单位、正文、签署与日期。

**(一)标题**

函的标题有两种。一种是全要素标题,即包括发文单位、事由及文种。例如《××大学毕业生就业指导中心关于建立毕业生就业工作长期合作关系的函》。另一种标题由两要素即事由和文种组成,如《关于催促贯彻全国方便食品科技会议情况的函》。

**(二)受文单位**

函的主送机关可以是一个,也可以是多个。其写法与其他公文相同。

**(三)正文**

函的正文一般由开头、主体、结语组成。

1. 开头

主要说明发函的缘由。一般要求概括交代发函的目的、根据、原因等内容,然后用"现将有关问题说明如下"或"现将有关事项函复如下"等过渡语转入下文。

请批函的缘由部分是函的重点,其写作方法类似请示。

复函的缘由部分,写作方法类似批复,一般首先引叙来文的标题、发文字号,然后再交代根据,以说明发文的缘由。如:"你部关于建立养老服务部际联席会议制度的请示收悉。经国务院同意,现函复如下:……"

2. 主体

这是函的核心内容部分,主要说明致函事项。函的事项部分内容单一,一函一事,行文要直陈其事。

无论是商洽工作、询问和答复问题,还是向有关主管部门请求批准事项等,都要用简洁得体的语言把需要告诉对方的问题、意见叙述清楚,如事项复杂,可分条列项来写。如果属于复函,还要注意答复事项的针对性和明确性。

3. 结语

商洽函的结语常用"恳请协助""不知贵方意见如何,请函告""望协助办理,并请尽快见复""望大力协助,盼复"等。

询问函的结语常用"请速回复""盼复""请予函复"等。

请批函的结语常用"请审核批准""当否,请审批"等。

答复函、审批函的结语常用"此复""特此函复""专此函告"等。

## (四)落款

落款包括署名和成文时间两项内容,并加盖公章。

## 四、告知函与通知的区别

1. 性质目的不同

告知函的目的是用于平行或不相隶属的机关之间互相商洽公务或询问与答复问题,因而它的性质是商洽平行式的公文,一般不具有指挥、指导性。通知的目的主要是用于传达告知,此外还具有上级对下级的指导作用。

2. 行文关系不同

告知函主要在同级机关和不相隶属的机关之间使用,它不受上下级、平级隶属关系的限制,属平行文。通知,除会议通知外,一般用于上级机关对下级机关行文,属于下行文。

## 五、请批函与请示的区别

公文处理中,平行单位之间申请批准事项时,请示与请批函混淆的情况时有发生。它们虽然都有请示的性质,但也有明显的区别,主要在于以下两点:

第一,请示是上行文,请批函是平行文。

第二,请示的受文单位和制发单位之间的关系是领导与被领导的关系,请批函的制发单位与受文单位是平行或不相隶属的关系。

## 六、撰写函的注意事项

1. 行文要注意简洁明确,语言要把握分寸,注意语气平和有礼,不能仗势压人,也不必逢迎恭维。至于复函,则要注意行文的针对性和答复的明确性。

2. 行文要注意时效性,特别是复函更应该迅速、及时,以保证公务等活动的正常进行。

3. 一事一函,切忌一函中出现多个事项。

**病例修改:**

关于签订合作协定的函

×××大学:

近年来,我所与你校在一些科学研究项目上互相支持,取得了一定的成绩,建立了良好的协作基础。为了巩固成果,我所决定与你校建立全面的交流协作关系,并提出以下希望:

一、定期举行所、校之间学术讨论与学术交流。(略)

二、根据所、校各自的科研发展方向和特点,对双方共同感兴趣的课题进行协作。(略)

三、根据所、校各自人员配备情况,校方在可能的条件下对所方研究生、科研人员的培训予以帮助。(略)

四、双方科研教学所需要高、精、尖仪器设备,在可能的条件下,予对方利用。(略)

五、加强图书资料和情报的交流。

以上各项,请你校迅速派员来我所签订协议。

特此函达。

中国××科学研究所<br>2015年×月×日

## 第十五节　纪　　要

**例文评析:**

### 湘乡市第八届人民代表大会常务委员会第十八次会议纪要

2019年1月11日,湘乡市第八届人大常委会第十八次会议召开。市人大常委会主任赵叶惠、副主任刘许生、陈钧武、肖铁强、王红阳、赵玲瑜等34名人大常委会组成人员出席会议。市人民政府副市长侯爱萍、市监察委员会副主任方永红、市人民法院院长崔卫斌、市人民检察院检察长谭天瑶、市政府办负责同志、市人大各办委副主任列席了本次会议。本次会议由市人大常委会主任赵叶惠、副主任刘许生、陈钧武先后主持。

会议进行了以下议程:

一、会议审议通过了《湘乡市第八届人大三次会议至第四次会议期间人大常委会工作要点》。

二、会议补选唐亦政为湘潭市第十五届人大代表,并向湘潭市人大常委会报告。

2019年1月11日

**【简析】**

　　这是一份会议纪要。例文正文由会议概况与会议事项组成。会议概况部分即开头,介绍了会议的时间、主持人、与会者等;会议事项部分分条列项叙述了会议决定的相关事项。

　　全文结构规范、条理清晰、内容具体、简洁明了。

纪要适用于记载会议主要情况和议定事项。

纪要是一种特殊文种,主要用于传达会议的主要精神和要求,与会单位共同遵守执行的事项。它是在归纳、整理会议记录及其他有关会议材料的基础上,按照会议的宗旨和要求,针对会议讨论研究的工作事项和问题综合整理而形成的。它既可以反映会议的基本情况、主要精神和中心内容,也能够用以解决问题、统一协调各方面的步调,还可以向上级机关汇报会议情况。

**一、纪要的特点**

1. 纪实性

纪要是会议的产物,其内容是对会议情况的真实记录和科学整理,没有任何虚构成分,具有真实性。

2. 指导性

纪要反映了领导机关的意图和结论,也反映与会者的意见,因此对有关单位的实际工作具有重要指导作用,要求共同遵守和执行。

3. 及时性

纪要对写作时限要求很紧、很严,有的是在会议将近结束时就要写出,多数是在会议结束后较短时间内就要写出来。

4. 特殊性

纪要形成后,一般不单独对下行文,只主送各有关与会单位。如需下发执行,应以通知形式行文,并将会议纪要作为附件发出。

**二、纪要的写作格式**

**(一)标题**

纪要的标题有两种形式:

一是单式标题,由"发文机关+事由(会议名称)+文种"或"事由(会议名称)+文种"组成。如《湘乡市第八届人民代表大会常务委员会第十八次会议纪要》《全国金融工作会议纪要》。

二是双式标题,由正、副标题组成。正标题揭示会议的主要精神,副标题多用单式标题。如《今年的党风要有决定性好转——中纪委关于加强纪检工作座谈会纪要》。

**(二)正文**

正文由前言、主体、结语三部分构成。

1. 前言部分

概括介绍会议的基本情况,如召开会议的时间、地点、会议名称、与会者、主持人、会议议题、结果评价等,要求简明扼要。

2. 主体部分

纪要的核心,常用的写法有三:

一是条目式。将会议研讨的事项分项叙述,可用序号标明,也可分列小标题。

二是综述式。将会议的有关事项进行综合概述。常采用以下句式领起内容,如"会议讨论了""会议通过了""会议认为""会议指出""会议强调"等。

三是摘记式。将发言人的主要意见整理出来,便于反映发言人的不同看法和会议原貌,这种写法多用于座谈会或学术会议。

3. 结语部分

一般是提出希望或发出号召,要求贯彻会议精神,完成会议提出的各项工作任务。有的则自然收束。

**(三)落款**

写明发文机关名称和日期。

**三、纪要和会议记录的区别**

1. 性质不同

纪要是法定党政机关公文;会议记录是记录会议情况和议定事项的事务文书。

2. 写法不同

纪要是对会议记录的整理提炼,集中反映了会议的精神实质,具有高度的概括性;会议记录是对会议情况的原始、详尽记录,要求原原本本记录原文原意。

**3. 功能不同**

纪要通常要在一定范围内传达或传阅,要求贯彻执行;而会议记录一般不公开,只作为内部资料以备查考。

**四、纪要与会议简报的区别**

1. 承担任务不同

会议简报只是简报的一种形式,它的作用只是为了交流信息和提供情况,以达到沟通情况的目的,一般不具有约束力。纪要作为指示性文件出现的时候,具有一定的权威性,它的决定要求有关方面贯彻执行。

2. 篇幅长短不同

会议简报要求文字简约,以"简"为特征。纪要则不受篇幅限制,该长则长,当短即短,以"要"为主要特征。

3. 形成时间不同

会议简报一般在会中分期编号,随时交流;而纪要通常在会后形成。一个会议可以出一期或若干期简报,但会议纪要只能有一个。

**五、撰写纪要的注意事项**

1. 做好会议记录,这是写好会议纪要的基础。会议记录要记好每位与会者的发言,特别要记好、记全会议主持人对每个议题的最后总结性发言,因为这将是会议纪要中议定意见的基础。

2. 抓住要点,突出会议主题。把会议的主要情况简明、真实、准确、扼要地反映出来,把会议议定的事项一一叙述清楚。

3. 语言要有文体特色。一般来说,会议纪要的语言,要尽可能简短、通俗,切忌长篇大论。在实际写作中,多使用一些会议纪要的惯用词语。

**病例修改:**

××市税务局市场征收工作经验交流大会纪要

2018年5月20日,××市税务局召开了"市场征收工作经验交流大会",×副局长对去年6月1日农贸市场实行征税以来的工作进行了回顾总结,部署了今后工作。×副局长在总结中指出,在各级党政领导重视支持和有关部门的密切配合下,经过广大税务专管员的努力,一年来征收税款×××万元,市场物价基本稳定,摊位、品种并未减少,"管而不死"的方针得到了贯彻,在税收工作上取得了不少成绩：

一、运用税收经济杠杆，加强税收管理。在保护合法经营、打击和限制投机违法活动方面发挥了积极的作用。如××区税务分局第×税务所，从宣传着手，提高摊贩的遵纪守法观念；从检查着手，促使商贩正确申报；从管理着手，做到十足收齐。

二、初步摸索、积累了一些行之有效的征收管理办法。如××区税务分局与工商局密切配合，思想上统一认识，管理上统一步调，处理上统一行动，通过一年实践，证明这样的做法有利于加强市场征收工作。

三、在培养、锻炼新生力量方面迈出了可喜的一步。据统计，一年来拒腐蚀的事例共有289起，不少分局摸索、总结出了一些培养干部的经验，××区税务分局第三税务所在大会上介绍了他们"晓之以理，导之以行，抓紧队伍建设"的做法，就是这些经验的代表。

×副局长还号召市场税务专管员向一年来立功受奖的同志学习，拒腐蚀，永不沾。只有思想上筑起一道防线，方能在种种糖弹面前立于不败之地。

最后，×副局长要求各单位进一步加强市场专管员的队伍建设，在政治思想、业务水平、工作经验上都有一个新提高；认真贯彻市委18号文件，密切与其他部门的配合，把整顿市场秩序的工作做好。

2018年7月20日

## 第十六节　写作训练

**一、根据下列材料，以县委、县政府的名义起草一份改革会风、文风的决定。**

会风方面：每周四、五、六3天定为县里无会日。控制会议次数，凡召集乡、镇、局副职以上干部开会，会议的组织者按照分工，事先分别向县委办公室、政府办公室挂号，经过平衡，报县委书记、县长批准后，方得开会。压缩会议规模，减少陪会人员。各种会议要精心安排，有关的单位才参加；可一人参加的不让两人参加；只需工作人员参加的，不再通知领导干部参加。今后县里开会，无特殊需要的，各局归口单位不参加。会议的贯彻执行落实由各局统一安排。提倡开短会、小会、联席会，一般会议最长的不得超过三天，尽量召开电话会或广播会。提倡现场办公，到基层解决问题，少开会。改革开会方法，凡有报告材料的，向与会人员印发，不再做会议报告，会中一般不出简报。

文风方面：大力裁减文件，县发文件要由办公室严格把关。县委、县政府各办一种简报，各部、局、办不再另搞简报，下发文件也要尽量压缩。部、委、办召开会议，不发文字会议通知和编组名单、日程安排等。各种会议，事先不印发典型发言材料，根据需要会后整理印发。精练文件内容，提倡写短文。写有情况有分析的文章，剔除空话、套话，克服形式主义：琐碎小事不向下发文字材料，不滥发文件、表格。加快文件批办速度，对乡、镇、局等基层单位的请示、报告，尽快回复。对上级来文也要及时批阅、承办，反对拖拉。

**二、根据下列材料，以某市公安局和教育局名义草拟一份加强校园管理的通告。**

某高校连日来发生了多起治安事件，小商小贩随意进入校园，社会闲散人员任意喝酒滋事，甚至学校保卫人员都被打伤。另外学校部分校园被学校周边的百姓占为己有，耕种蔬菜，严重破坏了校园环境，干扰了正常的教学秩序。

为此，某市公安局和教育局就此问题进行了专门研究，决定从2014年9月1日始对该高校校园环境进行综合整治，禁止社会闲散人员随意进入校园，杜绝小商小贩入内摆摊设点，要求百姓限期将菜园迁出校园，加强高校学生安全教育，建立校园110警务室。

**三、根据以下报道，以教育局的名义草拟一份预防校园"软暴力"意见，指导各学校相关工作。**

### 校园"软暴力"需要引起足够重视　易引发心理问题

津云新闻记者在采访中了解到，学校提高安全意识，加强安全防范后，校园中发生的暴力事件已不多见，但是谩骂、讥讽、挖苦等言语上的"软暴力"往往没有引起足够重视，而这种"软暴力"常常会给孩子心理上留下更难以恢复的创伤，更有甚者可以导致受害者心理上的疾病，造成自暴自弃、厌学，甚至放弃生命的严重后果。

"家长们关注的'软暴力'现象，主要出现在中学阶段。"天津医科大学总医院临床心理科负责人杨建立表示,"处于青春期的孩子们大都得到了家长提供的优越物质条件,但是家长们更关注学习成绩,在精神层面的关爱比较少,这两种矛盾就会给孩子带来压力。加之没有与同龄人建立良好的人际交往关系,独生子女也没有兄弟姐妹可以倾诉,缺乏处理不良情绪的途径,容易发生交流、社交恐惧等心理问题。"

杨建立说:"还有一些孩子是父母因为工作等原因不在身边,成了城市中的留守儿童。他们从小没有建立良好的父母依恋关系,长大后就容易出现调皮捣蛋、冲动、不听话、反社会等行为。因此家长对于孩子的关注不应只是物质层面上的给予,在精神上更要多一些关爱。"

除此以外,学校也应该多加强学生心理方面的疏导,让学生学习未成年人保护法等关乎未成年人个人利益的法律法规,了解自身权利,使未成年人在受到侵害尤其是"软暴力"侵害时能够分辨是非对错,降低或免受伤害。

**四、根据下列材料,以××县人民政府的名义向各乡镇人民政府和县园林部门发一份会议通知。**

××县人民政府要在2月15日上午9:00召开2014年春季植树造林工作会议。会上各乡镇要汇报历年植树造林的情况,还要就今年春天的植树造林方案进行讨论,根据具体情况分配今年各乡镇植树造林的指标,同时拟定奖励处罚办法。会议将在××县中华宾馆三楼会议室召开,要求各乡镇系县园林部门的一名主管领导参加会议,会议当天的食宿将由县政府统一安排。

**五、根据以下报道,请草拟一份表彰通报。**

歹徒:"放了我,给你钱。"

保安:"钱不要,就抓你。"

本报讯 "我们这儿的保安真好!歹徒贿赂他5000元,他不要,结果,被歹徒捅了一刀,最后他还是把歹徒抓住了。"昨天,一位姓蒋的女士向本报新闻热线反映,记者迅速前往采访。

记者见到胡永伟时,他已在宿舍休息。他笑着对记者说,没什么大碍,只是伤口痛得腰直不起来。胡永伟是杭州施家花园保安队的领班。据胡永伟讲,昨天凌晨3点多,正在蹲点值班的他看见一个瘦小男子慌慌张张地夹着一个黑色皮包朝东门走去,便上前盘问,这名男子于是翻门而逃。胡永伟追了上去。

歹徒见保安追了上来,就对胡永伟说:"给你5000元钱,放了我吧。"胡永伟没有答应。追到和平小区门口时,歹徒拔出一把刀,对着和平小区的保安威胁说:"别过来,不关你们的事。过来,就捅死你!"胡永伟一步一步地逼近他,正言道:"有胆,你就捅死我!"歹徒举起刀朝胡的胸口刺了过来,胡永伟闪躲不及,被刺了一刀,血一下子就染红了衬衣。胡永伟忍住疼痛,继续追赶。歹徒慌不择路,慌忙中钻进了一条死胡同,并再一次向胡求饶。胡趁其不备,用橡胶警棍打掉了歹徒手里的刀。歹徒上前与胡搏斗,胡因伤口疼痛,不慎被歹徒挣脱。歹徒朝胡同外面逃去,胡紧追不舍。在文晖路与东新路口,歹徒筋疲力尽,束手就擒。

事后,胡永伟所在的野风物业公司奖励胡永伟1000元,同时在公司内发出向胡永伟学习的倡议。

**六、根据以下材料,以××进出口公司××市分公司的名义,草拟一份给总公司的答复报告。**

××进出口公司××市分公司接到总公司10月20日来函:"接M国某客户来电,称由'山东'轮装运的××号大米有××吨发现有虫害,该客户已提出索赔要求。经查,该批大米系××口岸配装,希立即查明大米出仓前熏蒸杀虫及装船后的情况,并及时上报总公司。"

××进出口分公司接到总公司函后立刻进行了调查,基本情况如下:

1. 出运前,于5月15日至25日在仓库内熏蒸杀虫,效果较好。
2. 装船后进行检查,未发现活虫。
3. 船期因故推迟一个多月,于7月17日方起航。
4. 原因分析:7月正值高温、多雨季节,因气候影响和运输延期等原因造成大米发生虫害。

**七、根据以下材料,以盛达制衣厂的名义向总公司拟写一份请示。**

盛达总公司下属盛达制衣厂决定,在于2013年10月拆除的车库、司机宿舍、武装部办公室、基建科办公室等(共计510平方米)原址上新建一栋新楼房,一层设计为车库,二层为办公用房,建筑面积1100平方米。资金由本制衣厂自行解决。

由于老房屋破旧,拆除解决了安全隐患,但也导致了一些问题,如制衣厂汽车露天停放,部分职工没有办公场所,正常工作和生活受到了严重影响。建设新房主要为了缓解以上矛盾,同时也考虑了厂区用地紧张状况和全厂长远规划。

**八、根据下面提供的材料撰写一份批复。**

山西认定经营权转让违法,乔家大院不准"改嫁"

1月22日,备受舆论关注的山西乔家大院经营权转让事件有了最终结果。当天,山西省政府对祁县政府《关于祁县乔家大院经营权委托管理的请示》(以下简称《请示》)做出批复:认定祁县政府转让乔家大院经营权的意向属违法行为,并取消祁县县长李丁夫"远大投资有限责任公司"法人代表资格。

山西省政府的批复认为,《请示》中拟以乔家大院的经营权作价入股,把乔家大院作为企业资产交由公司经营,不符合《中华人民共和国文物保护法》第二十四条的规定,以及《国务院关于加强文化遗产保护的通知》的精神。

批复同时指出,同意地方政府采取招商引资等吸纳社会资金的办法,对乔家大院(在中堂)的周边环境进行整治,但应严格按照《中华人民共和国文物保护法》等相关法律法规的规定,并按规定程序报批后实施。

**九、根据以下材料,完成两份函的写作。**

1. 请你代××职业学院向××投资集团有限公司写一份商洽函,联系"职业与专业认知"课程实习事宜。

××职业学院各专业人才培养方案中,"职业与专业认知实习"课程安排在第一学期完成,学生可以自行联系实习单位,也可以班级为单位组成小组,到学院推荐签约的企业进行实习。例如,学院拟安排市场营销专业小组在××投资集团有限公司进行实习,时间为2014年11月20日,并提出由企业选派一名业务素质高的老师指导实习,指导费用由学院支付。

××职业学院于2014年11月1日向××投资集团有限公司发函,公司经研究,同意接收实习学生,并于2014年11月4日复函。

2. 请你以交通部广州救捞局的名义,给××造船厂草拟一份公文,要求该厂必须在 2014 年 6 月前为该局"穗救 202"轮安装拖缆机,保证正常工作。如仍未完成相关工作,该局将到法院起诉,并要求××造船厂赔偿相关损失。

交通部广州救捞局于 2008 年 12 月在××造船厂订购了一艘 2640 马力"穗救 202"拖轮,2010 年 12 月交付。

该船交付时欠装拖缆机,该局曾多次与××造船厂交涉,要求该厂尽快给予解决,但到 2013 年 12 月仍未解决,致使该轮长期无法正常执行生产任务,经济上损失很大。

**十、根据以下材料草拟一份纪要。**

1. ××公司于 2014 年 3 月 20 日 15:00—17:00 在公司 10 楼会议室召开第一次××公司总经理会议。

2. 公司董事长王××、总经理张××、党群办主任李××、计财处处长杨××、人力资源部主任赵××参加此次会议,同时由总经理张××主持会议。

3. 会议主要内容:会上总经办提交了公司经济合同管理办法,有利于加强和规范办公用品采购等的管理。参会人员就总经办提交内容进行讨论并做出要求,总经办应根据会议决定进一步修改完善,发文执行。

会议针对职工因私借款的问题进行了讨论。参加会议的人员认为,职工因私借款是传统计划经济产物,不能作为文件规定。但是,从关心员工考虑,在职工遇到突发性困难时,公司可以酌情借 10000 元内的应急款。计财处要制定内部操作程序,严格把关,人力资源处配合。借款者本人要制订还款计划。

计财处做了关于职工岗位工资由银行代发的汇报,参会人员讨论认为银行代发工资是社会发展的必然趋势,既方便员工领取,又有利于规避存放大额现金的风险。但需要两个月左右的宣传过渡期,让职工充分了解接受。要求计财处认真做好实施前的准备工作,人力资源处配合,计划下半年实施。

会上人力资源处还提出有关公司机关岗位工资发放标准的建议。决定机关员工岗位工资发放,对已经下文明确的干部执行新的岗位工资标准,没有下文明确的干部暂维持不变。待三个月考核明确岗位后,一律按新岗位标准发放。

# 第四章　事务文书写作

## 第一节　计　　划

**例文评析：**

例文 1

### 国家农业节水纲要(2012—2020 年)

水资源是基础性的自然资源和重要的战略资源。我国是一个水资源严重短缺的国家，水资源供需矛盾突出仍然是可持续发展的主要瓶颈。农业是用水大户，近年来农业用水量约占经济社会用水总量的 62%，部分地区高达 90% 以上，农业用水效率不高，节水潜力很大。大力发展农业节水，在农业用水量基本稳定的同时扩大灌溉面积、提高灌溉保证率，是促进水资源可持续利用、保障国家粮食安全、加快转变经济发展方式的重要举措。为贯彻落实《中共中央国务院关于加快水利改革发展的决定》（中发〔2011〕1 号）和《国务院关于实行最严格水资源管理制度的意见》（国发〔2012〕3 号）精神，把节水灌溉作为经济社会可持续发展的一项重大战略任务，全面做好农业节水工作，特制定本纲要。

一、总体要求

（一）指导思想。以邓小平理论、"三个代表"重要思想、科学发展观为指导，按照中央关于加快水利改革发展、推进农业科技创新的决策和部署，以改善和保障民生为宗旨，以提高农业综合生产能力为目标，以水资源高效利用为核心，严格水资源管理，优化农业生产布局，转变农业用水方式，完善农业节水机制，着力加强农业节水的综合措施，着力强化农业节水的科技支撑，着力创新农业节水工程管理体制，着力健全基层水利服务和农技推广体系，以水资源的可持续利用保障农业和经济社会的可持续发展。

（二）基本原则。

——坚持科学规划，统筹兼顾。编制全国性、区域性的农业节水相关规划，以供定需,量水而行,因水制宜,合理确定农业节水发展目标和建设重点。

——坚持因地制宜,分区实施。根据各地水土资源条件、农业生产布局等实际情况,抓住影响农业用水效率和效益的关键环节,分区采取适宜的农业节水措施,兼顾节水的经济效益、社会效益和生态效益,促进农业增产和农民增收。

——坚持突出重点,示范推广。突出抓好重点区域、主要农作物的节水技术应用,集中连片建设农业节水工程,实行规模化发展。建设旱作节水农业示范工程,加快节水技术推广。

——坚持政府主导,多方参与。建立政府调控、市场引导、公众参与的农业节水机制。充分尊重农民意愿,加大公共财政投入,明确各方职责,调动和发挥广大农民以及社会力量的积极性。

——坚持建管并重,深化改革。在加强农业节水工程建设的同时,建立健全工程管理体制和运行机制,推行用水总量控制和定额管理,深化农业水价综合改革,完善农业节水产业支持、技术服务、财政补助等政策措施。

(三)发展目标。到2020年,在全国初步建立农业生产布局与水土资源条件相匹配、农业用水规模与用水效率相协调、工程措施与非工程措施相结合的农业节水体系。基本完成大型灌区、重点中型灌区续建配套与节水改造和大中型灌排泵站更新改造,小型农田水利重点县建设基本覆盖农业大县;全国农田有效灌溉面积达到10亿亩,新增节水灌溉工程面积3亿亩,其中新增高效节水灌溉工程面积1.5亿亩以上;全国农业用水量基本稳定,农田灌溉水有效利用系数达到0.55以上;全国旱作节水农业技术推广面积达到5亿亩以上,高效用水技术覆盖率达到50%以上。

二、建立农业节水体系

(四)优化配置农业用水。通过建设骨干水源工程和实施区域水资源配置工程,进一步优化用水结构,缓解重点农业生产区的用水压力。充分利用天然降水,合理配置地表水和地下水,重视利用非常规水源,提高农业用水总体保障水平。在渠灌区因地制宜实行蓄水、引水、提水相结合。在井渠结合灌区实行地表水和地下水联合调度。在井灌区严格控制地下水开采。在不具备常规灌溉条件的地区,利用当地水窖、水池、塘坝等多种手段集蓄雨水,解决抗旱播种和保苗用水。

（五）调整农业生产和用水结构。根据各地水资源承载能力和自然、经济、社会条件，优化配置水、土、光、热、种质等资源，合理调整农业生产布局、农作物种植结构以及农、林、牧、渔业用水结构。在水资源短缺地区严格限制种植高耗水农作物，鼓励种植耗水少、附加值高的农作物。在规划建设商品粮、棉、油、菜等基地时，要充分考虑当地水资源条件，避免加剧用水供需矛盾。积极发展林果业和养殖业节水。

（六）完善农业节水工程措施。优先推进粮食主产区、严重缺水和生态环境脆弱地区节水灌溉发展。除有回灌补源要求的渠段以外，对渠道要进行防渗处理。要平整土地，合理调整沟畦规格，推广抗旱坐水种和移动式软管灌溉等地面灌水技术，提高田间灌溉水利用率。在井灌区和有条件的渠灌区，大力推广管道输水灌溉。在水资源短缺、经济作物种植和农业规模化经营等地区，积极推广喷灌、微灌、膜下滴灌等高效节水灌溉和水肥一体化技术。因地制宜实施坡耕地综合治理、雨水集蓄利用等措施。

（七）推广农机、农艺和生物技术节水措施。合理安排耕作和栽培制度，选育和推广优质耐旱高产品种，提高天然降水利用率。大力推广深松整地、中耕除草、镇压耙耱、覆盖保墒、增施有机肥以及合理施用生物抗旱剂、土壤保水剂等技术，提高土壤吸纳和保持水分的能力。在干旱和易发生水土流失地区，加快推广保护性耕作技术。

（八）健全农业节水管理措施。加强水资源统一管理，强化农业用水管理和监督，严格控制农业用水量，合理确定灌溉用水定额。明确农业节水工程设施管护主体，落实管护责任。完善农业用水计量设施，加强水费计收与使用管理。完善农业节水社会化服务体系，加强技术指导和示范培训。积极推行农业节水信息化，有条件的灌区要实行灌溉用水自动化、数字化管理。加强技术监督，规范节水材料和设备市场。

三、实行分区指导

（九）东北地区，包括辽宁、吉林、黑龙江三省以及内蒙古自治区东部。西部要根据水资源承载能力，大力推广高效节水灌溉技术，积极采用深松整地、抗旱坐水种等措施，合理施用生物抗旱剂和土壤保水剂；合理发展膜下滴灌、喷灌，在有规模化耕作条件的地区集中连片发展大、中型机械化行走式喷灌。东部要加大现有灌区续建配套与节水改造力度，新建灌区应达到节水灌溉工程规范要求,大力推广水稻控制灌溉技术。

(十)西北地区,包括陕西、甘肃、青海、宁夏、新疆五省(区)和内蒙古自治区中西部以及山西省西部。要严格按照水资源配置总量,控制灌溉发展规模。在灌区重点发展渠道防渗,在适宜地区大力推广膜下滴灌、喷灌技术。在水资源条件允许的地区,适度发展大、中型机械化行走式喷灌,兼顾发展小型移动机组式喷灌和管道输水灌溉;在具有水力自流条件的地区优先发展自压喷灌、微灌和管道输水灌溉。在内陆河区优先发展高效节水灌溉,维护生态安全。要加强土地平整,改进沟畦灌水技术,推广垄膜沟灌、覆盖保墒等技术,配套施用长效、缓释肥料及抗旱、抗逆制剂。根据水资源条件,在草原牧区积极发展节水灌溉饲草料地。大力实施小流域、坡耕地综合治理和黄土高原淤地坝等工程建设,有效改善农业生产条件和生态环境。

(十一)黄淮海地区,包括北京、天津、河北、山东、河南五省(市)和山西东部以及江苏、安徽两省北部。在井灌区重点发展管道输水灌溉,积极发展喷灌、微灌和水肥一体化,推广用水计量和智能控制技术。在渠灌区、井渠结合灌区重点发展渠道防渗,因地制宜发展低压管道输水灌溉,推广水稻控制灌溉技术。在地下水超采区严格控制新增灌溉面积,大力提倡合理利用雨洪资源、微咸水、再生水等。

(十二)南方地区,包括长江沿岸及其以南的各省(区、市)。要以渠道防渗为主,重点加快灌排工程更新改造,适当发展管道输水灌溉,大力发展水稻控制灌溉。在丘陵山区兴建小水窖、小水池、小塘坝、小泵站、小水渠等"五小水利"工程,积极推广节水灌溉技术,提高抗旱减灾能力;搞好水土保持和生态建设,推广坡耕地综合治理,采取覆盖等农艺措施,提高土壤蓄水保墒能力。东南沿海经济发达地区要采取各类节水综合措施,提高灌溉保证率,率先实现农田水利现代化。

四、推进重点工程

(十三)大中型灌区节水改造工程。优先安排粮食主产区、严重缺水和生态环境脆弱地区的灌区续建配套与节水改造,着力解决工程不配套、渠(沟)系建筑物老化、渗漏损失大、计量设施不全、管理手段落后等问题。加强末级渠系建设,加快解决"最后一公里"问题。

(十四)高效节水灌溉技术规模化推广工程。以东北、西北、黄淮海地区为重点,选择农业生产急需、发展条件好、农民积极性高的地区,集工程、农艺、农机和管理等措施于一体,建设一批高效节水灌溉技术规模化推广工程,为周边农户开展技术咨询和培训,让实用节水技术进村入户到人,努力做到节水效果明显、经济效益显著、示范作用较大。

(十五)旱作节水农业技术推广示范工程。建设旱作节水农业示范县,突出工程措施与农艺措施集成配套,旱作节水农业技术与区域优势产业发展相结合,完善田间基础设施,发展补充灌溉和微水灌溉,推广改土、覆盖、倒茬、平整土地和秸秆还田、土壤墒情监测等技术,提高降雨入渗量,增强田间蓄墒能力。

(十六)农业节水技术创新工程。积极发挥科研单位、大专院校的优势,建立企业、用水户广泛参与,产学研相结合的农业节水技术创新和推广机制。注重引进、消化和吸收国外先进节水技术,集成和再创新形成适应我国不同地区的农业节水模式。加强主要农作物高效用水基础科学研究,开展节水灌溉技术标准、灌溉制度、新产品与新技术研发和综合节水技术集成模式等方面的联合攻关,在喷灌、微灌关键设备和低成本大口径管材及生产工艺等方面实现新突破,推广具有自主核心知识产权的智能控制和精量灌溉装备。开展灌区自动化控制、信息化管理等应用技术研究,逐步建立农田水利管理信息网络。重视发挥节水材料和设备生产、销售骨干企业在农业节水技术创新与集成中的主体作用,落实相关财税优惠政策,完善其售后服务网络。

(十七)山丘区"五小水利"工程。以西南地区为重点,在具有一定降水条件的地区大力推进"五小水利"工程建设,实现人均占有半亩以上具有补充灌溉条件的基本农田,使中等干旱年生产生活用水有保障、粮食不减产,严重干旱年生活用水有保障、粮食少减产。积极发挥人工增雨(雪)的抗旱减灾作用。

五、健全体制机制

(十八)完善法规政策。(略)

(十九)推行节水灌溉制度。(略)

(二十)增加农业节水投入。(略)

(二十一)发挥农民的主体作用。(略)

(二十二)完善技术服务体系。(略)

(二十三)深化工程管理体制改革。(略)

(二十四)推进农业水价综合改革。(略)

六、组织实施

（二十五）加强组织领导。（略）

（二十六）制订相关规划。（略）

（二十七）加强监督检查。（略）

（二十八）强化宣传教育。（略）

（摘自中国政府网）

【简析】

　　这是一篇规划纲要，涉及的时间长，内容比较重要与粗线条，概要地说明计划安排的依据、任务及实现计划的重大措施等问题，使计划执行者明确了解党和国家安排计划期经济和社会发展的意图，计划安排的依据及实现计划的途径，从而有利于计划任务、目标的具体贯彻和实现。

**例文 2**

关于 2001—2002 学年新学员入学教育工作的安排

各系、基础部：

　　根据校党委的部署和要求，我校 2001—2002 学年入学教育的重点是：对新学员加强校规校纪的教育，特别是要抓好两个《暂行规定》的学习贯彻，使新学员入学后就能自觉地以学校的有关规章制度规范自己的思想行为，养成遵守纪律、刻苦学习的良好风尚，推动我校学风、校风的建设。现将有关事项安排如下：

一、入学教育时间：

8 月 29 日—8 月 31 日（共三天）。

二、入学教育的内容和要求：

1. 进行校规校纪教育。重点是组织学习学员手册中的各项规章制度，特别是两个《暂行规定》的内容。要求逐条学习讨论，从入学的第一天起就要严格贯彻执行。

2.（略）

3.（略）

三、入学教育的日程安排

| 时间 | | 内容 | 备注 |
|---|---|---|---|
| 8月29日 | 上午 | 1. 建立班级组织,宣布分班、分组及临时班干部名单;<br>2. 系师生见面;<br>3. 学校情况介绍、专业教学介绍 | 以系为单位集中进行 |
| | 下午 | 听报告:<br>1. 关于校规校纪的规定和要求;<br>2. 关于学籍管理的主要规定及要求;<br>3. 关于消防治安管理的规定及要求 | 各系组织新生整队集合,于14:30进大教室 |
| 8月30日 | 上午 | 结合29日的报告,学习讨论学员手册中的各项规章制度 | 以班为单位组织学习讨论,请系领导、辅导员参加 |
| | 下午 | 着重学习《学生品行积分暂行规定》和《关于文明班级评选的暂行规定》 | 以班为单位 |
| 8月31日 | 上午 | 根据"文明班级"条件,制订自己班级创建文明班级规划,经全班同学讨论通过后,及时送学生处,并抄写一份贴在大厅 | 以班为单位 |
| | 下午 | 举行新生开学典礼 | 各系组织整队,15:00入场 |

四、各系要切实加强领导,按学校统一安排要求,认真搞好组织实施工作。入学教育活动所需教室,由各系与教务处联系,统筹安排。入学教育结束后,各系须将有关情况向学校主管领导汇报。

××大学校长办公室

二○○一年八月二十三日

【简析】

这是一篇安排类计划,采用条文表格式的表现形式,它是对近期内要做的重要工作进行的详细部署,所以撰写人采用"安排"这种计划形式,突出该计划短期性、具体性特点。前言部分用简短的一句话点出计划的根据与工作的重点,紧接着就过渡到具体工作的时间、内容、要求等方面,目标明确,文字简洁,特别是采用图表形式将工作时间一一落实,考虑周密,体现了细致的工作作风。

**例文 3**

井冈山师范学院二〇〇二年工作要点

今年全院工作的指导思想是:高举邓小平理论伟大旗帜,落实"三个代表"的要求,以通过本科办学评估、创办硕士点和积极参与井冈山大学组建为总体目标,深化改革,加大投入,加强管理,全面提高办学水平和教学质量,以优异成绩迎接党的十六大召开。今年重点做好以下十个方面的工作:

一、全面完成学院内部制度建设和组织建设工作。加强制度建设和组织建设工作。加强制度建设是确保学院各项工作逐步走上制度化、规范化、科学化的重要措施。今年要在调查研究基础上制定一套较为规范、科学并适应本科办学需要的管理制度,上半年拟完成党委会议、院长办公会议、学生管理、教学管理、师资队伍建设和管理、院系职能划分、科研管理和奖励制度的建设。

加强组织建设是实现学院工作总体目标的组织保证。今年上半年要成立院务委员会、学术委员会、工作委员会、院务公开领导小组等组织形式,开好第一届教职工代表大会。

二、全面展开迎接本科办学评估的各项准备工作。要在 2004 年通过国家本科教学工作合格评估,全院上下必须团结紧张起来,以严肃认真的态度对待迎评工作。要积极争取国家、省、市支持,想方设法改善办学条件、提升办学水平。今年三月份成立迎接本科教学工作合格评估领导小组,制定迎评方案和工作时间表,量化各项迎评工作,完成迎评人员的培训,着手迎评资料的整理和准备。

三、全面启动实施完全学分制的各项准备工作。今年要启动并完成实施完全学分制的主要准备工作,制定《井冈山师范学院学分制教学方案》《学分制条件下的学籍管理规定》,营造实施完全学分制的良好氛围,开展教育质量年各项活动,努力提高教育质量。

四、全面加强党建和思想政治工作。党建工作和思想政治工作面临着新的形势,加强党员干部作风建设、统一师生员工思想认识是党建和思政工作极为重要的任务。今年要继续组织党员干部学习党的十五届六中全会精神,做到

"八个坚持,八个反对";抓好中层干部、科级干部的教育培训;重视研究在青年教师和学生中发展党员面临诸多需要通过改革而加以解决的新课题;大力营造实现通过本科教学评估、创办硕士点和积极参与井冈山大学组建这一工作总目标的舆论氛围;重视青年学生因改革开放步伐加快、就业制度的根本改变、完全学分制的实施等因素带来的思想上的重大变化,积极探索出一整套适合学院改革发展的实际、体现新时代特征的思想政治工作新体系。

五、努力完成学院"十五"发展规划的制定工作。2001—2005年是我国社会主义建设的第十个五年计划时期,我院必须紧紧围绕我国社会经济发展"十五"计划、《面向21世纪教育振兴行动计划》和学院工作总体目标,以培养适应我市、我省及我国社会经济建设需要的高素质人才为目的,制定学院"十五"发展规划,使学院各项工作站在历史的新高度,乘势而上,实现新的跨越。

六、进一步做好招生工作。今年要想方设法落实全日制教育和成人教育招生计划。全日制教育招生重点是扩大外省招生数量,将学院推向全国。各有关部门、单位要通力协作,真抓实干,尽可能地把招生形势估计得复杂一些,把招生措施落实得细致一些。

七、全面展开与湖南师大的合作办学工作。今年三四月份要派出层次较高的代表团赴湖南师大学习考察,洽谈合作项目,签订项目协议,由此全面启动与湖南师大的合作办学,以借鉴先进的办学理念、成熟的管理经验并优化资源配置、增加教育供给、提升办学水平,实现资源共享、优势互补。

八、进一步加大基础设施建设步伐。今年要开工建设艺术教学楼、学生会堂、学生宿舍、教师住宅和环校园路,抓好理科楼群的建设规划和立项工作,视情况开始体育馆和新图书馆的立项工作,完成校园网络建设。主管部门和有关单位务必厉行节约,加强监督,确保质量。

协调与省、市有关部门的关系,积极参与征地现场办公会,完成在学院南面征地约150亩、在学院北面征地约100亩的任务。

九、争取国家、省、市支持,想方设法落实发展资金。通过向上争、向外引、向内挤的办法,筹措更多的院外资金,集中有限的院内资金,争取更多的人力、物力支持和资金投入。加强与外界的联系,让更多的人了解我院、理解我院、关心我院、支持我院,为实现我院工作总体目标、提升我院的办学水平创造良好条件。

十、择机出台人事分配制度改革方案。今年要广泛听取教职工意见,加强调查研究,立足长远,兼顾当前,按照上级部署,择机启动人事、分配制度的改革。

2002 年 3 月

【简析】

这是一篇工作要点,是计划的摘要的形式,把学院当年工作的主要内容进行提炼出来。标题由单位名称、期限、内容概要、计划种类四要素构成,正文结构采用分条列项的方式重点介绍需要完成的任务及工作要点,写得比较概括。

例文 4

## 2016 年卫生防疫站工作计划

在市委、市政府和上级卫生主管部门的领导下,坚持"预防为主"方针,进一步加强三级预防保健网络建设,努力抓好卫生监督监测与疾病预防控制工作,不断提高卫生技术和公共卫生突发事件应急处理能力,围绕全面建设小康社会的目标,进一步解放思想,实事求是,与时俱进,以实际行动践行"三个代表"重要思想,更好地为全市人民的健康事业服务。具体思路如下:

一、行政管理方面

(一)认真学习邓小平理论和"三个代表"重要思想,以十八大精神统领全局,努力提高全体卫生防疫人员的思想政治素质和业务素质,不断提高工作质量和工作效率,为社会提供更优质的服务。

(二)继续做好两位原"×××"练习者的思想政治工作,从生活上关心和照顾她们,尽力用"心"感化,使之保持稳定的思想状况,巩固已取得的转化成果。

(三)抓好效能建设,探索新的服务模式,增强服务意识,简化办事程序,增进服务效益,再塑卫生执法、疾病防控队伍的良好形象。

(四)健全财务制度,及时完成各种财务报表。

(五)抓好安全教育,落实安全责任制,排除安全隐患,确保全年安全无事故。

(六)认真贯彻"计生"条例,加强干部职工的思想教育,杜绝计划外生育。

二、疾病预防与控制

（一）传染病监测与控制

1. 深入贯彻执行《中华人民共和国传染病防治法》及其实施办法，积极开展有效的防病灭病工作，确保全年疫情监测网络灵敏、高效，力争不暴发大的疫情或不发生第二代病例。

2. 认真学习卫计委号令《突发公共卫生事件与传染病疫情监测信息报告管理办法》，完善网络报告制度，保证突发公共卫生事件和疫情监测信息网络的畅通。加强医疗保健机构传染病报告管理工作，使漏报率控制在合理范围。

3. 加强鼠疫、二号病、禽流感等传染病监测和艾滋病高危人群的行为学监测工作。按照省鼠疫监测方案要求，制定我市鼠疫监测方案并组织实施；制定二号病监测方案，拟定于×月×日至×月×日在全市开设肠道门诊，对海产品、水源、公厕粪便等外环境进行监测。

4. 加强重点传染病的防治工作。按照卫计委下发的传染性非典型肺炎预防控制技术方案和人禽流感疫情预防控制技术指南的要求，做好禽流感高暴露人群监测。健全和完善应急机制，做好必要的物资储备，加强流感及疫点消杀队伍建设，对在职专业人员进行新发传染病和重点传染病防治知识培训，提高专业人员素质和技术水平，按照卫计委下发的方案要求认真做好重点传染病防治工作。

（二）寄生虫病防治与监测

1. 血防工作：组织对Ⅰ、Ⅲ类地区进行查螺，根据查螺资料组织灭螺工作。

2. 疟防工作：月底布置对"三热病人"采血监测任务；对外来流动人口、新开发的大、中型工地外来人员及劳务出国归来人员进行调查；蚊媒调查拟定于×月份开展。

3. 丝防工作：对全市丝虫病慢性体征病人进行随访调查。

（三）麻风病防治工作

目前有现症病人××例，继续做到送药到手，力促病人按时服药。结合世界麻风病防治日开展宣传活动，让群众了解麻风病可防、可治、不可怕。

（四）结核病防治工作

1. 完善结核病归口管理，提高发现率、转诊到位率，降低外迁遗失率。

2. 落实督导规范化工作，严格按要求家访督导，让病人及时、规则用药，确保病人的康复。争取超额完成漳州市下达的任务,使新涂阳肺结核登记率达万以上。

3. 举办结核病防治专业人员培训班,选派本站相关人员到省市接受培训,提高痰检技术和结防专兼职人员的诊治与督导水平。

4. 利用"××"结核病防治日开展宣传咨询活动,增强全民的结核病防治意识,坚持对每一例初诊病人进行诊前一分钟的面对面健康教育,解除病人的恐惧心理并增强他们的治病信心。

三、计划免疫工作

完善规范化预防接种门诊建设,使之再上新台阶。强化计免保偿和冷链管理,做好安全注射,提高"五苗"合格接种率,切实保障儿童身体健康。

1. 及时掌握新生儿出生信息,计免相应疾病控制在漳州市卫生局下达的指标以内。

2. 巩固和加强计免保偿。

3. 健全预防接种门诊规范化管理制度,使已通过验收的各乡镇更趋完善,加快未达标乡镇的建设进度。

4. 加强预防用生物制品和冷链设备管理,禁止非正常渠道购苗。

5. 加强常规免疫接种率监测与流动人口预防接种工作,拟定于8月份组织两次计免常规接种率和流动人口儿童接种率调查。

6. 做好麻疹、新破、脊灰等监测工作,加强病例主动搜索和疑似病例的调查、标本采送和疫点处理。

四、公共卫生监督监测工作

(一)食品卫生

1. 贯彻《中华人民共和国食品卫生法》《餐饮业食品卫生管理办法》等法律、法规,加强监督力度,积极维护人民群众的饮食卫生安全。

2. 实施量化分级管理,规范卫生许可。根据量化分级管理的规定,严格申办和审核程序,做好办、换、签证工作,力争对边远村落的饮食、食杂、服务摊店实行卫生许可管理。争取月底前完成全市食品生产经营单位的卫生许可证年审换证及从业人员体检工作。

3. 开展不定期监督监测,完成各类食品和餐具的消毒监测任务;加强对生产用水、餐桌巾、客用小毛巾的卫生监测;抓好儿童食品及酒类等外埠食品的管理与检测。

（摘自第一范文网）

**【简析】**

这是一篇工作计划,标题规范,开头以简洁的语言写明制订计划的依据,主体部分由行政管理方面、疾病预防与控制、计划免疫工作和公共卫生监督检测工作四方面内容构成,内容具体,条理清楚,措施有力,步骤合理,可操作性强,不失为一篇佳作。

**例文5**

### 2019—2020年度大学生志愿服务西部计划实施方案

一、工作内容

2019—2020年度,由中央财政支持,面向普通高等学校(教育部《全国普通高校名单》所列高校)应届毕业生或在读研究生,按照公开招募、自愿报名、组织选拔、集中派遣的方式,招募选派2万名西部计划全国项目志愿者到西部地区基层工作(含已招募的第二十一届中国青年志愿者扶贫接力计划研究生支教团2181名志愿者)。西部计划志愿者服务期为1至3年,服务协议一年一签。鼓励各地参照全国项目要求规范实施西部计划地方项目。

2019—2020年度西部计划紧紧围绕打赢脱贫攻坚战和乡村振兴战略的战略部署,继续实施基础教育、服务三农、医疗卫生、基层青年工作、基层社会管理、服务新疆、服务西藏7个专项(见附件1)。岗位设置进一步向"三区三州"等深度贫困地区调整,进一步体现支持民族地区、边疆地区、贫困地区、革命老区。进一步扩大基础教育和服务三农专项规模,提升支教扶贫实效。进一步鼓励和支持期满志愿者扎根当地,深化优秀人才跟踪培养。进一步凸显西部计划实践育人的功能,搭建助力志愿者在实践中坚定理想信念、锤炼意志品格、提高综合素质的平台。

二、实施步骤

(一)服务规模和服务岗位

1.服务省服务规模(总在岗人数)的确定。由全国项目办根据各服务省上一年度项目执行情况和新一年度申请情况研究确定。建立名额调剂制度,对到期未完成招募的名额向其他省份调剂。

2. 服务县的审定。服务省项目办按照相对集中原则,根据全国项目办确定的服务规模,规划和审定省内2019—2020年度服务县及派遣人数。新增服务县须为当地贫困地区,须成立西部计划县级领导小组和项目办,项目办指定专人负责日常管理服务,接收志愿者人数20人以上,并由所在县级人民政府批准后提出申请,经省级项目办审定后,报全国项目办备案。

3. 服务单位、服务岗位的确定。服务单位的确定采用申报制度,新增服务单位应向县级项目办提交书面申请,并明确能为志愿者提供免费的住宿和必要的餐补等生活补助。各服务县项目办负责本县服务岗位采集和申报工作,并由省级项目办审核确认,汇总后报全国项目办审定。岗位类别须从基础教育、服务三农、医疗卫生、基层青年工作、基层社会管理等专项中选择。县级及以上机关岗位数须严格控制在10%以内。因服务管理不力导致志愿者重大安全健康事故的服务单位和服务县,2019年不再向其派遣志愿者。

(二)招募选拔

1. 招募指标的确定。全国项目办根据历年招募情况和国家对口帮扶、对口援疆、对口援藏机制等,建立相关省份对口招募机制,并明确各服务省省内招募指标、对口招募省招募指标。各招募省可在招募总指标10%内进行自主调整,以解决部分志愿者个性化的服务省份的需求,全国项目办在信息系统中予以协调支持。全国项目办将对招募工作完成情况好的省级项目办予以通报表扬。

2. 宣传动员。各招募省项目办、服务省项目办、高校项目办要按照今年全国项目办已部署的西部计划年度招募宣传工作要求,用好各类宣传产品,抓好校园宣传、新媒体宣传、主流媒体宣传等各类阵地,开展好宣讲会、报告会、座谈会等活动,通过多种方式进行宣传,使广大高校应届毕业生和在读研究生全方位了解西部计划,踊跃报名参加。

3. 选拔标准。2019年普通高等学校应届毕业生或在读研究生,到岗之前获得毕业证书或学位证书,通过西部计划体检(体检内容和标准见西部计划官网http://xibu.youth.cn)。有志愿服务经历的优先录用。

4. 报名时间和报名方式。即日起至5月31日,高校毕业生可登录西部计划官网,在西部计划报名系统进行注册、填写报名表并选择三个意向服务省。

下载打印报名表后,经所在院系团委审核盖章,交所在高校项目办(设在团委)审核备案。

5.选拔方式和流程。各招募省项目办负责本省(区、市)报名志愿者的选拔统筹工作,可单独或会同、指导报名学生所在高校项目办开展审核、笔试、面试、心理测试等选拔工作,做好入选志愿者集中体检及公示,并加强与服务省项目办的沟通协调。各招募省原则上6月7日前完成选拔工作,6月17日前完成体检工作,6月20日前与志愿者签订招募协议书(见西部计划官网)并向志愿者发放确认通知书。鼓励服务市(地、州、盟)和服务县(市、区、旗)参与本省志愿者的面试选拔与人选确定工作。

(三)集中培训及上岗

1.集中培训和派遣。7月20日至31日为集中报到和培训时间,各地结合当地实际抓好派遣前集中培训工作。志愿者携确认通知书、毕业证或学位证、本人身份证件,由各招募省项目办集中组织到服务省培训地报到并参加由服务省项目办统一组织的集中培训,时间不少于4天。服务省项目办应在6月20日前确定志愿者报到培训具体地点、日程安排、主要内容、联系方式等,报全国项目办备案并抄送招募省项目办。

2.志愿者补招。派遣之前,如出现入选志愿者流失,服务省项目办结合前期招募选拔情况,进行同等数额选拔补招。补招要严格按照相关选拔条件及体检程序执行,经培训后方可派遣上岗。

3.派遣和签订三方协议。服务省项目办集中培训结束后,由服务县项目办将本县志愿者集中接到服务县。8月20日之前,由服务县项目办、服务单位、志愿者签订三方服务协议,并在西部计划信息系统中确认完善有关信息。志愿者应按照所签订三方服务协议的服务岗位上岗。因特殊原因确需调换岗位的,可按照有关规定申请进行调整。服务岗位原则上不得跨省调整。

三、保障机制

(一)政策支持

按照中共中央办公厅、国务院办公厅《关于进一步引导和鼓励高校毕业生到基层工作的意见》《关于统筹实施引导高校毕业生到农村基层服务项目工作的通知》(人社部发〔2009〕42号)、《关于做好艰苦边远地区公务员考试录用工作的意见》(人社部发〔2014〕61号)等有关文件规定,西部计划志愿者可享受相应优惠政策。鼓励各地积极出台支持志愿者扎根当地的政策措施。

1. 服务2年以上且考核合格的,服务期满后3年内报考硕士研究生的,初试总分加10分,同等条件下优先录取。

2. 参加西部计划项目前无工作经历的志愿者服务期满且考核合格后2年内(研究生支教团志愿者自研究生毕业时开始计算),在参加机关事业单位考录(招聘)、各类企业吸纳就业、自主创业、落户、升学等方面可同等享受应届高校毕业生的相关政策。

3. 服务期满考核合格的,按规定符合相应条件的,可享受相应的学费补偿和助学贷款代偿政策。

4. 服务期满考核合格的,依实际服务年限计算服务期及工龄(参加工作时间按其到基层报到之日起算),并在服务证书和服务鉴定表中体现。

5. 服务期满1年且考核合格后,可按规定参加职称评定。

6. 出省服务的和在本省服务的志愿者享受同等优惠政策。

(二)资金保障

1. 西部计划作为中央举办、地方受益的国家项目,所需经费由中央和地方财政共同承担。中央财政按照西部地区每人每年3万元(南疆四地州、西藏每人每年4万元)、中部地区每人每年2.4万元的标准给予补助,通过一般性转移支付体制结算方式拨付省级财政部门。地方各级财政要统筹中央财政补助资金和自身财力,按月发放志愿者工作生活补贴,承担志愿者社会保险单位缴纳部分(个人缴纳部分从志愿者工作生活补贴中代扣代缴),保障各级项目办开展志愿者招募、培训、派遣、宣传等工作。按照人社部发〔2009〕42号文件要求,各地可参照当地乡镇机关或事业单位从高校毕业生中新聘用工作人员试用期满后的工资收入水平,确定西部计划志愿者工作生活补贴标准,并为在艰苦边远地区服务的志愿者提供艰苦边远地区津贴。

2. 各地要加强统筹协调和督促检查,确保为每名西部计划志愿者(含研究生支教团志愿者)落实社会保险。鼓励有条件的地方为志愿者办理补充医疗保险。考虑到西部计划志愿者地域跨度较大、影响安全因素较多等特点,各地要按照全国项目办有关要求,为每名西部计划志愿者(含研究生支教团志愿者)购买重大疾病、人身意外伤害等商业保险。

3. 鼓励县级项目办及基层服务单位积极为志愿者提供交通、住宿和伙食等方面的便利,提高保障水平。鼓励有条件的地方建立年度考核奖励机制或将志愿者纳入本单位年度绩效考核对象,按考核结果等次给予志愿者相应奖励。

(三)考核激励

各服务省项目办要认真做好西部计划志愿者年度考核工作。优秀等次志愿者数量原则上不超过当期在岗志愿者人数的20%,由省级项目办统筹审定,全国项目办统一表彰。

(四)地方项目

鼓励各省(区、市)项目办实施西部计划地方项目,加强地方项目的规范管理。地方项目参照全国项目的运行模式和工作要求组织实施,所需经费由地方承担,责任主体为省(区、市)项目办,年度实施规划须提前报全国项目办审批。经全国项目办审批的地方项目的志愿者,在升学、就业、工龄计算等方面与全国项目享受同等优惠政策。

四、工作要求

1.高度重视。西部计划是共青团、教育、财政、人社等部门服务脱贫攻坚战略、乡村振兴战略、人才强国战略、区域协调发展战略的重要举措,是引导青年人通过西部基层实践进一步坚定理想信念、锤炼意志品格、升华志愿情怀的实践育人工程,是为高校毕业生搭建到西部基层干事创业的就业促进工程,是鼓励和引导东、中部优秀人才到西部地区扎根的人才流动工程,是推动高校资源参与当地脱贫攻坚的助力扶贫工程。各地相关部门要进一步增强政治意识、大局意识、核心意识、看齐意识,高度重视该项目的组织实施,切实将西部计划抓实、抓好、抓出成效。

2.加强指导。各地相关部门要指导各级项目办,根据新时代新形势新要求,推动项目实施不断提质增效。要进一步优化岗位设置,结合打赢脱贫攻坚战、实施乡村振兴战略等中心工作,大力拓展精准扶贫、基础教育、服务三农等服务岗位。发挥西部计划志愿者团支部作用,推动志愿者相互学习、相互帮助,搭建志愿者在服务岗位之外参与当地精准扶贫工作和青年工作的平台。优化激励政策,加强就业创业指导,进一步推动志愿者服务期满后扎根当地创业就业。

3.完善机制。各地要进一步完善西部计划工作领导运行机制,加强部门间沟通协调,加强对重要政策、重大事项、难点问题的定期研究。各部门要通力协作,各司其职,充分发挥职能优势,共同实施好西部计划。各级团委要承担好地方项目办的职责,主动与教育、财政、人社等单位加强沟通,做好统筹协调,抓实招募培训、服务管理、考核激励等工作。各级教育部门要支持高校项目办开展西部计划招募工作,加强对研究生支教团志愿者的后续培养。各级财政部门要做好地方配套资金的保障,建立志愿者工作生活补贴标准动态调整机制。各级人社部门要结合地方实际统筹考虑,推动志愿者参加社会保险和服务期满就业创业政策的细化和落实。

4. 科学管理。各地要加强西部计划日常服务管理,抓好年度考核。要高度重视安全健康管理,坚持做好志愿者在岗情况和安全事故月报告制度,建立健全突发事件应急处理机制。要严格资金管理,确保专款专用,严格执行进度,加强绩效评估,进一步提高财政资金使用效益。要加强督导考核,上级项目办要定期对下级项目办进行绩效考核,县级项目办定期对志愿者工作情况进行考核、做好期满鉴定,并建立健全激励约束机制。

5. 大力宣传。各地要充分利用各类媒体,多渠道宣传西部计划,解读相关政策,扩大西部计划综合影响力,营造良好社会氛围。深入挖掘当地可亲、可信、可学的志愿者优秀典型,通过组织表彰、事迹宣讲、风采展示等活动,广泛宣传优秀志愿者服务基层和在基层成长成才的感人事迹,在全社会进一步弘扬志愿服务精神,更好地引导高校毕业生树立面向基层就业创业的观念,鼓励更多的青年在西部基层火热的实践中建功立业,锻炼成长。

通信地址:北京市东城区前门东大街10号团中央南楼407室
邮编:100005
电话:010-55212269  85212727(传真)
附件:1.2019—2020年度西部计划专项情况
     2.2019—2020年度西部计划地方项目

【简析】

这是一篇工作方案,是计划内容较复杂的一种。它涉及具体业务工作,从工作内容、实施步骤、保障机制到工作要求都进行了详细全面的安排,措施具体,具有较强的操作性。

计划是人们根据一定的原则,对未来一定时期要做什么和准备怎样去做的具体安排和打算。好的计划能有效地集中人力、物力、财力,更好地达成某个目标。

一、计划的种类

(一)按时间和内容要求的不同,计划包括规划、设想、要点、意见、安排、打算、方案等。

规划是带有全局性、方向性的宏观方面的计划,时间较长。

纲要是粗线条的和重要的规划方案。

安排是适用于短期内要做的事情的计划,内容上较具体。

打算是准备在近期要做的事情而对其中的指标或措施等考虑得比较粗的计划。

设想是一种初步的、粗线条的、时间长而又非正式的计划。

要点和意见是领导机关向所属单位布置一个阶段或一项重要工作时,交代有关政策,提出具体要求的计划。

方案是从工作的目的要求、组织领导、方式方法、条件保证到具体进度等都全面的计划。

(二)按内容涉及方面来分,计划有综合计划、专题计划。

(三)按形式来分,计划有条文式计划、表格式计划、条文兼表格式计划。

二、计划的特点

1. 预见性。计划要回答的是未来要做什么、怎么做的问题,它等于实践活动,必须对未来工作中可能发生的问题有充分的估计,提出科学的、切实可行的方案。

2. 指导性。计划是今后工作学习的指南,一经制定,就要对完成任务的实际活动起到指导作用。工作的开展、时间的安排等,都必须按计划严格执行。

3. 约束力。计划一旦制订下来就需要遵照执行,任何单位和个人不能随意抛开计划各行其是。

三、计划的写法格式

虽然计划种类较多,但不论哪一种,在具体的应用中,计划内容的范围都是"做什么""怎么做"和"做到何种程度"三大项,目标、实施方法和步骤是计划必须具备的三个基本要素。

计划的格式大致有三种：条文式、图表式、条文图表式。但无论哪一种形式，计划的结构一般包括标题、正文、落款。

1. 标题

计划的标题一般有以下四种写法：

(1) 完整式标题。一般包含单位名称、适用时间、计划内容摘要和计划名称，例如《昆明市工商局 2003 年财务计划要点》。

(2) 省略单位名称的标题。一般限于本单位使用，例如《国民经济和社会发展第九个五年计划期间国家语言文字工作的计划》。

(3) 省略时限的标题。例如《×××公司实行经营责任制计划》。

(4) 公文式标题。例如《中共中央、国务院关于二〇〇三年农村工作的部署》。

2. 正文

计划的关键部位，包括前言、主体和结尾三部分内容。

前言简要说明制订计划的背景、目的要求、指导思想、理论或事实依据，这是写作计划的立足点和出发点。前言部分的篇幅不要太长，如中长期的计划可以多说一些，年度工作计划或专项工作计划用几句话交代一下根据就行，内容简单的计划甚至可以省略这一部分。总之，前言部分要让人阅读后知道这个规划、计划是有依据的，不是凭空写的。

主体部分是计划的核心，要讲清楚"四要素"，即任务、目标、措施和步骤，它们分别解决做什么、做到何种程度、如何做和何时做四个问题。

结尾主要是提出注意事项，强调工作的重点和主要环节，或展望前景，提出希望和号召。有的计划没有单独的结尾。

3. 落款

落款主要是署名和日期。若标题已注明单位名称，则可省略署名。

**四、计划写作的注意事项**

计划是指导行动的纲领，不仅有一般的认识作用，而且有直接的约束力。且不说国家机关制订的计划对其所辖工作的巨大影响，即使一家最基层的小商店，其经营计划订得如何，都直接影它的经济效果和职工的积极性。所以，制订计划应当十分严谨。

1. 科学分析

制订计划的目的是指导、协调工作,使工作具有系统性、科学性。

2. 切合实际

制订计划要切实可行,尊重客观规律,把全局需要同本单位的具体实际结合起来。

3. 严谨明确

计划制订后,要求人们在行动时按时限完成。因此,计划内容要具体,在重点突出的前提下,应尽可能周到、全面,便于参照着去做。

4. 灵活应对

计划在执行过程中,影响因素众多,偶发性事件也会出现,影响计划的执行。因此,在制订计划时,要有一定的灵活性。

**病例修改:**

## ××区食品公司实行经营承包责任制××年第一季度规划

1. 组织以党委书记王××为组长的改革领导小组。七名党委委员,除副经理张××抓日常业务外,其余同志都是小组成员,都要集中精力抓这项中心工作。

2. 1月中旬,进行全面动员。

3. 1月下旬,采取上下结合,具体讨论承包方法和各基层厂、店提出的初步方案,争取在七十七个单位中,有四分之一算好经济账。公司直接帮助三个单位先行一步,签订公司与基层厂、店之间的承包合同。总结经验,尽快召开一次经验交流会。

4. 2月上旬,争取部分基层厂、店和公司签订承包合同,部分门市部(或班组)和基层厂、店签订承包合同,少数门市部包到个人。

5. 2月中旬,除少数领导班子涣散或有特殊困难的单位外,其余全部完成门市部和基层厂、店的承包任务,签订好各种类型的承包合同。同时,以公司改革小组成员为组长,分别组成五个组,进行检查验收。

6. 3月份,集中解决改革困难较大的单位,需要调整领导班子的,要结合承包责任制的落实,进行调整。要在试点的基础上,制定方案,全面落实基层店到组到人的承包。

7. 各单位党组织,要把这次改革作为培养、锻炼和发现优秀中青年干部的大好时机。青年是祖国的未来,是无产阶级事业的接班人。培养选拔中青年干部是关系到党和国家命运、前途的大事。各级党组织要高度重视,万万不可粗心大意,必须认真做好中青年干部的培养工作,要放手让他们干,让他们在斗争中增长才干。坚决要把那些在改革中涌现出来的,德才兼备的,能开创新局面的中青年干部提拔到领导岗位上来。

8.各基层厂、店要按照统一部署,制订实施计划,保证经营承包责任制的陆续完成。

×年×月×日

(陈家生主编:《写作训练指导》,华中师范大学出版社1997年6月版)

## 第二节　总　　结

**例文评析:**

**例文1**

### ××××年上半年经济工作总结

××××年是××区的"社区建设年",在区委、区政府的正确领导下,我办按照市、区经济发展的新思路,树立"大服务""大城管""大发展"概念,以经济建设为中心,大力推进城市社区建设,通过整合社区资源,发挥"三个主体"作用,促进属地经济与社会的协调发展。半年来,经过全办干部职工的共同努力,狮山经济工作取得了一定的成绩。

一、今年上半年的主要经济指标完成情况及分析

今年1—6月份,实现国内生产总值4018万元,同比增长25.83%,完成年度预期目标任务的52.7%;实现工业总产值11889万元,同比增长81.6%;实现第三产业收入14592万元,同比增长87.5%;实现出口创汇234万美元,完成年度预期目标任务的26.35%;直接利用外资355.9万美元,完成年度预期目标任务的79.08%。

从上述各项经济指标的完成情况看,我办上半年的经济运行继续保持较快

增长的态势,工业企业的经济整体效益上升,第三产业出现蓬勃发展生机,带动狮山经济的持续增长,实现了时间过半经济指标也完成过半的良好局面,为今后的经济发展奠定了良好的基础。

二、主要做法

取得以上的成绩,我们的主要做法如下:

(一)领导重视,认识到位。

在今年3月底××区招商引资工作会议和第一季度经济分析会议上,区领导都不同程度强调了经济工作的重要性,提出要千方百计把我区的经济工作搞上去。面对严峻的经济形势,我办党政班子清楚认识到只有紧跟区委、区政府的工作部署,调整抓经济工作的思路,改变方式方法,切实采取措施,才能尽快扭转经济工作的被动局面,才能确保全区经济的快速持续稳定发展。因此,我们及时摆正经济工作的位置,主要精力抓经济,充分调动全办上下的积极性,形成了以经济建设为中心,广泛开展各项社区建设活动的良好氛围。

(二)狠抓招商引资。

我办站在谋全局的高度,积极响应"园镇互动"和"做实区、做强镇"的战略,将招商引资工作纳入重要议事日程,及时调整招商工作机构,充实招商引资工作人员,返聘已退休的原分管招商引资、具有丰富工作经验的张悦忠副主任,专抓招商引资工作,从而在组织、人员上确保了招商引资工作的正常开展。街道党政一把手主动拜会外商,大力宣传全市的发展规划、投资环境、引资政策、资源产业等情况,务必使外商投资项目在我区落户。在领导的带动下,我街道招商办人员发扬顽强拼搏精神,积极参与粤台经贸会和粤港经贸会等省、市、区招商引资活动,采用走出去、请进来的方法,广泛与港、澳、台客商接洽,千方百计争取外商投资,对项目全力跟踪落实,全程服务办理,充分做好"留商培商"工作。1—6月份,成功引进了三家外资企业,投资总额为355.9万美元。

(三)以小区物业市场化运作为契机,发展城市经济。

狮山辖区地处老城区,属地多为行政事业单位,经济资源相当匮乏,尤其是没有大型工业企业,但是狮山作为政治、文化中心,也有它的优势,如环境、科教、文化等方面,第三产业的发展空间还很大。近期,狮山街道南香社区物业管理通过招投标,已成功推向市场。

三、存在问题

从1—6月份的各项指标构成,以及对具体企业的调查分析看,我办对经济形势不能盲目乐观。存在的问题主要如下:

(一)上规模的企业发展不理想。三家企业中,有两家分别是制衣、纸制品生产的传统工业企业,产品科技含量不高,上半年的产值均呈不同程度的下降趋势。上规模的企业太少,使我办的主要经济指标容易波动。

(二)新引进的项目没有达到预期的产出目标,新的经济增长点不足。

(三)由于各种因素的影响,企业多数工人不愿参保,并牵涉到劳资纠纷,使我办完成其他相关任务指标的难度增加。

四、当前要突出抓好的几项工作

(一)目标指标有人落实,工作绩效与考核挂钩。当前,我区在经济方面出台了一系列行之有效的政策和措施,建立了相应的奖惩考核机制,引导各镇、街道用新的方式方法发展经济,我们一定要乘这股东风,在搞好城市管理的同时,突出经济工作"重中之重"的地位,调整充实抓经济工作的人员,保证做到指标有人跟踪落实,服务工作有人抓办,并根据我办实际,制定必要的可操作性强的奖惩措施,把经济发展预期目标的完成情况与党政领导、各部门的年度考核挂钩,建立经济增长目标责任制,实行经济工作的动态管理,确保将今年下半年的经济增长任务落到实处。

(二)发挥资源优势,拓宽第三产业的发展。我办辖区地处城市中心地带,优势资源在于城市商业功能的发挥。因此,我们要抓住各种有利时机,利用城市资源发展各类第三产业。如结合城中旧村改造,引导其向商业街区发展,壮大属地经济。

(三)扶持重点企业,促其加快发展。要组织力量深入企业,及时了解和掌握企业完成生产经营的情况,利用各种条件扶持重点企业的发展,特别是对××电子有限公司这种产值、创汇、纳税大户,希望通过市、区、街联动协调,解决其在生产经营中出现的调配费、社会保险费的缴纳等问题,并提供更多的优质服务。

(四)利用市、区功能区的条件,以今年下半年航展为契机,加大招商引资的力度,尤其注重对区外资金的引进跟踪。

(五)当前,区正在酝酿对街道的财税分配管理办法,我办要在配合税源调查研究的基础上,提出我们的合理要求,力争做到经济资源的合理配置,充分发挥街道发展经济的积极性,推动辖区经济快速发展。

××区狮山办

××××年八月十一日

[杨文丰编著:《现代应用文书写作》(第五版),中国人民大学出版社2017年版]

【简析】

这是一篇经济工作总结,正文写作规范,内容由经济工作开展的背景、完成情况、取得的成绩、主要做法、存在的问题以及当前的工作重点几部分构成。这篇总结经验做法总结到位,存在的问题把握较准确,思路清晰,语言表述准确,多处引用数字说明,令人信服。

例文2

## 2016年度城管个人工作总结

一年来,我严格要求自己,身体力行,紧紧围绕全年工作目标,在队长的带领下团结全队,发扬知难而进、攻坚克难的拼搏精神;坚持脚踏实地、创新创效的务实作风,坚定信心,迎接挑战,扎实工作,付出了最大的努力,取得了较好的成绩,全面地完成了领导分配的各项工作任务。

一、加强学习,转变思想

无论是在市容管理还是规划建设监管工作中,随着我所扮演的角色快速转变,我时刻保持着一丝紧张感,在完成自身的工作和上级交办的任务的同时,不断充电学习,查遗补漏,在巩固自己一线执法能力和执法水平的同时,为成为一个好的下属和称职的管理者而不断学习进取,不断转变思想观念,并把自己的思想认识与实际的管理工作结合起来,工作中处处体现好"城管执法为人民,城管服务为人民"。

二、注重实效,认真履行职责,全力推进"双创"工作

2016年是我们××城管人难忘的,更是××城管人刻骨铭心的,"三镇一体化"的规划格局和创建"国家级卫生县城"是我们××城管人立身之年,是冲刺之年,是××城管人树立和提高行业形象的大好时机。

1. 切实做好市容管理工作,建立长效管理机制

积极响应大队部号召,积极参与城市市容环境综合整治和夜间执法巡查。推行以"定人、定岗、定责、定目标、定考核、定奖惩"为基础的管理运作模式,根据辖区特点、人员特点、工作要求,逐步实现划分合理化,人员搭配效能化、协调配合灵活化、检查考核经常化,提高了县城区市容管理的工作效率,扩大了城市管理的覆盖面。通过实施分级化管理,实现了辖区市容较为整洁有序的城市市容环境目标。

2. 切实抓好群众反映强烈、领导关注的热点、重点和难点工作

遏制露天烧烤、马路餐桌和马路市场。针对露天烧烤、马路餐桌和马路市场严重污染环境、影响交通和居民正常生活,且容易反弹、整治难度大的特点,通过先期发布公告,采取严防死守、逐个击破的方法,有效解决了这些群众关注的问题,受到周边群众的好评。规范户外广告店招店牌。根据创建任务要求,对辖区内的不规范店招店牌、立式灯箱进行统一更换和拆除。对暂时未使用的店铺做公益广告宣传,加强了对横幅的设置管理,通过应用语音告知系统、抓现行、有奖举报等措施,亦有效治理了"城市牛皮癣"三乱现象。

三、抓住机遇,切实加强队伍建设

深入开展了"四个要有"实践活动,帮助队员树立文明执法观念,要求在熟悉业务的基础上,严格依法执法、文明执法,做到着装整齐、行为端正,摈弃执法中简单驱赶、取缔的工作方法,更新观念,强化文明执法,把执法工作做得深入细致、扎实有效,"润物细无声"地化解执法中的矛盾冲突。

四、廉洁自律,提高拒腐防变的能力

在廉政问题上,严格按照廉政责任制要求自己,不做违法乱纪的事,不拿原则做交易,不以权谋私,同时管好了自己的下属。要求自己做到:

第一,按守则自律。上级规定不准做的我绝对不做,上级要求达到的我争取达到,不违章、不违纪、不犯法,做个称职的一把手。

第二,用制度自律。严格按本局制定的廉政措施办事。在人员调整、奖惩、案件立案、处理等重要问题上,都经中队会议讨论决定,不搞"一言堂",不立"小山头",力求秉公办事。

五、存在的问题和不足

第一,政策、业务水平还不高,要不断学习。

第二,工作还不够细致,稍显急躁。

×××

2016年12月3日

(摘自应届毕业生网,有删减)

【简析】

这是一篇工作总结,从思想建设、认真履职、队伍建设、廉洁自律四个方面总结了工作经验,针对性强,内容具体,条理清晰。最后还客观分析了工作中存在的问题和不足,总结较全面。不足的是有些地方语言表达不够流畅。

总结指的是对过去一段时间里的自身实践活动所做的回顾和评价。

一、总结的种类

1. 按功能分,总结一般分为三种:

(1)汇报性总结。汇报性总结主要是下级向上级主管机关所做的某一时期或某项工作的情况汇报。

(2)报告性总结。报告性总结主要是领导在大会上所做的某阶段工作的总结性发言。

(3)经验性总结。经验性总结是介绍本单位工作中某些先进的有成效的做法与体会。

2. 总结按内容可分为工作总结、生产总结、学习总结、思想总结等。

3. 总结按时间可分为月份总结、季度总结、年度总结等。

4. 总结按范围可分为个人总结、班组总结、单位总结、地区总结等。

二、总结的作用

总结和计划一样,与人的工作、学习、生活紧密相关,总结的作用体现为以下几个方面:

1. 总结是把感性认识上升为理性认识的必然过程,只有不断总结,才能不断加深对事物本质的认识。

2. 总结是进一步开展实践活动的依据。

3. 总结是领导者工作的依据之一,它是有效的工作方法。

### 三、总结的写法格式

总结的内容一般包括标题、正文和落款三部分。

1. 标题

总结的标题大体上有两类构成形式：一类是公文式标题；一类是新闻式（非公文式）标题。

公文式标题的写作主要有三种：

①由单位名称、时间、事由、文种组成，例如《××集团公司2004年度思想政治工作总结》《××县2003年普法工作总结》；

②由单位名称、事由、文种组成，例如《广东省土产公司关于三类土特产品交流会总结》；

③由事由、文种两部分组成，例如《关于组织首届文化艺术节的工作总结》。

2. 正文

总结的正文主要包括前言、成绩和缺点、经验教训、存在的问题与努力方向四部分内容。

（1）前言。前言的主要内容是介绍基本情况，或者说明总结的问题、时间、背景、事情的大致经过，或者将主要经验、取得的成绩概括地交代一下，必要时还可引用一些数据来说明，其目的在于让读者对总结的全貌有一个总的了解。前言的写作要求是用语精练，全面概括。

（2）成绩和经验。这是总结的核心部分，要详写。成绩和经验即工作回顾，是对工作任务、完成的步骤、采取的措施和取得的成绩进行详细介绍。可分条款和方面进行叙述和分析，内容丰富的可分层并加上小标题。可叙述、分析、概括总结同时进行。注意写作时要进行概括，找出规律性的东西，不能只是材料的堆砌。

（3）问题和教训。这部分内容是认真找出工作中的缺点和不足，说明给工作带来了哪些损失和影响。教训也就是反面经验，能发现问题、接受教训，总结才有意义。写法上一般只是简单概括，点到为止，不做展开。但如果是着重查找、反映问题的总结，应把这部分作为重点。这部分并非每篇总结都要写，专门总结经验的可不写。

（4）建议和设想。这部分内容点明工作中的不足及以后努力的方向，要求简洁、自然。

3. 落款

标题中未标明单位名称的,应在结尾的右下方署名,署名要写全称。日期写在单位名称的下面,年月日俱全。

**病例修改:**

个人 1998 年度第一学期函授学习总结

在 1998 年度第一学期函授学习班学习中,经过老师高水平的面授和同学们的帮助及自己的努力,自己不但学到了一些理论知识,而且在考试中也取得了优异成绩,三门课程平均分数达到 83.3 分。为了在 1999 年的函授学习中学习更多的知识,取得更好的学习成绩,对 1998 年的函授学习特做如下总结:

一、思想重视是关键

自己认为,能参加这样的函授学习,能得到中财院函授部老师的面授,对自己一个三十五岁的人来说,真是机会难得。如果在这样好的条件下,自己不努力学习,不珍惜这大好的时光,将会终生遗憾。思想重视了,学习的积极性也就提高了。在上学期整个学习期间,自己从没有迟到过,而在自己身体不适、孩子有病的情况下,也坚持到校,保证了全勤。

二、抓紧时间是学习的保证

这次函授学习,除了面授以外,主要靠自学。自己除了每天 8 小时工作以外,还要忙家务。那么怎样才能处理好工作、家务与学习的关系呢?除了面授以外,我就利用每天中午休息的时间及星期天,甚至有时连电视也不看,坚持自学。需要自己做的家务集中起来,抽时间搞突击。由于抓紧了学习时间,把学习时间由零凑整,因此学习有了保证。

三、掌握方法是学习的基础

在学习上,思想再重视,时间抓得再紧,没有一个好的学习方法也是不行的。所以有一个好的学习方法是学习的基础。在课堂上除了认真听讲、记全笔记外,课下还要进行预习。对老师所要讲的课,自己首先要看一遍,加深认识。将不懂的东西作为第二天听课的重点,这样一来,使自己的学习取得了事半功倍的效果。另外在学习中切不可死记硬背,对于我们 30 多岁的人来说,死记硬背是记不住的,很多东西只能加深认识和理解,理解有助于加深记忆。

四、不耻下问是学习的法宝

在学习中,要始终保持谦虚的态度,能者为师,不会就学,不懂就问,要发扬不耻下问的精神,只有这样才能学到更多的知识。

另外在上学期的函授学习中,也有一定的教训:这就是对自己以前学过的课程,没有给予充分的重视,复习也不太认真,结果这门课成绩不太好。

在下一期的函授学习中,自己一定要扬长避短,为取得更好的学习成绩而奋斗。

## 第三节 简　　报

**例文评析:**

**例文1**

江苏教育工作简报2019年

第12期

江苏省教育厅　　　　　　　　　　　　　　　　　　2019年7月5日

---

编者按:2019年6月26日,江苏高水平大学建设领导小组办公室在南京召开了江苏高校优势学科服务高质量发展暨三期项目建设推进会,会上南京农业大学、南京信息工程大学做了交流发言。现将交流发言内容印发各高校,供大家学习借鉴。

### 南京农业大学加快推进江苏高校优势学科建设

南京农业大学坚持优势特色,聚力改革创新,不断提升优势学科建设水平。学校8个学科进入ESI前1%,其中2个学科进入ESI前1‰,迈进世界一流学科行列;在第四轮全国学科评估中,有7个学科进入A类,其中4个学科获评A+。

一、凝练学科方向,彰显优势特色

为强化农业与生命科学的优势和特色,该校不断发挥学科优势,用现代生物技术、信息技术、工程技术改造传统优势学科,保持优势领域;为提升农业科技原始创新能力,该校着力推动建设人工智能、智慧农业、营养与健康等新兴交叉涉农学科,推动作物表型组学重大科技基础设施等交叉研究中心建设;为实现学科均衡发展,促进布局优化,学校采取"分类、分层、分阶段推进"的发展路径和"有限目标、重点突破"的发展策略,系统推进"一流学科引领计划""优势学科振兴计划""新兴交叉学科培育计划"和"基础学科提升计划",用优势学科带动学校整体发展。

二、矢志立德树人,培养一流人才

学校坚持把高水平的学科资源转化为高水平的育人资源,搭建"本研衔接"的人才培养"立交桥",形成"寓教于研"的人才培养"方法链",培养了一批具有"世界眼光、中国情怀、南农品质"的拔尖创新和复合应用型人才;积极推进新农科、新工科、新文科建设,建设一批一流专业,率先启动了"农业人工智能专业"建设和人才培养,引领全国人工智能农业领域的建设与发展;加强课程思政和通识教育,实现现代信息技术与教育教学深度融合,打造一批线上线下"金课"。2010年以来,学校获高等教育国家级教学成果奖4项、中国学位与研究生教育学会研究生教育成果奖4项。

三、坚持引育并举,打造高水平团队

该校设立"优势学科人才引进特区",实施"一人一议"人才引进绿色通道;先后赴美国密歇根州立大学、德州大学奥斯汀分校等名校举办多场人才引进宣讲会;组织召开"钟山国际青年学者论坛",海外高层次青年人才与学校签约率达到30%;以"钟山学者计划"为抓手,构建"学科—团队—人才"模式,自主培育出一批以学科带头人为领军、以杰出人才为骨干、以优秀青年人才为支撑,衔接有序、结构合理的人才团队。2010年以来,成功引进培养长江学者和国家杰出青年等高层次人才24人,新增国家自然科学基金委创新群体1个、科技部重点领域创新团队2个、教育部创新团队2个,2项研究成果入选2014年、2018年"中国高等学校十大科技进展",其中1项入选"中国科学十大进展"。

四、秉持顶天立地,增强创新服务能力

学校以国家战略、经济发展和社会民生需求为导向,既问鼎前沿,更立足民生。科研团队攻克了水稻杂种不育大难题,遏制了水稻条纹叶枯病大爆发,使长江流域 5000 多万亩粳稻摆脱水稻"癌魔"侵扰。采取"优势学科对接特色产业"的精准扶贫模式,打通全产业链的合作,主动服务乡村振兴战略,将创新优势转换为地方经济发展优势。在江宁湖熟基地将传统的菊展与乡村休闲旅游相结合,打造特有的"菊花经济"模式,2018 年基地参观人数达 55 万人次,为老百姓和地方经济创造收益 5000 多万元。2017 年、2018 年连续两年入选教育部年度十大精准扶贫典型案例。2010 年以来,以第一完成单位获得国家科学技术奖励 12 项,其中一等奖 1 项;发表 SCI 论文 9000 多篇,在 *Nature*、*Science* 发表论文 4 篇;获授权发明专利 1800 余件;作物表型组学研究设施列入"十四五"高校重大科技基础设施培育项目。

五、突出开放办学,深化国际交流合作

学校与美国密歇根州立大学合作设立"南京农业大学密歇根学院",填补了我国涉农领域合作办学机构的空白;共建国际科研合作平台 14 个,承担"111"计划项目 7 个,与 *Nature*、*Science* 合作创办英文期刊 2 个;发起设立了世界农业奖,一定程度上填补了世界农业教育及其科研奖励体系的空白;加强肯尼亚孔子学院建设,打造了从语言文化到技术推广、从实验室到田间地头、从科学研究到实践运用的全方位、多层次的合作新范式。

## 南京信息工程大学创新引领一流学科建设

南京信息工程大学以优势学科建设为引领,创新办学体制,全面推进学校事业发展。大气科学学科在第三轮学科评估中位居全国第一、在第四轮学科评估中获评 A+ 等级。学校进入国家一流学科建设高校和江苏高水平大学建设高校行列。

一、深化合作共建,汇聚平台资源

学校积极推进"合纵连横、共建拓展"机制创新,打造全方位的"行业、校企、校地、校所、国际"五方共建格局。一是行业共建。加强与国家气象局主要职能司及直属业务中心、各省气象局开展实质性合作,每年获得行业直接经费支持超过 5000 万元;和省、市气象局合作,开展生源地实习计划,覆盖全体气象类学生;加强与国家海洋局、应急管理部以及生态环境部的合作,成立人工智能海洋联合研究院、生态研究院等合作机构。二是院所共建。与中国科学院大学开展全面战略合作,每年本硕博联合培养300人,双聘30名合作导师、10个课程团队以及5名兼职院长;南信大-中科院研究所科教融合、校所对接活动常态化,定期举办一院一所"20+20"活动。三是国际共建。促成世界气象组织和教育部签署《国际组织人才培养协议》;依托优势学科,与耶鲁大学合作成立"耶鲁大学-南京信息工程大学大气环境中心",与哈佛大学合作成立"空气质量和气候联合实验室",共同开展跨境教学工作与科学研究。四是校地共建。在南京江北新区、无锡、苏州等地建立校地研究生院,深度开展校地和校企合作以及研究生培养。五是校企共建。与墨迹、象辑、航天宏图等独角兽企业合作,共同开发气象产业,与华为签约,共同组建华为学院等。

二、坚持特色发展,构建学科体系

学校以大气科学一流学科为主体,以地球科学、信息工科优势学科群为两翼,实现优势学科深度融合、相互支撑,夯实数理化等基础学科,发挥管理、人文学科支撑作用,培育人工智能、新材料、应急减灾等新兴交叉学科,着力打造地球科学和信息工科特区。特色发展理念带动学科实力提升,地球科学、工程学、计算机科学、环境科学与生态学学科进入ESI前1%。2018年新增信息与通信工程、环境科学与工程、数学等5个一级学科博士点。

三、创新引培机制,打造一流队伍

学校积极实施博士化、精英化、国际化、工程化、团队化"五化"提升工程。国字头人才学院全覆盖、团队化学科全覆盖。"靶向引进"人才,建立高端人才数据库,通过校长面对面、全球邀约、境外招聘等方式,引进和培养包括院士、国家杰出青年在内的大批高端人才;在大气、环境等优势学科领域建立海外院士工作站和台湾教师工作站;实施人才"N+10"安心工程,通过职称评审直通、团队组建PI制、人才招聘一站式等提供全方位服务。

四、着力方式创新,提升培养质量

学校加强协同人才培养,实施"三百工程",引进百名行业企业专家,建设百门课程,编写百部教材;设立南京信息工程大学"优课计划",邀请海内外院士、教授、企业家等著名专家联合讲授通修课程;依托世界气象组织,加入全球校园计划,可视化教学平台全覆盖;通过国际认证加强人才培养质量保障。学校大气象人才培养模式改革获国家教学成果一等奖;"数值天气预报""天气学原理"等入选国家在线精品课程。

五、立足需求导向,突出科技创新

学校瞄准国家、地方及军民融合的重大需求,紧密结合大气科学、环境、通信、气象装备等前沿科学领域和重大应用需求开展研究,优化机构和团队,实现联动发展。平台建设实现重要突破,首批省部共建协同创新中心获批建设,成立5个南京新型研发机构;近几年,学校科研实力大幅提升,获批5项科技部重点研发计划,科研经费从2015年2.3亿元增加到2018年6.6亿元;服务行业和地方能力大幅提升,成为联合国政府间气候变化专门委员会(IPCC)报告主要撰写单位,空气质量预报模式系统、移动气象应急指挥平台在实际业务中发挥了重要作用;"天剑一号"毫米波测云雷达、国产大飞机防撞雷达等应用于国家重大科研创新项目。

【简析】

这是一份会议简报。正文前加有按语,揭示了转发材料的背景与目的,以引起读者的关注和重视。正文内容摘录了会议代表发言的主要内容,两个部分分别加了标题,反映了会议讨论的主要问题,起到提纲挈领的作用,让人一目了然。

例文2

×××国税

工 作 简 报

(第九期)

××市国税　　　　　　　　　　　　　　　二×××年×月×日

---

**全市国税发票专项检查情况表明事业单位发票管理亟待规范**

5月初以来,市国税局组织6个检查组,在全市范围内开展发票专项大检查。截至5月底,共检查用票户××××户,查处违章普通发票×××份,违章增值税专用发票×××份,补税××万元,罚款××万元,取得了显著成效。

检查情况表明,当前发票管理秩序比较混乱,事业单位使用、索取发票违章现象尤其突出,检查的×××户事业单位,都存在不同程度的违章现象,占被检查户数的××%,发现违章发票××××份,占违章发票总数的××%。事业单位发票违章行为主要表现在:

一是白条入账多,×××户事业单位中,白条入账的违章行为占违章情况的××%,造成大量的税收流失;二是自印收据代替发票入账,这种情况在有收费职能的医院、广播电视等事业单位和土地管理、城建等所属的事业单位表现比较突出;三是使用过期发票;四是跨行业填开,如将商品零售发票作为酒席款入账,国税、地税发票混用;五是开具的发票不规范,大多数事业单位财会人员为图省事,项目填写不全,如有一份×××元的发票只有金额和日期,余下项目全部空白。

事业单位发票管理问题如此之多,漏洞如此之大,值得大家深思。究其原因,至少有四点:一是部分事业单位税法观念淡薄,依法依规使用和索取发票的意识不强,单位负责人不能正确理解发票与税收的直接关系,个别单位甚至认为自己不是纳税人,逃避监管违章用票;二是事业单位财会人员疏于学习,使用和管理发票的常识相当缺乏;三是国税部门在开展税法宣传活动中,对发票管理的宣传滞后,重视不够;四是国税部门平时对事业单位的发票使用检查不够,监督不力,有的事业单位甚至从未被查过。

针对发票检查中发现的问题,市国税局要求全市国税系统采取五条措施,推动发票管理工作扎实整改。一是各国税分局要转变观念,改变只管企业、个体户等纳税人,而不管事业单位发票使用的旧观念,明确事业单位不是"税收盲区",对事业单位的发票使用情况同样要适时检查,定期督导,与其他性质的纳税人一样严格管理。二是加强发票宣传工作,重点宣传《中华人民共和国发票管理办法》,使事业单位理解发票的意义、作用,增强依法用票、管票意识。三是大力争取地方党委、政府的重视与支持。目前,全市事业单位发票使用违章的情况较多,处罚金额较高,罚款和税款入库的阻力较大,各国税分局务必做好宣传汇报工作,切实争取党政领导的支持,坚决按政策办事,处罚到位,入库到位。四是严格发票审批,坚持实行"以票控税"制度,对发票领、用、存各个环节都加强控管,规范发票使用、管理。五是进一步加大发票违章查处力度,对违章使用发票屡教不改的事业单位,国税部门要顶住方方面面的压力,发现一个查处一个,必要时可在新闻媒体上公开曝光。

---

报:省局领导及有关处(室)
送:市局领导、市直有关单位
发:各分局、机关各科室

(共印 60 份)

---

(黄高才主编:《常见应用文写作暨范例大全》,中国人民大学出版社 2012 年 7 月版)

【简析】
　　这是一则工作简报,全面概括地反映了"发票专项检查"中发现的情况和问题,目的在于引起各国税分局对发票使用情况检查工作的重视。这份简报由情况概述、原因分析、整治措施几部分构成,内容丰富,分析透彻,形式规范,不失为简报写作的典范之作。

　　简报是机关内部向上级单位反映情况或向下级单位、向平行单位通报情况、交流经验、推动工作时经常使用的文体。

一、简报的特点
1. 内部性
简报取材于本单位,发送范围、阅读范围多在单位内部。
2. 快捷性
简报有严格的时限性,不论是定期简报还是不定期简报,都要抢时间、争速度,及时反映情况。特别是会议简报,往往一日一报,甚至一日数报。
3. 简明性
简洁是简报的价值所在。简报内容精粹,篇幅短小,语言简明扼要。每期简报都要求内容集中,文字凝练。
4. 真实性
简报的内容必须完全真实,其中的人名、地名、时间、地点、事件等,必须真实可信,不能弄虚作假,不能虚构想象。

5. 机密性

简报只在机关、单位内部发行、传阅,不公开发行。不同的简报,传阅的范围与机密程度也不相同。一般来说,简报发行范围越广,机密程度越低;发行范围越窄,机密程度越高。

6. 新颖性

简报必须反映新情况、新动向、新问题、新经验,否则,就失去了它存在的价值。

## 二、简报的种类

1. 工作简报

这是最常见的简报,是指反映本地区、本系统、本部门日常工作情况的经常性简报。内容包括对党和国家方针政策的贯彻执行情况,上级布置的工作任务的完成情况,工作中的经验教训,本单位本部门发生的事件和开展的活动的情况,等等。这种简报定期或不定期编印,有固定的简报名称,如《后勤简报》《公安简讯》等。

2. 动态简报

动态简报有两种,一种是反映社会动态的简报,如有些新闻单位编发的"内部参考""情况反映"等。这种简报保密性强,供较高层机关领导人参阅。另一种是反映本系统、本部门动态的简报,如"文艺动态""理论动态"等。

3. 会议简报

会议简报是指一些大型会议秘书处所编发的反映会议情况的简报,内容包括会议概况、进程、会议讲话、与会者重要发言等。它能使上级机关和与会者了解会议的全面情况。

4. 专题简报

专题简报是为某项工作编发的临时性简报,此项工作完成后即停发。如反映人口普查、农业普查、财务大检查等专项工作情况的简报。

## 三、简报的写作格式

简报制作包括编和写两个方面。"编"包括结构版式及其印制;"写"主要是其中文稿的写作。

1. 简报的结构

简报的结构包括版头、内文、版尾三个部分。

2. 简报结构各部分内容的写法

(1) 版头的写法

版头一般包括报名、期号、编发单位和编印时间等几部分内容。

报名即简报的名称,一般用套红大字印刷。

期号是简报的当年流水号,居报名之下。一般逐年排号,也有的按期数排号。

编发单位标注在版头隔离线左上方,以示负责和权威性。

编印时间位于版头隔离线右上方,是在编发单位对应的地方标明。一般写明年月日。

值得注意的是,有些简报还要加注密级或提示语。若有密级,在版头左上方加注;若需要提示语,如"内部资料,请勿翻印""内部刊物,注意保存"等,一般在版头左上方加注。

(2) 内文的写法

内文的构成,有一文一报的简报和多文一报的简报两种情况。

一文一报的简报,由标题和正文构成。有些转载性简报,还可以在正文前加"编者按",对所转材料进行阐述、补充、提示和评论。一般在标题前加上"按语"或"编者按"。

多文一报的简报,其内容构成由两部分组成,一是先在版头之下加印目录或要目,再印内文;二是若内文很多,可单独一页做目录,内页再印正文。

(3) 版尾的写法

在简报末页下方加印版尾,一般会用隔离线与内文分开。主要有发送范围和印刷份数两个内容。

3. 简报的编写要求

简报的编写要求主要体现在"四求"上,即求新、求实、求简、求美。

**病例修改:**

## 91年南线片区工会工作总结会在我厂隆重召开

11月29日上午,南线片区工会工作总结会在我厂隆重召开。南线片区十一个单位的二十多名代表以及市纺织工会副主席×××同志、秘书×××同志、宣传干事×××同志参加了会议。会议由南线片区组长市第七棉纺厂工会主席×××同志主持。

这次会议的具体工作是:第一,进行了工会工作总结和交流;第二,选举了92年度南线片区组长;第三,研究了申报合格班组和先进职工之家的有关事宜;第四,研究了如何搞活基层分工会工作。

(1991.12.10)

## 第四节 调查报告

例文评析:

例文 1

**农民工返乡就业调查报告**

马姝瑞 李兴文 徐旭忠

目前,我国就业形势总体良好,但也出现了不少新情况。由于国际金融危机的影响不断加深,国内部分企业生产经营遇到困难,造成部分农民工提前、集中返乡,出现了新型的农民"冬闲"现象。返乡农民工的就业问题,直接关系到农村经济发展和农民增收,关系经济社会发展全局。

农民工返乡呼唤更加积极的就业政策。国家及地方在扩大内需过程中新开工的一系列项目,其吸纳农民工就业的能力究竟怎样?各地如何因势利导,帮助返乡农民工重新就业?各地怎样扶持农民工积极创业,出现了哪些创业典型?记者深入安徽、江西、重庆等地,展开了深入调查。

一、重大项目创造就业机会

江西是劳务输出大省。2008年下半年以来,受金融危机影响,江西从沿海返乡的农民工不断增多,截至2008年12月中旬,江西省返乡农民工人数已超过46万人,预计今年上半年返乡农民工还会继续增多。为此,江西省开展一大批基础设施建设,对缓解日益加剧的就业压力十分有利。

2008年12月29日,江西省发改委召开井冈山华能电厂扩建工程、赣州石虎塘航电枢纽、江西省建筑陶瓷产业基地铁路专用线三大工程新闻发布会。江西省发改委主任说,三个项目的开工不仅可增加投资54.06亿元,而且可带动钢材销售19万吨,水泥108万吨,用工1892.1万个,增加劳务收入10.4亿元,若按月收入1500元折算,相当于为5.78万人提供了一年的工作。

在安徽,合肥新桥机场、宁安城际铁路、合肥高铁南环线枢纽工程等一大批重点投资项目已陆续开工建设。不久前,合肥市委、市政府还宣布,面向海内外集中推出47宗5600余亩经营性用地,用于房地产开发项目,以期在当前经济形势下积极推进经济平稳较快增长。据安徽省劳动部门调查统计,2009年上半年该省能够提供31.4万个就业岗位,全年预计新增岗位45万个,将为一大批外出务工的"皖军"提供"家门口儿"的就业机会。

"为了带动返乡农民工就业,我们鼓励多用农民工参与基础设施建设项目,每一项重大项目的开工都将解决数千到上万农民工的就业问题。"安徽省发改委劳动就业处处长余士好表示。

在重庆南川区,为了应对金融危机带来的不利影响,这个区计划按照工业项目总投资5000万元以上、社会事业项目2000万元以上、其他项目3000万元以上的规模,进行认真筛选,安排重大建设项目80个,总投资232亿多元,年度投资计划75亿多元。记者了解到,2007年南川区固定资产投资为46亿元,当年从事建设的劳动力在3万人以上,且多数是农民工。以此测算,今年的投资规模,将给农民工提供更多的就业岗位。

二、"两本账算出农民工就业愿景"

在金融危机对经济造成不利影响的同时,国家采取积极的财政政策和适度宽松的货币政策,扩大投资,给返乡农民工就业带来了难得的机遇。从一笔笔"投资账"与"就业账"中,人们能够看到今年农民工的就业愿景。

江西省经济学会副会长、南昌大学经济管理学院院长尹继东分析,从近年研究来看,随着科技含量的提升、资本结构的变化、投资项目的不同,投资带动就业的弹性呈下降趋势,尤其是技术改造类的项目投资往往会削减就业岗位,只有基础设施类的投资能在短期内有效增加就业岗位。

"在此轮国家实施投资拉动内需的战略中,无论是中央还是地方,一个鲜明的特点就是投资集中在基础设施建设项目上。"尹继东说。

铁道部发展计划司司长杨忠民前不久算了一笔"就业账":2009年铁路计划完成6000亿元的基本建设投资,这需用钢材2000万吨、水泥1.2亿吨,能够提供600万个就业岗位。

近日,住房和城乡建设部副部长齐骥透露,根据中央计划,我国保障性住房2008年投入超过1000亿元,今年起3年内中央财政将投资9000亿元,用于廉租住房、经济适用住房建设和棚户区改造,平均下来每年有3000多亿元的投入。业内人士指出,廉租住房和经济适用住房的建设,每年可直接提供200多万个就业机会。

各地2009年新开工的投资项目,其吸纳就业的容量也非常大。以江西为例,今年固定资产投资总量将超过6000亿元。江西省常务副省长凌成兴说,从基础设施拉动的就业来看,210个项目总投资为2720亿元,当年完成投资933.5亿元。按照每亿元投资消耗钢材3500吨、水泥2万吨、劳力35万个工日的平均数测算,2009年江西省基础设施建设可拉动钢材销售328万吨、水泥销售1868万吨、用工3.27亿个工日,增加务工收入180亿元。如果按月收入1500元折算,相当于为100万人提供一年的稳定岗位。

三、"双转移"带来就业新机遇

事实上,在农民工集中"返乡"之前,随着沿海地区产业转移步伐的加快,大批企业"内迁"。在当前农民工集中返乡的背景下,不少中西部地区着力吸引东部企业向本地转移,成为当地的新上项目,进而引导本地农民工转移就业。余士好处长介绍说,安徽省发改委近期的一项调查显示,该省部分企业缺工数字在1万以上的技术工种有15个,需要各类技术工人超过44万人。"缺工现象在皖南地区表现得更为突出,像黄山市的开发园区,几乎所有企业都面临技术工短缺的困难。"余士好说。

作为承接长三角产业转移的"第一梯队",在黄山市,随着基础设施的完善和招商引资力度的加大,新的企业迅速崛起,用工需求日益增长,"招工"的重要性逐渐上升到与"招商"同等重要的位置上,农民工返乡成了当地政府和企业不借而来的"东风"。该市劳动部门迅速启动了返乡农民工接待登记帮扶制度,推出了"大篷车送岗位""返乡农民工现场招聘会"等活动,力争将返乡的农民工留在本地工作。

江西万安县县长说,据初步估计,2009年,从沿海招商引资而来的企业在县内工业园区建成投产创造的岗位将超过6000个,一大批返乡农民工将得到安置。

(原载《半月谈》2009年第2期)

**【简析】**

　　这是一篇推广经验的调查报告。标题采用公文式标题,由调查内容加文种构成。正文包括前言和主体两部分,前言介绍了调查报告的写作背景、写作的重要意义以及调查的对象等,主体部分重点内容是介绍经验,主要介绍了各地解决返乡农民工就业问题的三项措施,为需要解决此类问题的其他地区提供参考与借鉴。

**例文 2**

**高校周边网吧调查报告**

　　中国互联网络信息中心(CNNIC)第十五次调查结果显示,截止到 2004 年 12 月 31 日,我国网民(我国平均每周使用互联网至少 1 小时的中国公民)为 9400 万人,其中 18~24 岁的年轻人所占比例最高,占 35.3%,达 3318 万人;在用户的职业分布之中,学生所占比例最高,占 32.4%,达 3045 万人;在以收入为参照的网民中,月收入在 500 元以下(包括无收入)的所占比例最高,占 28.0%,达 2632 万人。目前,我国大学生大多在 18~22 岁,总规模为 2000 万人左右。作为网络技术和市场经济相结合的产物,网吧已经成为提供上网服务的重要场所。中国互联网络信息中心第十五次调查结果显示,24.5% 的用户选择在网吧上网。据以上数据并参照其他高校大学生上网情况调查,我们可以得出这样一个结论:大学生是当前网民之中的最大群体之一,且为网吧的主要服务对象。

　　为了解网吧对高校大学生的影响,为网吧管理部门、网吧经营者、高校、家庭及广大学生提供建议,本课题组于 2005 年 3 月通过实地调查、个案调查、访问、座谈、问卷调查等形式对某高校周边所有网吧进行了调查。调查结果显示:高校周边网吧数量多、密度大、规模大、上座率高,服务多样、价格低廉,顾客以大学生为主,但网吧的学习功能没有充分发挥,大学生沉溺于游戏之中,并存在违规经营现象和安全隐患。课题组建议:政府、网吧管理部门、网吧经营者、家庭、大学生、高校应共同努力,推动网吧的健康发展和大学生的全面发展。

　　一、高校周边网吧经营情况

　　1.数量多、密度大、规模大、上座率高。

　　在该高校周边 50 米内的路边聚集了 19 个网吧,占所在区的 38%。在该校南校区与北校区院之间短短的几百米内开设有 14 个网吧,被该校师生和周边居民称为"网吧一条街"。19个网吧的总面积超过4000平方米,计算机台数约有2300台,平均每个网吧120台左右,其中计算机台数在100台以下的有4家、100台至200台的有13家、200台以上的有2家。各网吧上座率多在70%以上,规模较小的网吧上座率也在50%以上。据调查,在不同时段,各网吧基本上又呈现不同的上座率:上午8时至10时上座率较低,在30%左右;上午10时至中午12时上网人员逐渐增加,中午12点左右各网吧迎来第一个营业高峰,上座率可达70%至80%;整个下午上座率基本保持在70%左右;晚6时,各网吧迎来第二个经营高峰,上座率基本上可达到100%,并且会出现不同时段人员轮换上网的现象,一般持续到晚10时;晚10时至次日早8时上座率仍可达70%至80%。周五下午至周六、周日,各网吧上座率基本上是全天满员,大多会出现排队等待的情况。

2. 服务多样、价格低廉。

各网吧工作人员一般为2至3名,有人专门负责设备调适和问题解答,每天网吧工作人员对室内清扫2次。各网吧电脑性能较好,硬盘一般在40G至80G,上网速度快。网吧里的电脑可分为提供视频摄像头电脑和无视频摄像头电脑,并无价格差异。网吧提供的服务有游戏、聊天、硬盘电影和音乐、上网信息查询等服务。上机期间可以调换机位,并且可以根据顾客的不同要求推荐和安排机位。各网吧均提供快餐及矿泉水、饮料等服务,大多与市场上同类商品相比价格更高,有的网吧有小商贩进入兜售快餐的现象。各网吧资费基本一致:一般人员上网每小时2元、会员上网每小时1.5元,均使用计算机收费系统进行管理,顾客可根据电脑桌面的计费系统查阅消费情况。几乎所有的网吧都实行会员制。

二、高校周边网吧存在的问题及原因分析

1. 网吧的学习功能没有充分发挥,大学生沉溺于游戏之中。

各网吧电脑桌面多为网络游戏、硬盘游戏、QQ、电影等服务项目快捷键,而供于学习的文字处理系统、网页制作等软件不多,很大一部分电脑没有安装。电脑主机一般通过隔板遮蔽或不安装的方式,基本不提供软驱、光驱使用及打印、扫描、刻录等服务。网吧中顾客多为在校大学生,社会人员较少,以男性为主,女性较少。据调查,大学生玩游戏占69%左右(实际上这一比例会更高),上网聊天、看电影、听音乐的人员占30%左右,查阅信息、学习的人员占1%左右。上机时间一般比较长,多在2个小时以上,特别是晚上,一般为3至4小时,甚至通宵。

2.疏于顾客核对登记,存在通宵经营和经营非网络游戏问题。

几乎所有的网吧都没有遵照《互联网上网服务营业场所管理条例》的有关规定对消费人员的有效身份证件进行核对登记,且存在通宵违规经营情况,通宵上座率在70%至80%,通宵费用平时为6至7元,周五、周六晚上多为8元,并且多为在校大学生。各网吧游戏项目以网络游戏为主,有传奇3、QQ游戏、联众世界、泡泡堂等70多款游戏,但仍经营部分局域网游戏和硬盘游戏。

3.信息监管不足,存在安全隐患、环境差等问题。

在各网吧均可浏览黄色网站,特别是在通宵营业期间,有部分人员下载观看黄色电影和图片,并以黄色电影为主。大部分网吧有消防设施,但网吧多为一个方形空间,面积不大,单门出入较多,电脑摆放较集中,人员较密集,人员过往通道狭窄。个别网吧内部空间不规则,像迷宫一样。多数网吧经营环境较差,灯光不足,通风较差,电脑桌面挡板较高,电脑座位较高,计算机较低,上机后颈部、背部等处感觉不舒服。网吧内允许抽烟,多数网吧还提供烟灰缸。网吧内空气混浊,气味不好,噪声较大。学生反映,在网吧内有人使用不文明用语,一些打架斗殴现象也时有发生。

为什么既有明文的规定,又有相关部门专项整顿,网吧经营者却仍然对违规行为趋之若鹜,网吧违规经营现象屡禁不止?为什么作为成年人,作为高层次的知识群体,仍深入网吧之中,乐此不疲呢?课题组认为有如下原因:

1.网吧经营者的急功近利和管理部门的力不从心。

首先,网吧的经营者所关注的主要是经济效益,其经营的出发点和落脚点都是为了实现经济效益的最大化,其极端就是急功近利。据调查,开一家网吧,少则投入数万元,多则投几十万元甚至上百万元,市场竞争激烈,驱使少数网吧的经营者铤而走险,违规经营。其次,网吧是一个迅猛发展的新生事物,对网吧的管理国内缺乏现成的经验借鉴。虽然国家先后出台了一系列规范网吧经营的法规、政策,但相应法规不健全,惩罚力度不够大。目前网吧管理部门由通信、文化、公安、工商四部门,执法权限不集中,管理人员少,管理经费不足。作为网吧管理的牵头单位——文化部门近年先后增加了音像市场、网络文化市场的管理任务,但人员编制、经费投入上却没有增加,从而使网吧投机者有机可乘。

2.网络特性的吸引和大学生需求的满足。

大学生往往在强烈的好奇心和求知欲的驱使下,走入网吧,在享受网吧提供给他们的种种优越性的同时,易受网吧自身及网络特性的影响,加上自我控制能力和自我保护能力意识薄弱、危险防御能力缺乏,从而容易沉溺于网吧之中。另外,近年来,我国高等院校持续扩招,社会上的竞争日益激烈。面对严峻的就业压力以及考研、家庭、同学关系等各种压力,大学生大都或多或少产生过"郁闷"的心理。为了排泄烦闷的心理,缓解紧张的神经,大学生大多会选择进入网吧,进入虚拟的世界中,暂时地逃避现实,以缓解内心的各种压力。同时,大部分大学生手头宽裕是大学生频繁进入网吧的另一个客观原因。

3.高校宽松的管理模式和公共网络的资源不足。

首先,大学学习、生活较自由,而多数大学生会选择进行休闲娱乐,但在一定程度上,校内生活、休闲娱乐、文体活动不能满足学生的需要。其次,学校的教学管理、学生管理、宿舍管理因学生规模庞大,而无法落到实处,学生逃课、夜不归宿的现象时有发生。再次,由于校内可供大学生利用的网络资源不足,或是有对外开放的机房,但由于电脑配置、系统、性能、网速等各种参数指标较低,这就使得真正需要网络资源服务的同学和要进行娱乐休闲活动的同学不得不进入网吧。

三、全社会齐心协力推动网吧的健康发展和大学生全面发展

网吧作为广大人民群众进行生活、学习、娱乐的重要平台,有着巨大的存在价值与社会需求意义。课题组建议:

1.政府要为网吧经营、管理营造良好的外部环境。

政府要进一步加强立法和处罚力度,从外部为网吧监管提供了一份可靠的依据。同时,政府要为网吧产业的发展营造一个好的环境,加强对网吧行业的引导和支持,加强网吧行业的交流沟通,促进市场整合,树立网吧行业先进典范,向社会发布合法网吧名单,接受社会监督。网吧管理部门应进一步加强对网吧的治理整顿,成立专门的管理机构,单独编制,划拨专项经费,并加强技术骨干的培训、培养和引进,严格执法执纪,对于违反规定的要让他付出远高于获利的代价。同时,政府要从法律规范、技术排查、内容审核、文明经营等方面要求网络经营者遵循应有的网络规范。

2. 网吧经营者要加强自律,营造良好的网吧经营环境。

网吧经营者应注重和加强行业自律,积极响应中国政府"建设网络文明"号召,合法经营,改变网吧行业公众形象、宣讲网络文明,共同营造良好的网络文化环境,建设"绿色网吧"。网吧问题的根源在于网吧经营者社会责任的缺失,解决网吧问题需要网吧经营者承担起自己相应的社会责任,努力成为文明上网场所的提供者和经营者,互联网高科技知识推广普及的宣传者,文明网络、科学网络忠实的捍卫者。

3. 家庭要加强关心和爱护,营造温暖的家庭氛围。

作为大学生的父母,应给予孩子全方位的关心和爱护,帮助孩子积极地利用网络,而不是因噎废食,限制和反对孩子使用计算机和上网,要学会更好、更有效地和孩子沟通,从而帮助孩子养成使用计算机和网络的良好习惯,在孩子出现问题时及时发现和纠正。

4. 大学生提高自身免疫力,做文明的网民。

大学生应认清历史责任和社会义务,自觉抵制各种不健康、不文明的内容和行为的侵蚀,以不断完善自己、实现自我价值为目标,以民族昌盛、中华民族伟大复兴为己任,充分利用在校的学习机会,努力地学习各方面的文化知识,充分利用学校的各种学习资源,熟练地掌握各方面的专业技能,以便最大限度地实现自我价值,发挥自身作用。

5. 高校应充分发挥育人功能,推动大学生全面发展。

第一,高校应开设关于网络道德、网络交际、网络心理等课程或讲座,对互联网知识进行科学普及,对大学生上网进行积极引导,使之更好地充分利用互联网的各种资源,使其自身能够认识到互联网及网吧的各种负面影响及其危害,使其借助网络进一步充实自己,完善自己,提高自身素质。第二,要创新思想政治教育工作,跟进网络化时代的发展趋势,积极抢占"网络思想政治教育阵地",增加对信息传播渠道的可控性,做好学校德育工作。第三,要进一步加强学生教学管理、学生管理和宿舍管理工作,强化纪律约束。第四,要加强校园文化建设,满足学生日益增长的物质、文化需要。第五,要加强公共网络资源的建设和利用。

如今网吧已经成为大学生学习互联网知识、信息技术的重要载体,已经成为大学生沟通联络、休闲娱乐的重要场所,已经成为大学生了解世界、洞悉网络文化的重要窗口。我们希望通过全社会的共同努力,使未来的网吧产业向着积极和广阔的方向不断发展,为大学生带来更多样化的服务,而大学生也能充分和正确利用网吧所提供的学习条件,掌握更多的知识和技能,提高自身的网络素质和数字化水平,为祖国在数字经济时代的腾飞做出自己的贡献。

**【简析】**

　　这篇调查报告格式比较规范,标题为单行标题,能够较好地揭示主题。第一、二自然段为前言部分,用简明扼要的语言对调查的背景、时间、对象、调查方式、课题的由来等进行说明。主体部分对高校周边网吧的经营状况、存在的问题以及产生的原因进行了详细的分析,最后还提出了改进的措施。全文材料真实可信,内容具体,对问题的分析较为深入,提出的改进措施也具有实用价值。

　　调查报告是对某一事物或问题进行实际调查、分析、研究后写成的反映调查研究成果的书面报告。它具有叙述的客观性、范围的广泛性、强烈的针对性、内容的典型性、问题的提示性、结构的完整性等特点。

### 一、调查报告的作用

　　1. 调查报告可为制定方针、政策及领导者的正确决策提供依据。它通过真实地反映社会实际情况和问题,使政府各部门制定的方针政策更符合实际,同时,也为领导正确决策和执行政策提供参考和依据。

　　2. 调查报告可通过典型调查,宣传、介绍先进经验和先进人物事迹,借以指导全面工作。例如《首都钢铁公司是怎样实行经济责任制的》。

　　3. 调查报告可通过典型调查,揭露社会问题,鞭挞不良倾向,改正工作中的失误,从而引起有关部门的注意和重视,起到解决问题、教育广大干部群众的作用。例如《中国首例特大有害化工废料进境事件追踪调查》。

　　4. 调查报告可通过调查揭露事实真相,说明和回答社会问题。社会上和组织中往往会对某一事件、某一问题争论不休或众说纷纭。在真相不清、谣传离奇的情况下,就需要用调查报告来澄清事实真相,帮助群众分清是非和真伪。例如《大邱庄事件的前前后后》。

### 二、调查报告的种类

　　日常工作中,常见的调查报告主要有以下几种:

1. 典型经验性调查报告

这类调查报告主要是反映先进单位或先进个人的典型经验,具有较强的示范引路作用。这种调查报告的内容一般包括调查目的、情况和经验,及推广经验的意义。其中情况和经验为主要内容,可以分条论述。例如《关于任长霞同志先进事迹的调查报告》。

2. 综合分析调查报告

这类调查报告是就一个单位的多方面情况进行较全面的调查,或围绕一个问题进行多方面的普遍调查,或就某个问题对许多单位进行广泛调查,然后加以综合分析的报告。综合分析调查报告的内容一般包括调查目的、概况,重点问题综合分析,提出建议等。例如《一个办得较好的外向型工业区——蛇口经济发展调查》。

3. 揭露问题性调查报告

这类调查报告是对现实社会中某些丑恶现象、恶劣行径和社会弊端进行揭露,并分析和归纳出教训,以引起有关部门及社会的关注和重视。基本内容除分条列举事实外,还要分析原因,说明后果。例如《关于劣质奶粉残害婴儿事件的调查报告》。

4. 探讨、研究性调查报告

这类调查报告主要是针对某一领域或某一方面工作中存在的带有普遍性影响的社会矛盾或问题的具体表现,透彻分析其产生的原因,提出解决这些矛盾和问题的意见、建议设想、措施等,从而为各级领导机关或有关部门制定决策和加强管理提供依据和参考。例如《农村劳动力的剩余及其出路》。

5. 介绍新生事物的调查报告

这类调查报告主要是反映现实生活中涌现出来的新生事物,以及新生事物产生背景、情况、特点和产生发展的过程,并揭示它成长的规律,阐明它的作用和意义,借以促进新生事物的成长和推广。例如《杭州万向节厂创办农业车间的调查》。

**三、调查前的准备**

1. 选好调查课题。

选好调查课题是为了明确调查中心和重点。

2. 认真调查,充分占有材料。

这是调查报告的重点和难点所在,一定要认真对待。调查中常常用到的调查方法主要有:

(1)访谈法:加强对典型事例的理解和把握。

(2)问卷法:采集有关数据,为调查分析和结论打好基础。

(3)文献法:采集相关数据,增强分析的说服力。

3. 分析材料,找出规律性的东西。

采集材料是前提,分析材料是重点。只有对材料进行有效分析,调查报告的价值才能更好地体现出来。

**四、调查报告的写作格式**

调查报告的格式一般由标题、正文和落款几部分构成。

1. 标题

调查报告作为常常在报刊上发表的一种新闻文体,很注重标题处理。一般要求标题贴切、醒目、新颖。常见的有单行标题和双行标题两种形式。

单行标题一般有两种写法:一种是公文式,通常由"事由+文种"组成。例如《关于××制药厂挖掘人才的调查报告》等。另一种是文章式,通常由调查报告的基本内容概括而成。例如《耕地减少,"经验"何在》。

双行标题由正题和副题组成。正题突出主题,副题标明调查对象和内容及文体名称。例如《不要让子孙后代埋怨我们——关于北京河流污染情况的调查》《为有源头活水来——广州蔬菜产销放开启示录》。

2. 正文

调查报告的正文一般分为导言(前言)、主体和结尾三部分。

前言有几种写法:第一种是写明调查的起因或目的、时间和地点、对象或范围、经过与方法,以及人员组成等调查本身的情况,从中引出中心问题或基本结论来;第二种是写明调查对象的历史背景、大致发展经过、现实状况、主要成绩、突出问题等基本情况,进而提出中心问题或主要观点来;第三种是开门见山,直接概括出调查的结果,如肯定做法、指出问题、提示影响、说明中心内容等。前言起到画龙点睛的作用,要精练概括,直切主题。

主体是调查报告最主要的部分。这部分详述调查研究的基本情况、做法、经验,以及分析调查研究所得材料中得出的各种具体认识、观点和基本结论。

结尾的写法也比较多,可以提出解决问题的方法、对策或下一步改进工作的建议;或总结全文的主要观点,进一步深化主题;或提出问题,引发人们的进一步思考;或展望前景,发出鼓舞和号召。

3.落款

落款可放在标题下方中间位置,也可放全文最后靠右位置。落款的内容包括调查者和调查时间两方面。一般调查报告不做硬性要求,多以单位名义处理。

**五、调查报告写作注意事项**

(1)调查覆盖面要广泛,且必须深入,切忌道听途说、看表面现象、以偏概全。

(2)调查必须客观,可以提前设置问题,但不能提前想好答案,带着很强的主观性去求证,将结论引导到自己想要的结果上。

(3)对收集到的材料必须分析,有观点有建议,不能简单地堆砌材料,让领导或读者自己去分析。

**病例修改:**

## ××市乡镇企业在治理整顿中的现状和发展前景

××市位于××,与××毗邻,津沪铁路从这里经过,交通发达。党的十一届三中全会以来,××市经济发展迅速,1989年底工业总产值达14.1亿元,比1979年翻了两番,粮食总产量5亿公斤,比1979年翻了一番。经济繁荣促进了农村商品经济的发展,特别是乡镇企业异军突起,发展迅猛,现已初具规模,主要从事轻工、纺织、服务、运输等多种行业,1989年乡镇企业总产值5.2亿元,是全市工商业产值的四分之一,农业总产值的1.25倍。其中乡镇企业工业产值3.4亿元,占全市工业总产值的33.9%,是我市经济五大块(重工业、纺织、粮油、食品、乡镇企业)中最大的一块,税收810万元,是农业税的3.42倍,占全市财政收入的四分之一,外贸出口额占全市实际出口额的31.8%,安排农村劳动力就业4万多人。但是,乡镇企业的发展近年来也出现了一些问题,主要是乡镇企业盲目发展,与国有大企业争原料,产品耗用资源大,质量低劣等,扰乱了经济秩序和人民的正常生活。1988年初,乡镇企业总数达521家,比1987年初猛增31%,仅羽绒厂就上了9家,争夺羽毛战使羽毛价格上涨,成本加大,羽绒制品的质量因技术落后而低劣,以次充好现象很多。1988年,中央制定了治理整顿深化改革的方针,收紧财政和信贷。××市金融系统根据这一精神,收紧对乡镇企业贷款,在总量控制下压回那些生产高耗能、低质量产品企业的贷款,支持效益好的企业,特别是出口创汇企业发展生产,即实行"信贷资金零增长"政策。这一政策对我市乡镇企业产生了很大的影响。从积极的方面来看,促进了乡镇企业在困境中求生存、谋发展。许多企业在断了银行贷款这一资金供应渠道后,迅速采取措施。

1. 多方开源、艰难发展。执行信贷资金零增长政策,主要是调整信贷结构,控制信贷总体规模。乡镇企业在银行没有增加贷款总量的情况下纷纷转向社会筹资。今年一季度,我市乡镇企业已筹集资金1530万元,其中信用社贷款40万元,向民间集资760万元,引进外地资金60万元,收取股金、风险金、抵押金50万元,弥补了大部分资金缺口,维持了基本生产。今年1—3月份完成产值1.7亿元,占年计划5.5亿元的31%,比去年同期增长12.7%。其中,乡办企业产值1亿元,占年计划的32%,比去年同期增长15%。

2. 调整产业结构。(略)

3. 促进乡镇企业加强经营管理。(略)

4. 参与信贷管理,提高信贷资金的使用效益。(略)

综上所述,紧缩信贷的一系列政策,对促进乡镇企业调整产业结构、降低成本、提高经济效益等方面起到了积极作用。××市经济秩序明显好转,物价趋于稳定,伪劣商品减少。如今,我市乡镇企业中电器元配件、食品、纺织,已占主导地位,为国有大企业提供配件,提供多种食品,平抑市场消费物价,出口纺织品,增加创汇。××镇草席编织厂利用银行贷款引进日本先进的编织机生产优质草席出口日本,一季度出口创汇15万美元,比去年同期增长50%。食品行业形成一条龙生产线,××乡食品站养殖场喂养蛋鸡,从饲料、种鸡到鸡蛋销售实行一体化经营,1—3月份为市场提供鸡蛋10万斤,解决了群众吃鸡蛋难的问题。一季度居民消费价格指数为61%,比去年同期下降10个百分点。

当然,在紧缩信贷中也出现了一些问题,需要引起足够的重视。(略)

总之,乡镇企业的发展,对于我国农村经济结构的进化和农业的发展,起到了"推进器"或"火车头"的作用,而乡村集体企业的萎缩和增长乏力,将对我国农村的总体发展,产生极为不利的影响。紧缩信贷,加强信贷资金管理,抑制了乡镇企业盲目发展,调整了产业结构,加强了经营管理,提高了经济效益,促进了乡镇企业协调稳定发展。对于在收紧银根中乡镇企业出现的一些自身无法克服的困难,银行应根据情况,会同有关部门帮助解决,使治理整顿达到预期的目的。

(陈家生主编:《写作训练指导》,华东师范大学出版社1997年版)

## 第五节　规章制度

例文评析:
例文1

北京大学章程

(2014年7月15日教育部第22次总务会议通过　2014年9月3日<br>正式核准生效)

序言

　　北京大学创立于1898年维新变法之际,初名京师大学堂,是中国近现代第一所国立综合性大学,创办之初也是国家最高教育行政机关。1912年改为现名。1937年南迁至长沙,与清华大学和南开大学组成国立长沙临时大学,1938年迁至昆明,更名为国立西南联合大学。1946年复员返回北平。1952年经全国高校院系调整,成为以文理基础学科为主的综合性大学,并自北京城内沙滩等地迁至现址。2000年与原北京医科大学合并,组建为新的北京大学。

　　北京大学是新文化运动的中心和五四运动的策源地,最早在中国传播马克思主义和科学、民主思想,是创建中国共产党的重要基地之一。长期以来,北京大学始终与祖国和人民共命运,与时代和社会同前进,是培养和造就高素质创造性人才的摇篮,认识世界、探求真理、解决人类面临的科学技术问题的前沿,知识创新、推动科学技术成果向现实生产力转化的重要力量,民族优秀文化与世界先进文明成果交流借鉴的桥梁。北京大学为中国革命、建设、改革事业做出了重要贡献,在中国走向现代化进程中,起到了先锋作用。

　　北京大学坚持社会主义办学方向,面向现代化、面向世界、面向未来,继承爱国、进步、民主、科学的光荣传统,弘扬勤奋、严谨、求实、创新的优良学风,秉承思想自由、兼容并包的学术精神，崇尚真理、追求卓越，走中国特色、北大风格的世界一流大学发展道路。

### 第一章 总则

第一条 根据宪法、教育法和高等教育法，制定本章程。

第二条 学校是国家举办的、实施高等教育的非营利性事业单位法人。国家核定办学规模，保障学校的办学条件和办学自主权。学校依法自主办学，接受国家监管和社会监督。

学校名称为北京大学（简称北大），英文名称为Peking University。学校法定注册地为北京市海淀区颐和园路5号。

校长为学校的法定代表人。

第三条 学校以人才培养为中心，以师生为根本，通过教学、研究与服务，创造、保存和传播知识，传承和创新文化，推动中华民族进步，促进人类文明发展。

第四条 学校坚持立德树人，坚持教学育人、研究育人、文化育人、实践育人相结合，追求世界最高水准的教育，培养以天下为己任，具有健康体魄与健全人格、独立思考与创新精神、实践能力与全球视野的卓越人才。

第五条 学校坚持自主创新、引领未来的方针，面向科学前沿和国家战略需求，营造和维护自由探索的环境，支持为探究真理而进行的独立多样、综合交叉的创造性研究，着力基础研究，促进应用研究，为中国及世界贡献新思想、新知识、新技术。

第六条 学校坚持学术自由、大学自主、师生治学、民主管理、社会参与、依法治校，实行现代大学制度。

第七条 学校实行中国共产党北京大学委员会（以下简称校党委）领导下的校长负责制。

### 第二章 职能

第八条 学校动员和组织资源，优化资源配置，主要发展自然科学、人文学科、社会科学、医药科学、工程与技术科学，开展人才培养、科学研究、文化传承创新、社会服务，开展深入、广泛的国际交流与合作。

第九条 学校主要开展全日制本科生和研究生教育，适当开展继续教育等其他类型的教育，依法确定和调整办学层次、结构和修业年限。

本科生教育坚持通识教育与专业教育相结合,研究生教育坚持高层次的专门化教育,突出正确价值观和社会责任感的培育,突出独立思考与创新能力的培养。

第十条　学校坚持公开、公平、公正的原则,制定招生方案、标准、程序和规则,健全科学的多样化选才体系,吸引中国及世界的优秀学生。

学校坚持卓越的教育标准,制定培养方案和培养计划,实行人才培养的全面质量管理。

学校自主设立、调整、变更或者撤销学士、硕士和博士学位学科专业、门类和名称,制定学位授予标准,决定学位授予并颁发证书。

第十一条　学校制定机构编制方案和管理办法,选聘和管理教职工、评聘教职工职务职级、选任内部组织机构负责人、制定薪酬体系。

第十二条　学校严格规范财务制度,依法管理、使用、处置资产,组织收入,决定收益分配。

第十三条　学校依法编制和实施规划,维护规划的权威性和严肃性。学校严格保护校园文物和环境,建设人文校园、智慧校园、绿色校园、和谐校园,保障校园学习、工作和生活的条件。

第十四条　学校健全议事决策规则与程序。凡重大决策作出之前须进行合法性审查。凡针对非特定主体所制定的、具有普遍约束力的决定须以规范性文件作出。

第十五条　学校建立内部审计制度,设立审计机构,在校长领导下依法独立行使审计职权,对学校及所属机构的业务活动、内部控制进行审计,对各内部组织机构负责人经济责任进行审计。

**第三章　人员**

第十六条　学校教职工包括教师、其他专业技术人员、职员和工勤人员,实行合同聘用制度。

学校实行教职工公开招聘制度,其中教师面向全球公开招聘。

第十七条　教职工享有下列权利:

(一)按规定使用学校的公共资源;

(二)公平获得自身发展所需的机会和条件;

(三)在品德、能力和业绩等方面获得公正评价;

（四）公平获得各种奖励及荣誉称号；

（五）对学校工作的知情权、参与权、监督权；

（六）就职务聘用、福利待遇、评优评奖、纪律处分等事项表达异议和提出申诉；

（七）依照法律、法规、规章、学校规定和合同约定，获得薪酬及其他福利待遇；

（八）法律、法规、规章与合同约定的其他权利。

第十八条　学校教职工应履行下列义务：

（一）忠于教育事业，贯彻国家的教育方针；

（二）爱岗敬业，勤奋工作；

（三）关心和爱护学生，尊重学生人格；

（四）制止有害于学生的行为或者其他侵犯学生合法权益的行为，批评和抵制有害于学生健康成长的现象；

（五）遵守学校规章制度；

（六）尊重学术自由，遵守职业道德；

（七）维护学校声誉和权益；

（八）法律、法规、规章规定和合同约定的其他义务。

第十九条　学校教师享有教学、研究和从事其他学术活动的自由；应为人师表、恪守师德，执行学校的教学计划，完成教育教学工作任务，不断提高学术水平，指导学生学习，组织、带领学生从事科学研究、社会实践，促进学生全面发展。

第二十条　学校健全教职工权益保护机制，为教职工行使权利和履行义务提供必要的条件和保障。学校实行教职工岗位职责考核制度，考核结果作为其聘任、晋升、解聘的重要依据，对成绩突出和为学校争得荣誉的教职工个人和集体予以表彰奖励，对违纪者依法依纪给予处理或者处分。

第二十一条　学生是指取得学校入学资格，具有学籍的受教育者，依法依规享有学习的自由，具有以下权利：

（一）参加教育教学活动，使用学校提供的公共资源；

（二）在思想品德、综合素质、学业成绩等方面获得公正评价，完成学校规定

学业后获得相应的学历证书、学位证书;

(三)公平获得在国内外学习深造和参加学术交流活动的机会;

(四)在校内组织、参加学生社团,发展自己的兴趣、爱好和特长;

(五)组织和参加社会服务、勤工助学及创新、创意、创业和文娱体育等活动;

(六)公平获得奖学金、助学金及助学贷款,享有规定的福利待遇;

(七)对学校工作的知情权、参与权、监督权;

(八)对学校给予的处理或者处分有异议,向学校或者教育行政部门提出申诉,对学校、教职工侵犯其人身权、财产权等合法权益,提出申诉或者依法提起诉讼;

(九)法律、法规、规章规定的其他权利。

第二十二条 学生应履行下列义务:

(一)勤学修德,慎思笃行,完成学业;

(二)热爱祖国,诚实守信,尊师敬友;

(三)遵守国家法律法规和学校规定;

(四)维护学校声誉和权益;

(五)按规定缴纳学费及有关费用;

(六)法律、法规、规章规定的其他义务。

第二十三条 学校健全学生成长成才的服务支持系统,完善学生权益保障机制,为学生提供良好的学习环境,充分保障学生行使合法权利,促进学生履行自身义务。学校对成绩突出和为国家、学校争得荣誉的学生个人和集体予以表彰奖励;对违纪者给予相应的处理或者处分。

学校支持学生团体自主活动和管理。

学校建立学生资助体系,保障学生不因家庭经济困难影响学业,为在学习和生活中遇到其他特殊困难的学生提供必要的帮助。

第二十四条 在学校从事教学、科研、交流活动或者接受培训、在职学习等教育的其他人员,依据法律法规、学校规定和合同约定,享有相应的权利,履行相应的义务。

**第四章 组织机构**(略)

**第五章　教学科研单位**(略)

**第六章　资产、财务**(略)

**第七章　校友及社会**(略)

**第八章　标识和校庆日**

第四十九条　学校徽志为双圆套形,徽志中心"北大"二字由三个人形图案组成,上下排列、左右对称;外环上方是大写"PEKING UNIVERSITY",下方是"1898"字样。

学校标准色为北大红。

第五十条　学校徽章为长方形,印有毛泽东题写的"北京大学"。

第五十一条　校旗为红底黄字的长方形旗帜,中央印有毛泽东题写的"北京大学",左上角配以学校徽志。

第五十二条　学校拥有标识专有权。

第五十三条　学校校庆日为5月4日。

**第九章　附则**

第五十四条　本章程经学校教代会讨论、校务委员会审议、校长办公会议审议、校党委审定后,由校长签发,报上级核准。

本章程修订按前款程序办理。

第五十五条　学校设立章程委员会,行使下列职权:

(一)对本章程提出解释说明文本;

(二)组织制定章程实施细则;

(三)监督本章程的执行情况,依据章程审查学校内部规章制度、规范性文件;

(四)提出本章程的修订动议,起草修订案。

第五十六条　本章程经核准,自发布之日起施行。

**【简析】**

这篇北京大学章程,标题由组织名称加文种组成;正文由总则、分则、附则三部分组成,这是比较规范的写法。一般团体性的章程都采用此法。这则章程因为内容丰富而采用了分章式写法,章下又分条,层次清晰,条理清楚。

例文 2

## 食堂管理制度

**一、总则**

1. 为了完善食堂管理,为职工营造一个温馨、卫生、整洁的就餐环境,特制定本规定。

2. 本规定适用于食堂工作人员、在公司就餐的职工。

3. 行政部负责对职工食堂进行管理,接受食堂工作人员和就餐职工的投诉。

**二、食堂工作管理**

4. 食堂管理实行"主管负责制",即由食堂主管对本食堂饭菜质量、卫生状况、就餐环境、员工配备等全面负责,并对发生的问题承担相应责任。

5. 食堂工作人员负责为公司员工提供一日三餐。

6. 食堂采购要精打细算、勤俭节约、适宜,合理安排好每天的用餐量,不造成菜肴变质、浪费或者分量不够。

7. 食堂用膳一天三餐,式样品种要变化多样,每天蔬菜、鱼肉、瓜果必须新鲜、洁净,无污染、无变质、无发霉,过夜变质食物严禁使用。

8. 烹调菜肴时,肉鱼豆类菜肴要做到烧熟煮透,隔餐菜应回锅烧透。食物不油腻,味精等尽量降低使用量。

9. 厨房操作间内的设备、设施与用具等应实行"定置管理",做到摆放整齐有序,无油腻、无灰尘、无蜘蛛网,地面做到无污水、无杂物。

10. 餐厅要清洁、卫生、通风,采取多种有效措施,不定期开展消灭蚊子、苍蝇工作,应采用防蝇门帘、纱窗、电子灭蝇器、灭蝇纸、灭蝇拍、定时喷洒药剂、实行垃圾袋装等各种防护措施,将餐厅蝇蚊污染减低到最低限度,做到无苍蝇、无蟑螂、无飞虫叮咬。

11. 桌椅表面无油渍、摆放整齐,经常清洗;地面每天清扫一次,每周大扫除一次,每月大检查一次,保持清洁,玻璃门窗干净,地面干净、无烟蒂。

12. 餐具使用后要清洗干净,不能有洗涤用品残留,每天消毒两次,未经消毒不得使用;消毒后的餐具必须贮存在餐具专用保洁柜中备用,已消毒和未消毒的餐具应分开存放,并有明显标志。

13. 食堂工作人员要待领导、员工全部用餐完毕,清理好桌面,打扫好卫生后方可离开。

14. 食堂人员每年必须进行定期身体检查,出现不适合食堂工作的情况,解除聘用。

**三、就餐管理**

15. 公司员工免费就餐,食堂实行刷卡消费就餐。行政部根据人事部提供的员工名单,每月对就餐卡充值,就餐时员工自行刷卡,未消费完的金额自动归零,行政部月底汇总后与财务部结算。

16. 本地员工(居住于五通桥区、市中区)每天 8 元(不含星期天),外地员工(居住于公司宿舍)每天 20 元(含星期天)。员工就餐卡内本月的金额消费完后,本人在财务部交费,行政部凭收据对其就餐卡充值。

17. 本地员工加班、临时需在食堂就餐,由部门开具就餐申请单交行政部,凭单在食堂就餐,不刷卡。本地员工若居住地离公司较远,需长期在公司宿舍居住,由本人提出申请,公司领导审批,行政部凭办公室的通知对其就餐卡充值。

18. 外来人员就餐需由各部门于开饭前两小时报行政部,免费的在办公室领取就餐卡,自费的在行政部购买餐票。

19. 就餐人员统计:公司各部门于前 1 日下班前将次日需就餐员工人数报行政部。

20. 食堂内不能随地吐痰,乱堆乱放食物,乱扔纸屑、垃圾,不得大声喧哗。

【简析】

这是一则为加强食堂管理而制定的规定性文书。内容明确,要求具体,分条列出,便于有关人员明确了解,严格遵守。用语严肃郑重,禁止用语的使用使其约束力更鲜明和突出。

**例文 3**

**婚姻登记条例**

(2003 年 8 月 8 日国务院发布)

**第一章 总 则**

第一条 为了规范婚姻登记工作,保障婚姻自由、一夫一妻、男女平等的婚姻制度的实施,保护婚姻当事人的合法权益,根据《中华人民共和国婚姻法》(以下简称婚姻法),制定本条例。

第二条　内地居民办理婚姻登记的机关是县级人民政府民政部门或者乡(镇)人民政府,省、自治区、直辖市人民政府可以按照便民原则确定农村居民办理婚姻登记的具体机关。中国公民同外国人,内地居民同香港特别行政区居民(以下简称香港居民)、澳门特别行政区居民(以下简称澳门居民)、"台湾地区"居民(以下简称台湾居民)、华侨办理婚姻登记的机关是省、自治区、直辖市人民政府民政部门或者省、自治区、直辖市人民政府民政部门确定的机关。

第三条　婚姻登记机关的婚姻登记员应当接受婚姻登记业务培训,经考核合格,方可从事婚姻登记工作。婚姻登记机关办理婚姻登记,除按收费标准向当事人收取工本费外,不得收取其他费用或者附加其他义务。

## 第二章　结婚登记

第四条　内地居民结婚,男女双方应当共同到一方当事人常住户口所在地的婚姻登记机关办理结婚登记。中国公民同外国人在中国内地结婚的,内地居民同香港居民、澳门居民、台湾居民、华侨在中国内地结婚的,男女双方应当共同到内地居民常住户口所在地的婚姻登记机关办理结婚登记。

第五条　办理结婚登记的内地居民应当出具下列证件和证明材料:

(一)本人的户口簿、身份证;

(二)本人无配偶以及与对方当事人没有直系血亲和三代以内旁系血亲关系的签字声明。

办理结婚登记的香港居民、澳门居民、台湾居民应当出具下列证件和证明材料:

(一)本人的有效通行证、身份证;

(二)经居住地公证机构公证的本人无配偶以及与对方当事人没有直系血亲和三代以内旁系血亲关系的声明。

办理结婚登记的华侨应当出具下列证件和证明材料:

(一)本人的有效护照;

(二)居住国公证机构或者有权机关出具的、经中华人民共和国驻该国使(领)馆认证的本人无配偶以及与对方当事人没有直系血亲和三代以内旁系血亲关系的证明,或者中华人民共和国驻该国使(领)馆出具的本人无配偶以及与对方当事人没有直系血亲和三代以内旁系血亲关系的证明。

办理结婚登记的外国人应当出具下列证件和证明材料：

（一）本人的有效护照或者其他有效的国际旅行证件；

（二）所在国公证机构或者有权机关出具的、经中华人民共和国驻该国使（领）馆认证或者该国驻华使（领）馆认证的本人无配偶的证明，或者所在国驻华使（领）馆出具的本人无配偶的证明。

第六条　办理结婚登记的当事人有下列情形之一的,婚姻登记机关不予登记：

（一）未到法定结婚年龄的；

（二）非双方自愿的；

（三）一方或者双方已有配偶的；

（四）属于直系血亲或者三代以内旁系血亲的；

（五）患有医学上认为不应当结婚的疾病的。

第七条　婚姻登记机关应当对结婚登记当事人出具的证件、证明材料进行审查并询问相关情况。对当事人符合结婚条件的,应当当场予以登记,发给结婚证；对当事人不符合结婚条件不予登记的,应当向当事人说明理由。

第八条　男女双方补办结婚登记的,适用本条例结婚登记的规定。

第九条　因胁迫结婚的,受胁迫的当事人依据婚姻法第十一条的规定向婚姻登记机关请求撤销其婚姻的,应当出具下列证明材料：

（一）本人的身份证、结婚证；

（二）能够证明受胁迫结婚的证明材料。婚姻登记机关经审查认为受胁迫结婚的情况属实且不涉及子女抚养、财产及债务问题的,应当撤销该婚姻,宣告结婚证作废。

### 第三章　离婚登记

第十条　内地居民自愿离婚的,男女双方应当共同到一方当事人常住户口所在地的婚姻登记机关办理离婚登记。中国公民同外国人在中国内地自愿离婚的,内地居民同香港居民、澳门居民、台湾居民、华侨在中国内地自愿离婚的,男女双方应当共同到内地居民常住户口所在地的婚姻登记机关办理离婚登记。

第十一条　办理离婚登记的内地居民应当出具下列证件和证明材料：

（一）本人的户口簿、身份证；

（二）本人的结婚证；

（三）双方当事人共同签署的离婚协议书。办理离婚登记的香港居民、澳门居民、台湾居民、华侨、外国人除应当出具前款第（二）项、第（三）项规定的证件、证明材料外，香港居民、澳门居民、台湾居民还应当出具本人的有效通行证、身份证，华侨、外国人还应当出具本人的有效护照或者其他有效国际旅行证件。

离婚协议书应当载明双方当事人自愿离婚的意思表示以及对子女抚养、财产及债务处理等事项协商一致的意见。

第十二条　办理离婚登记的当事人有下列情形之一的，婚姻登记机关不予受理：

（一）未达成离婚协议的；

（二）属于无民事行为能力人或者限制民事行为能力人的；

（三）其结婚登记不是在中国内地办理的。

第十三条　婚姻登记机关应当对离婚登记当事人出具的证件、证明材料进行审查并询问相关情况。对当事人确属自愿离婚，并已对子女抚养、财产、债务等问题达成一致处理意见的，应当当场予以登记，发给离婚证。

第十四条　离婚的男女双方自愿恢复夫妻关系的，应当到婚姻登记机关办理复婚登记。复婚登记适用本条例结婚登记的规定。

## 第四章　婚姻登记档案和婚姻登记证

第十五条　婚姻登记机关应当建立婚姻登记档案。婚姻登记档案应当长期保管。具体管理办法由国务院民政部门会同国家档案管理部门规定。

第十六条　婚姻登记机关收到人民法院宣告婚姻无效或者撤销婚姻的判决书副本后，应当将该判决书副本收入当事人的婚姻登记档案。

第十七条　结婚证、离婚证遗失或者损毁的，当事人可以持户口簿、身份证向原办理婚姻登记的机关或者一方当事人常住户口所在地的婚姻登记机关申请补领。婚姻登记机关对当事人的婚姻登记档案进行查证，确认属实的，应当为当事人补发结婚证、离婚证。

## 第五章　罚　　则

第十八条　婚姻登记机关及其婚姻登记员有下列行为之一的，对直接负责的主管人员和其他直接责任人员依法给予行政处分：

（一）为不符合婚姻登记条件的当事人办理婚姻登记的；

（二）玩忽职守造成婚姻登记档案损失的；

(三)办理婚姻登记或者补发结婚证、离婚证超过收费标准收取费用的。

违反前款第(三)项规定收取的费用,应当退还当事人。

### 第六章 附 则

第十九条 中华人民共和国驻外使(领)馆可以依照本条例的有关规定,为男女双方均居住于驻在国的中国公民办理婚姻登记。

第二十条 本条例规定的婚姻登记证由国务院民政部门规定式样并监制。

第二十一条 当事人办理婚姻登记或者补领结婚证、离婚证应当交纳工本费。工本费的收费标准由国务院价格主管部门会同国务院财政部门规定并公布。

第二十二条 本条例自2003年10月1日起施行。1994年1月12日国务院批准、1994年2月1日民政部发布的《婚姻登记管理条例》同时废止。

【简析】

这是一篇条例,标题由内容加文种组成,标题下有题注,标明发文机关和发布日期,正文采用章条式写法,明显标志是有章的划分,章数和章名居中排列,章下分条,篇幅长的规章制度一般采用章条式写法。

## 例文4

### 关于实行限量、节约、合理用水的规定

为缓和我市供水紧张局面,积极实行限量、节约、合理用水,确保全市人民基本生活用水的需要,特做如下规定:

第一条 实行限量计划用水

凡生产、营业和生活用水单位,均在现行用量的基础上压缩5%,并从7月1日起实行。限量以外需增加用水的必须提出申请,报市节约用水办公室批准,其增加水量部分按水价的1至5倍收费。未经批准超用的水量,除从下月限量指标扣除外,并按5至10倍加价收费;对继续超量用水者,停止供水。

第二条 定时供水

1. 凡有加压设施的用户,必须实行定时供水。居民住宅供水时间为4时至8时、11时至13时、16时至22时;机关、企事业单位等为7时至17时。经检查发现在定时以外供水者,每次罚款100元。

2. 凡自有蓄水池并有调节能力的用户,在16时至20时期间内不得向自有蓄水池放水,违者每次罚款100元。

3. 凡有自来水管设施的公园、花坛、绿地必须在22时后至次日4时前浇灌花木或者蓄水,违者对当事人每次罚款20至50元。

4. 对浇灌葡萄和小园田用水实行收费,7至9月份每棵葡萄月收费1元,每平方米园田月收费1角。浇灌时间必须在20时后至次日4时前,违者每次罚款50元。

第三条 加强供水设施管理,严禁长流水

1. 工程现场用水必须设专人管理,如发现1处长流水,按管径流量计算,追加全月用水量并加收1倍水费;发现2处加收4倍,发现3处以上者加收5倍,并对工地负责人罚款300至800元。

2. 严禁饭店、商店等服务行业和个体商贩利用长流水冲洗食物,如发现1次长流水,接当月用水量加收1至4倍水费,第二次加收5倍水费,第三次停止供水。

3. 严禁居民用长流水冷却食物,如发现罚款100元。

4. 供水设施损坏发生漏水时应及时报告维修部门,对于不及时报修者视其情节和漏水量予以批评和罚款。如维修部门未及时修理,由维修部门交纳罚款。

5. 凡自有加压设施的水箱、蓄水池,必须设浮球阀门,不得溢流,对不设或阀门失灵造成的溢流,接其流管径计算,追加全月水量并实行2至5倍加价收费。

6. 凡现有供水设施不合理的单位,必须在年内改造完;对不按期进行改造者除追加损失水量外,每发现1次对产权单位主要负责人罚款200元。

第四条 严禁用自来水浇灌街道绿地和喷洒道路

违者,对当事人罚款20至50元。

第五条 附则

1. 对拒不执行本规定者加重处罚,直到停止供水。

2. 本规定由市节约用水办公室和市自来水公司执行,其工作人员必须秉公办事,不得以权谋私,否则,给予处分及经济制裁。

3. 对企业的罚款不得摊入成本,对事业单位的罚款从包干结余中支付,对个人的罚款不得从公款中报销。

4. 本规定从2006年7月1日起执行。

（此件发至区属企事业单位及街道办事处）

××市城乡规划建设协调委员会
二〇〇六年六月二十八日

【简析】

这是一篇管理性规定。标题由事由和文种两部分组成。前言介绍了制定规定的目的和依据，主体采用条款式结构，明确提出了规定的要求，可操作性强，也是一份监督性的规章制度。

例文5

**著作权质权登记办法**

(2010年10月19日国家版权局第1次局务会议通过)

第一条 为规范著作权出质行为，保护债权人合法权益，维护著作权交易秩序，根据《中华人民共和国物权法》《中华人民共和国担保法》和《中华人民共和国著作权法》的有关规定，制定本办法。

第二条 国家版权局负责著作权质权登记工作。

第三条 《中华人民共和国著作权法》规定的著作权以及与著作权有关权利(以下统称"著作权")中的财产权可以出质。

以共有的著作权出质的，除另有约定外，应当取得全体共有人的同意。

第四条 以著作权出质的，出质人和质权人应当订立书面质权合同，并由双方共同向登记机构办理著作权质权登记。

出质人和质权人可以自行办理，也可以委托代理人办理。

第五条 著作权质权的设立、变更、转让和消灭，自记载于著作权质权登记簿时发生效力。

第六条 申请著作权质权登记的，应提交下列文件：

（一）著作权质权登记申请表；

（二）出质人和质权人的身份证明；

（三）主合同和著作权质权合同；

（四）委托代理人办理的，提交委托书和受托人的身份证明；

（五）以共有的著作权出质的,提交共有人同意出质的书面文件;

（六）出质前授权他人使用的,提交授权合同;

（七）出质的著作权经过价值评估的、质权人要求价值评估的或相关法律法规要求价值评估的,提交有效的价值评估报告;

（八）其他需要提供的材料。

提交的文件是外文的,需同时附送中文译本。

第七条　著作权质权合同一般包括以下内容:

（一）出质人和质权人的基本信息;

（二）被担保债权的种类和数额;

（三）债务人履行债务的期限;

（四）出质著作权的内容和保护期;

（五）质权担保的范围和期限;

（六）当事人约定的其他事项。

第八条　申请人提交材料齐全的,登记机构应当予以受理。提交的材料不齐全的,登记机构不予受理。

第九条　经审查符合要求的,登记机构应当自受理之日起10日内予以登记,并向出质人和质权人发放著作权质权登记证书。

第十条　经审查不符合要求的,登记机构应当自受理之日起10日内通知申请人补正。补正通知书应载明补正事项和合理的补正期限。无正当理由逾期不补正的,视为撤回申请。

第十一条　著作权质权登记证书的内容包括:

（一）出质人和质权人的基本信息;

（二）出质著作权的基本信息;

（三）著作权质权登记号;

（四）登记日期。

著作权质权登记证书应当标明:著作权质权自登记之日起设立。

第十二条　有下列情形之一的,登记机构不予登记:

（一）出质人不是著作权人的;

（二）合同违反法律法规强制性规定的;

（三）出质著作权的保护期届满的;

（四）债务人履行债务的期限超过著作权保护期的；

（五）出质著作权存在权属争议的；

（六）其他不符合出质条件的。

第十三条 登记机构办理著作权质权登记前，申请人可以撤回登记申请。

第十四条 著作权出质期间，未经质权人同意，出质人不得转让或者许可他人使用已经出质的权利。

出质人转让或者许可他人使用出质的权利所得的价款，应当向质权人提前清偿债务或者提存。

第十五条 有下列情形之一的，登记机构应当撤销质权登记：

（一）登记后发现有第十二条所列情形的；

（二）根据司法机关、仲裁机关或行政管理机关作出的影响质权效力的生效裁决或行政处罚决定书应当撤销的；

（三）著作权质权合同无效或者被撤销的；

（四）申请人提供虚假文件或者以其他手段骗取著作权质权登记的；

（五）其他应当撤销的。

第十六条 著作权出质期间，申请人的基本信息、著作权的基本信息、担保的债权种类及数额或者担保的范围等事项发生变更的，申请人持变更协议、原著作权质权登记证书和其他相关材料向登记机构申请变更登记。

第十七条 申请变更登记的，登记机构自受理之日起10日内完成审查。经审查符合要求的，对变更事项予以登记。变更事项涉及证书内容变更的，应交回原登记证书，由登记机构发放新的证书。

第十八条 有下列情形之一的，申请人应当申请注销质权登记：

（一）出质人和质权人协商一致同意注销的；

（二）主合同履行完毕的；

（三）质权实现的；

（四）质权人放弃质权的；

（五）其他导致质权消灭的。

第十九条 申请注销质权登记的，应当提交注销登记申请书、注销登记证明、申请人身份证明等材料，并交回原著作权质权登记证书。

登记机构应当自受理之日起10日内办理完毕，并发放注销登记通知书。

第二十条　登记机构应当设立著作权质权登记簿,记载著作权质权登记的相关信息,供社会公众查询。

著作权质权登记证书的内容应当与著作权质权登记簿的内容一致。记载不一致的,除有证据证明著作权质权登记簿确有错误外,以著作权质权登记簿为准。

第二十一条　著作权质权登记簿应当包括以下内容:

(一)出质人和质权人的基本信息;

(二)著作权质权合同的主要内容;

(三)著作权质权登记号;

(四)登记日期;

(五)登记撤销情况;

(六)登记变更情况;

(七)登记注销情况;

(八)其他需要记载的内容。

第二十二条　著作权质权登记证书灭失或者毁损的,可以向登记机构申请补发或换发。登记机构应自收到申请之日起5日内予以补发或换发。

第二十三条　登记机构应当通过国家版权局官方网站公布著作权质权登记的基本信息。

第二十四条　本办法由国家版权局负责解释。

第二十五条　本办法自2011年1月1日起施行。1996年9月23日国家版权局发布的《著作权质押合同登记办法》同时废止。

**【简析】**

这是一则实施法律的办法,其具体内容是根据《中华人民共和国物权法》《中华人民共和国担保法》和《中华人民共和国著作权法》的有关规定制定的,主要包括办法制定的目的、依据,具体的工作要求及相关工作办法,内容细致、操作性强,是日常工作的主要依据。

规章制度是党政机关、人民团体、企事业单位出于管理的需要,依照国家的方针、政策或有关法律、法规,在自己的权限范围内制定的具有法规性与约束力,要求特定范围内人人必须遵守的规范和准则。

## 一、规章制度的种类

规章制度是个总称,它的种类主要有如下几种:

1. 条例

条例是对某一方面的工作做比较全面、系统的规定。例如《工伤保险条例》《法律援救条例》。

2. 规定

规定是对某一方面的工作做部分的规定。例如《女职工保护规定》。

3. 办法

办法是对某一项工作做比较具体的规定。例如《医疗美容服务管理办法》。

4. 章程

章程是对一社会组织的性质、宗旨、任务、机构及成员的条件、权利、义务等做出规定。例如《中国共产党章程》《××公司章程》。

5. 实施细则

实施细则是对某一法律、法规或规章做详细、具体的规定。例如《中华人民共和国专利法实施细则》。

6. 规则

规则是对某一事项或活动的规矩做出具体规定。例如《跨区跨省电力优化调度暂行规则》。

7. 守则

守则是对一定范围或类别的人员订出的共同遵守的行为准则。例如《国务院工作人员守则》。任何机关、团体和企事业单位都可以制定守则。

8. 制度

制度是对工作、学习、生活等方面订出的规程或准则。任何机关、团体和企事业单位都可以制定工作制度、学习制度、作息制度等。例如教育部制定的《教育收费公示制度》。

9. 公约

公约是对文明、道德、卫生等方面协商约定的共同遵守的行为规范。例如《文艺工作者公约》《××小区卫生公约》。

10. 须知

须知是对某一范围、工作或活动中的人员应当知晓和遵守的事项做出告知。例如《游园须知》《阅览须知》。

## 二、规章制度的作用

在我们国家,规章制度起着规矩准绳的作用,它是统一行动、统一步伐,帮助我们有效地组织生产、做好工作、迅速处理问题、分清是非界限和有秩序地进行一切活动的不可缺少的工具。规章制度的作用主要体现在以下几个方面:

1. 贯彻执行党和国家的方针政策和法律法规。有些方针政策和法律法规比较概括和原则,贯彻执行时需要具体化;还会遇到新情况、新问题和不同地区的特殊情况,需要根据方针政策和法律法规的基本精神和原则要求制定必要的规章制度,以使之在各地区、各部门和各单位贯彻落实。

2. 保障各项工作有序进行。各机关、团体和企事业单位有健全的规章制度,使各项工作行之有序,要求明确,职责分明,就能保障工作的顺利开展,避免陷入混乱状态。

3. 维护人民群众的合法权益。规章制度要求大家遵守执行,对人们的行为有不同程度的约束力,但同时也是为了维护人民群众的合法权益。

## 三、规章制度的特点

规章制度具有如下特点:

1. 法规性。规章制度是为了加强管理、维护社会生活秩序而制定的,其实质是人们的行为准则与规范,因此,具有法规的性质。

2. 约束性。规章制度属于管理类的文书,一经公布实施,就要求有关人员遵照执行,具有一定的强制性和约束力。

3. 规范性。规章制度是出于规范人们的行为而制定的,一般就某一方面的工作或事务对有关人员的行为、工作流程、工作秩序等做出统一要求,即对于人们的行为具有规范的作用。

4. 层次性。规章制度的制发者必须依据有关法律、法规的规定,在自己的职权范围内制定相应层次的规章制度,这就决定了各类规章制度文书在内容、有效范围及约束力等方面具有明显的层次性。

5. 程序性。规章制度的制发有严格的程序要求,即通过法定程序讨论通过,然后按照一定的程序发布实施。

6.周密性。规章制度的内容实质是人们的行为准则与规范,其制定目的是维护稳定与和谐,这就要求其能够使人们的行为趋于一致。要达到这样的目标,规章制度的规定就必须细致而周到,既不能有遗漏和疏忽,也不能含混不清,更不能有歧义。在语言表述上,要力求做到表意准确,无懈可击。

7.广泛性。规章制度广泛应用于社会生活的方方面面,上至国家最高领导机关,下至事业单位,都需要用规章制度规定有关人员应该遵守的事项、职责或应该达到的标准等,以保证工作、学习或生活的有序、有效与和谐。

8.条款性。这是就其表现形式而言的,即规章制度的主要内容,几乎全部是以条款罗列。

**四、规章制度的写法格式**

规章制度一般分标题、正文和落款三个部分。

1.标题

规章制度的标题,常用的有以下几种形式:

一是由制定者、事由、文种三要素组成。例如《中华人民共和国税收征收管理暂行条例》,"中华人民共和国"是制定者,"税收征收管理"是事由,"条例"是文种。

二是由制定者和文种两个要素组成。例如《中国作家协会章程》《国务院工作人员守则》。

三是由事由和文种两个要素组成。例如《工伤保险条例》。还有的标题中没有制定者,而要在标题下用括号注明,例如《合理化建议和技术改进奖励条例》(1982年3月16日国务院发布,1986年6月4日国务院修订发布)。

四是由适用范围、事由、文种三要素组成。例如《陕西省人民调解工作规定》。

五是单独由文种名构成。例如《公约》。

2.正文

规章制度的正文内容比较格式化,基本上可分为三个组成部分:开头、主体和结尾。

(1)开头,一般是说明制定本规章制度的依据、目的或背景,还有的阐述了本规章制度的基本原则,最后写上"特制定本规定(或条例、守则、办法等)"。如果分章节的规章制度,则可单列一章,称为"总则""总纲"或"序言"。例如《中华人民共和国税收征收管理暂行条例》,第一章即为总则,除说明了制定这个条例的机关外,还规定了实施这个条例的基本原则。如果不分章节,只分条款写的规章制度,这部分内容可在第一条写出。

(2)主体

主体,叙述规章制度的内容,它是规章制度的核心。如果内容较多,可以分章,章下分条、款。例如《中华人民共和国税收征收管理暂行条例》,除"第一章总则"外,还有"税务登记""纳税鉴定""纳税申报""税款征收""账务、票证管理""税务检查""违反处理"七章,每章又分若干条。也有的规章制度不分章,只分条,例如《中华人民共和国森林法实施细则》。

(3)结尾

结尾,一般称附文,又叫附则,是主体部分的补充和说明,如本规章制度适用范围、具体解释权以及有关事项的说明、实施日期等。凡是分章写的规章制度都在最后单列这一章。

3.落款

在正文的右下方写明制定规章制度的单位名称和日期。如果在标题中已出现或者在题注中已有的,无须再写。由上级机关随公文发送的规章制度也可省略这一部分。


**病例修改:**

**学院科研处服务规定**

为强化服务理念,办人民满意的高等教育,科研处对服务教师、服务科研做如下规定:

1.礼貌接待。科研处人员在工作时间要礼貌接待每一位教师,说话和气,态度和谐,主动请坐送水。

2.热心服务。科研处人员要为来处办理事情的教师着想,在课题申报、课题管理、课题结项等事务中细心审阅材料,让教师能一次办结的不跑两次,能两次办结的不跑三次,尽可能减少教师来处办理次数,宁愿自己麻烦三遍,不让教师麻烦一遍。

3.提高效率。科研处人员努力提高工作效率,办理项目结项一般不超过两个月,超出两个月要向科研处处务会汇报,以及向项目主持人说明,并告知最后办理期限。

4. 给予帮助。对教师科研中遇到的实际问题、实际困难,要设身处地想方设法给予帮助,让办理事务的教师乘兴而来,满意而去。

科研处<br>2010 年 10 月 20 日

## 第六节　写作训练

一、制订一份你所任职部门某项(或某个时期)工作侧重于措施(或步骤)的计划。

二、写一篇汇报性总结。以你所在单位的名义,以相对完整的过程(如一年、一个学期、完成一项任务)为时限,总结已完成的工作,要求重点突出,在回顾的基础上,做出评价,提出方向。

三、对高校大学生的思想、学习、生活状况进行调查,在下列题目中任选其一写一份调查报告:
(1)当前大学生的消费状况;
(2)当前大学生的价值观;
(3)当前大学生的择业方向与择业观念;
(4)当前大学生的心理状况;
(5)当前大学生的思想政治状况。

四、下面是一篇微型调查报告,请将它按简报的格式,编成一份以××卫生厅名义编发的《卫生简报》。

接连有几位在××市××医院住院的病人向本报接待室反映,××医院把食堂楼上出租给私人开办舞厅,噪声使许多住院病人难以静养休息,希望记者进行调查。

经了解，××市××街道文化站以一年2.5万元的租金，向××医院租用了食堂的二楼，开办了一家"亦乐厅"舞厅，经简单的装修后于去年11月对外开放，舞厅每天上午、下午、晚上举办3场，晚场到晚上10时结束。每场最多可容纳100多名舞客。舞厅没有隔音设备，玻璃窗即使全部关上，也挡不住乐队伴奏和音响设备发出的强音。舞厅和住宅区相距仅20米，据记者向住在病区西侧几个病房的病人征询，他们反映舞厅的噪声时有所闻，尤其是晚上9时以后，夜深人静，噪声更加刺耳。

经记者向××市和××省的文化市场管理办公室查询，"亦乐厅"并未经过这两家审批。在舞厅办公室里悬挂着区文化局批准的"营业许可证"，但区文化局负责人表示，区里无权批准这类经营性舞厅，现"亦乐厅"正在抓紧时间补办审批手续。就是这样一家未经管理部门批准的舞厅，却已骚扰病人3个月了。

省卫生厅有关负责人向记者表示，病房要求安全、卫生、舒适，医院里一些发出噪声的设备，如制冷机、鼓风机，都要远离病区。我们虽然提倡医院开展文体活动，但是医院出租场地开办营业性舞厅显然是不恰当的。

据悉，××医院正在采取改进措施。

（陈家生主编：《写作训练指导》，华东师范大学出版社1997年版）

五、某大学要评选出在学年中表现优异的学生，并对他们进行奖励，请为学校拟定《××大学优秀学生评选与奖励办法》。

六、根据正文内容以××商场的名义写一份《××商场营业员守则》，要求全体营业员遵照执行。

为了繁荣社会主义市场经济，提高市场经济效益和竞争力，要全心全意为人民服务，要文明经商，礼貌待客；不要冷落、顶撞顾客，不能走后门和优亲厚友；要执行商品供应政策和价格政策；要维护社会主义商业信誉、买卖公平；要坚守岗位，遵守劳动纪律、柜台纪律和商场规章；要保持商品整洁、商品陈列整齐和美观；上班要穿工作服，佩戴工号章，要爱护公物，廉洁奉公，遵守纪律。

七、根据学校学生管理的有关规定和班级实际情况，制定一份含思想素质修养、纪律、学习等内容的班级管理条例。

# 第五章　专用文书写作

## 第一节　商务协约文书写作

### 一、合同

**例文评析**

聘 用 合 同

甲方：江西×××有限公司

乙方：×××

　　经考核，甲方决定录用乙方为正式员工。根据《中华人民共和国劳动法》和有关规定，甲乙双方经平等协商一致，订立合同如下：

　　1.双方合同期为三年，从　年　月　日起至　年　月　日止。其中，从　年　月　日起至　年　月　日为试用期。

　　在试用期内，甲方认为乙方不符合录用条件的，可以随时解除劳动合同。乙方也可以随时解除本合同。

　　2.乙方工资及福利待遇：

　　基本工资依据职位和岗位等级标准支付，每年依工作表现调整；

　　所有津贴均已包含在基本工资内，不另行支付；

　　遵照社会保险条例要求，甲方为其交纳国家规定的社会保险；

　　甲方根据公司的经营效益给乙方发放适当的奖金。

　　3.甲方基本权利和义务：

　　根据工作需要和规章制度及本合同条款规定，对乙方进行管理；

　　保护乙方合法权益，根据乙方工作表现实施奖励和处罚；

　　甲方有权根据业务需要、乙方能力和工作表现等安排调整乙方工作；

　　甲方可视经济效益和乙方的技术水平、业务熟练程度、劳动效率、工作绩等逐步提高乙方的劳动报酬。

4. 乙方基本职责：

遵守国家政策、法律、法规以及甲方制定的规章制度和劳动纪律；

服从甲方的管理和要求，不得擅离职守；

完成甲方指派的工作任务和经济指标；

保守甲方的业务、技术及有关文件的秘密；

乙方不得从事与甲方业务范围相似的任何第二职业；

按甲方的工作要求而加班和出差。

5. 有下列情况之一，甲方可以解除或终止合同：

(1) 乙方患病或非因公负伤，医疗期满后不能从事原工作的；

(2) 严重失职，营私舞弊，对甲方利益造成重大损害的；

(3) 乙方违反劳动纪律，经教育或处分仍然无效的；

(4) 被依法追究刑事责任的；

(5) 劳动者不能胜任工作，经过培训或者调整工作岗位，仍不能胜任工作的；

(6) 甲方濒临破产进行法定整顿期间或者生产经营状况发生严重困难，确需裁减人员的。

6. 有下列情况之一，甲方不得解除合同：

(1) 乙方患病或非因工负伤在规定的医疗期内的；

(2) 乙方患有职业病或因工负伤在治疗、疗养期内的，以及经医疗终结确认部分或全部丧失劳动能力的；

(3) 乙方在孕期、产期和哺乳期间的。

7. 有下列情况之一，乙方可与甲方解除合同：

(1) 经劳动安全监察部门确认，企业的劳动安全、卫生条件达不到规定的标准，严重危害乙方身体健康的；

(2) 甲方不按合同规定支付乙方劳动报酬和福利待遇的；

(3) 甲方不履行合同或违反法律、法规规定，侵害乙方合法权利的；

(4) 乙方本人有特殊情况，需要辞职并经甲方同意的。

8. 除按第五条第2、3、4项规定以及法律规定的解除聘用合同条件外，甲乙任何一方在解除聘用合同时，须提前一个月通知对方，任何一方违反聘用合同，给对方造成经济损失的应根据其后果和责任大小,予以相应的经济赔偿。

9. 双方终止或解除聘用合同时,如乙方符合第五条第1、5、6项,甲方应当依照国家有关规定给予经济补偿。

10. 乙方因违反纪律而被辞退或乙方符合第七条第4项规定,则甲方不给予任何经济补偿。乙方被开除、劳动教养或判刑,聘用合同自行解除,不再另行通知。

11. 乙方在甲方工作期间因工负伤或死亡,则由甲方按照有关规定支付其医疗费、生活补助费以及死亡丧葬费和家属抚恤金。

12. 乙方享有中国政府规定的公休、节假日、婚丧、计划生育及女工孕期、产期休假等有关待遇。

13. 甲方明确执行国务院颁发的劳动法之规定,实行平均每周四十小时的工时制度。

14. 职工必须遵守甲方有关保密资料的规定,违反上述行为者将根据情况承担相应的责任。

15. 合同期满一个月,双方如无异议且书面通知对方的,则合同自动延期生效一年。

16. 当执行本合同发生争议时,由甲乙双方协商解决。在二十日内协商无效时任何一方都可以向当地劳动争议仲裁委员会申请仲裁,对裁决不服的,可在接到仲裁决定书后十五日内向有管辖权的人民法院起诉。

17. 本合同自签字之日起生效。双方必须严格执行,未经双方同意,任何一方不得修改和变更。本合同壹式贰份,甲乙双方各存壹份。

江西＿＿＿＿＿＿＿有限公司(甲方)　　　　受聘者＿＿＿＿＿＿＿(乙方)
　　　年　月　日　　　　　　　　　　　　　　　年　月　日

【简析】

　　此合同为甲方向乙方发出聘用而签订,格式恰当,各种项目齐全。标题直接按合同的性质来拟定,即由性质、文种两部分构成。首部写明当事人双方单位名称及简称。引言部分标明签订合同的根据及标的对象,以"订立合同如下"的过渡语引出主体部分。合同主体部分以条文式结构详细地列出了合同期限、甲乙双方的基本权利与义务、合同的变更和解除、合同争议的解决、合同生效时间及份数等双方协议内容。条目清晰明确,语言准确恰当。

1999年3月15日国家颁布的《中华人民共和国合同法》规定:"合同是平等主体的自然人、法人、其他组织之间设立、变更、终止民事权利义务关系的协议。"

### 一、合同的基本原则

1. 平等原则:合同当事人的法律地位平等,任何一方都不得将自己的意志强加给另一方。

2. 自愿原则:当事人依法享有自愿订立合同的权利,任何单位和个人不得予以非法干预。

3. 公平原则:合同当事人双方权利和义务的确定应保证公平。

4. 诚信原则:当事人行使权利、履行义务应当诚实讲信用。

5. 合法原则:合同当事人行使权利义务不得违反国家法律法规。

### 二、合同的种类

根据合同的内容,合同法把合同分为以下十五类。

1. 买卖合同。它是出卖人转移标的物的所有权于买受人,买受人支付价款的合同形式。

2. 供用水、电、气、热力合同。如供用水合同是供水人向用水人供水,用水人支付水费的合同。供电、供气、供用热力合同也如供水合同。

3. 赠予合同。它是赠予人将自己的财物无偿馈赠予受赠人,受赠人表示接受赠予的合同形式。

4. 借款合同。这是借款人向贷款人借款,到期返还借款并支付利息的合同形式。民间的借条是相互约定的却不是一种规范的合同样式,在法律上仍然属于有效合同。

5. 租赁合同。它是出租人将租赁物交付给承租人使用,而承租人支付租金给出租人的合同形式。

6. 融资租赁合同。这是指出租人根据承租人对出卖人、租赁物的选择,向出卖人购买租赁物,提供给承租人使用,承租人支付租金的合同。

7. 承揽合同。它是承揽人按照订做人的要求完成工作,交付工作成果,订做人给付报酬的合同。

8. 建设工程合同。它是承包人进行工程建设,发包人支付价款的合同。

9. 运输合同。它是承运人将旅客或货物从起运地点运输到约定地点,旅客、托运人或收货人支付票款或运输款的合同。

10. 技术合同。它是当事人双方或多方就技术开发、转让、咨询或者服务签订的确定相互权利和义务的合同。

11. 保管合同。它是保管人保管寄管人交付的保管物,寄管人给予保管费用,保管人完整返还该物的合同。

12. 仓储合同。它是保管人储存存货人交付的仓储物,存货人支付仓储费用的合同。

13. 委托合同。它是委托人和受托人约定,由受托人全权处理委托人事务的合同。

14. 行纪合同。它是行纪人以自己的名义替委托人从事贸易活动,委托人依约支酬的合同。

15. 居间合同。它是居间人向委托人报告订立合同的机会或者提供合同的媒介服务,委托人支付报酬的合同。

**三、合同的写作格式**

一般来说,合同应按以下结构来写。

1. 标题

一般按合同的性质来确定标题,如"聘用合同""租赁合同"。也可以在标题中写明标的物的名称,如"土地转让合同"。

2. 首部

写明订立合同当事人双方或多方的名称(姓名)即可。

3. 正文

(1)引言。简要说明合同的订立情况。如"为了……,经双方充分协商,特订立本合同,以便共同遵守"。

(2)合同目的。即"合同标的",合同当事人权利和义务共同指向的对象。标的是合同成立的必要条件,没有标的,合同不能成立。这是合同的关键部分,因为标的直接体现了合同的性质,而且当出现约定不明时,它是解释的主要依据。如"甲方向乙方销售 iPhone 8 手机 800 部"。

(3)合同的基本条款。双方当事人可根据不同类型合同的实际需要,对合同内容做出具体约定。大致来说,条款分为以下几方面:

双方的权利义务:这部分需写明数量、质量、价款或者报酬、履行期限、地点和方式,以及其他权利义务。

违约责任:一要考虑周全,充分估计可能发生的情况,比如当事人无法预料、不能躲避与抗拒的自然灾害等因素。二要明确责任,写清楚当事人违约必须承担的法律责任。

争议的解决:当事人可参考合同法第一百二十八条规定:"当事人可以通过和解或调解解决合同争议。当事人不愿和解、调解或者和解、调解不成的,……可以向人民法院起诉。"

合同的变更和解除:写明在什么情况下,通过什么程序变更或解除合同。

(4)附则。主要写明合同共几页、几份、附件、合同的有效期限以及未尽事宜等。

4. 签章

签章也称尾部,主要是当事人双方的具体信息并进行签章。一般要写各方单位或姓名的全称,并分别盖章。如需上级单位或公证机关签署意见,要注明并盖章。当事人是企业法人的,应盖合同专用章,不得加盖行政专用章。

**病例修改:**

## 果园承包合同

甲方:××县××乡××村

乙方:承包户×××

为促进果品生产,增加集体和个人经济收入,根据中央有关文件精神,经村委会研究和甲乙双方充分协商,特订立本合同。

1. 甲方将村南岭的苹果园共10亩、苹果树1000株承包给乙方。承包期间乙方自主经营,果园土地及果树所有权归甲方,乙方有经营管理权和承包收益权,但不得对之进行买卖和出租。

2. 承包期为8年,从2000年1月1日到2007年12月31日。

3. 乙方在承包期内共向甲方以现金的形式缴纳承包费10万元,甲方收款后立即开出收据。

4.甲方的权利义务:(1)甲方需将国家分配的扶持苹果生产的化肥指标全部交乙方购买;(2)甲方有权监督乙方履行合同义务,但不得干涉乙方的自主经营权;(3)甲方收取承包费。

5.乙方的权利义务:(1)乙方必须对果园妥善管理,自己负责生产工具,一切费用自理;(2)乙方在完成国家指派的任务后,对剩余部分有自行销售权;(3)乙方应完成国家水果销售税收任务。

6.甲乙双方任何一方违约,皆可解除合同。

7.本合同正本一式两份,甲乙双方各持一份。合同副本一份,交××乡管委会。本合同自双方签字之日起生效。

甲方:××县××乡××村(公章)　　　　乙方:承包户×××(章)
2000年1月1日　　　　　　　　　　　　2000年1月1日

## 二、协议书

**例文评析:**

**例文1**

### 就业协议书

甲方:××广播电视大学　　　　　　　乙方:××
地址:×××××　　　　　　　　　　地址:×××××
电话:××××　　　　　　　　　　　电话:×××××

为了帮助毕业生解决就业问题,解除学生及家长的后顾之忧,甲方与乙方(报考我校的学生)签订以下协议:

一、甲方在入学时负责对乙方进行面试,要求乙方五官端正,身高符合一定要求,身体健康,无影响就业的疾病。

二、乙方在校期间,必须保证各门功课成绩合格,思想品德鉴定优良,按期获得毕业证书和各专业相应的从业资格证书,严格遵守甲方的各项规章制度,若违反学校的规章制度或违纪违法,其安置就业甲方将不予负责。

三、就业遵循"双向选择"的原则,甲方负责组织召开人才招聘会,让毕业生自主选择适宜的岗位就业,对于在人才招聘会上未找到合适岗位的乙方,甲方负责将不同层次、不同专业的乙方分批推荐到本市、外地企事业单位就业。

四、对于有毒有害、危及人身安全的岗位,甲方不予推荐。甲方安置乙方到用人单位后,跟踪服务一年,在此期间被解雇或不满意现有工作的乙方,由我校重新予以安置;同时在上岗第一年内所产生的劳务纠纷,均由甲方负责与用工单位协商解决。

五、乙方符合就业要求未被安置的,甲方退还全部学费。乙方在用人单位必须维护甲方的形象,若有违法乱纪行为被开除或劝退的,甲方不退还学费,并不再予以安置。

六、若乙方修业期满,愿意在本校继续连读专科或本科的,甲方负责按有关规定为乙方办理相关入学手续,《就业协议书》涉及的有关事项继续有效。

本协议一式两份,甲乙双方各执一份。

甲方:××广播电视大学　　　　　　乙方:学生(签字)
法人代表:校长(签字)　　　　　　　监护人:家长(签字)
×××年×月×日　　　　　　　　　×××年×月×日

【简析】

这是一份学校与学生之间签订的就业协议。主旨比较明确,即为帮助毕业生解决就业问题。围绕这一问题,当事人双方就各自的权利与义务协商达成一致。协议充分考虑了关乎学生毕业问题的各种情况,并对之做出相应说明,以保证学校与学生之间在就业问题上不会产生纠纷。总体来看,这份协议简明概括,一经签署,便具有法定效力。

## 例文 2

### 中外合营高级××瓷砖及彩色××砖生产线协议书

甲方:××市新型××材料厂
乙方:香港××××有限公司

双方本着友好合作、共同发展的精神,就高级瓷砖及彩色××砖生产项目,建立合资企业,于2015年3月××日,在××××饭店,进行了认真洽谈,达成如下协议。

一、合资企业名称:××集团××××有限公司

二、经营范围:高级××墙地砖

三、生产规模:年产量为××××万平方米××砖或×××万平方米××砖(按335天计)。

四、合资企业享受国家及省、市有关合资企业的优惠规定。

五、双方初步商定,总投资额为××××万美元,其中注册资金××××万美元,甲、乙双方各投资××%,即×××万美元,差额部分由合资企业在银行贷款。

六、出资方式:双方均以美元现汇注入。

七、生产及办公用厂房(面积约9000平方米)的总投资如不超过×××万美元(×××万人民币),则此部分投资由双方共同投入;水、电、气及生产服务的设施,甲方向合资企业有偿提供。

八、合资年限:20年。

九、销售:甲方内销××%,乙方外销××%。

十、利润分成:按股本金比例分成,即双方按税后利润的××%分成。

十一、双方责任:

甲方:1.落实注册资金;2.配合选择合适场地;3.负责组织和申报有关手续,甲、乙双方共同制定可行性报告。

乙方:1.尽快联系与生产有关的设备报价;2.落实乙方的注册资金;3.甲方需考察设备及工艺,乙方应给以协助,并提供方便。

十二、双方商定,在协议经双方签字认可后,即积极开展前期准备工作,在适当的时机,再做进一步详细洽商,在此期间内,应经常保持联系,努力尽早地完成这一项目。

以上几点,双方代表签字后,各执一份以备考察。

甲方:××××市新型××材料厂　　乙方:×××香港××××有限公司
×××年×月××日　　　　　　　　×××年×月××日

【简析】

本协议书标题即体现出协议内容,首部标明甲乙双方单位名称。引言部分

说明签署协议的具体时间与地点,以"达成如下协议"引出下文。主体部分详细地就双方合作中所涉及的投资规模、出资方式、办公场所、合资年限、权利义务等方面做出说明,是一份较为成功的协议书。

协议书有广义和狭义之分。广义的协议书是指社会集团或个人处理各种社会关系、事务时常用的"契约"类文书,包括合同、议定书、条约、公约、联合宣言、联合声明、条据等。狭义的协议书指国家、政党、企业、团体或个人就某个问题经过谈判或共同协商,取得一致意见后,订立的一种具有经济或其他关系的契约性文书。

**一、协议书的种类**

协议书的使用范围极为广泛,按照其作用不同,协议书可以分为意向式协议书,补充、修订式协议书和合同式协议书。

1. 意向式协议书。此类协议书用于签订正式合同之前,对某些问题或事项做出原则性的规定,起到意向作用,表明双方合作的诚意,为日后签订合同做准备。

2. 补充、修订式协议书。此类协议书用于正式合同之后,由于情况发生了变化,经当事人协商同意,补充、修订已签订合同的某些条款,以使合同更为严谨、更为完善。

3. 合同式协议书。有的协议书因已符合双方权利、义务明确、具体的规定,因而就具有合同的特征和作用。凡是《中华人民共和国合同法》规定的15种合同形式以外的合作形式,均可以协议书的形式来表现(实际上就是合同),具有与合同相同的法律效力。

**二、协议书与合同的区别**

协议书与合同在格式与内容上基本相同,但也有一定的区别:

1. 合同法第二条规定:合同是平等主体之间设立、变更、终止民事权利义务关系的协议。合同是具有特定内容的协议,所有的合同都是协议,但并非所有的协议都是合同。

2. 协议书的内容比较原则、简单、概括,往往是共同协商的原则性意见;而合同内容明确、具体、详细,各方面的问题全面周到。

3. 协议书的适用范围广泛,可以是共同商定的各方面的事务;而合同主要是经济关系方面的事项。

4.合同一次性生效,而协议书签订以后,往往就有关具体问题还需要签订合同加以补充、完善。

5.根据其实质内容来看,如果协议的内容写得比较明确、具体、详细、齐全,并涉及违约责任,即使其名称写的是协议,也是合同;如果合同的内容写得比较概括、原则、很不具体,也不涉及违约责任,即使其名称写的是合同,也不能称其为合同,而是协议。

**三、协议书的写作格式**

协议书通常由标题、立约单位、正文、尾部四部分组成。

1.标题

协议书标题的写法比较灵活,可以是"双方单位名称+事由+文种",如《××学校与××公司员工培训协议书》;可以是"事由+文种",如《离婚协议书》;也可以是"双方单位名称+文种",如《××厂与××公司协议书》。

2.立约单位

写明签订协议书双方或多方当事人的单位和姓名等信息。

3.正文

协议书的正文一般由引言、主体、结尾三部分组成。

(1)引言。主要概括说明合作双方签订协议书的目的或依据,文末一般用"达成以下协议""签订如下协议"等句式转入下文。

(2)主体。这是协议书的核心内容部分,一般采用分条列项的方法,而且每一个项目还列出小标题,使之一目了然。不同种类的协议书,由于内容不同,在实际拟写时,可以根据具体情况来拟写条款。

(3)结尾。说明本协议书一式几份及执存事项。

4.尾部

双方当事人、见证人、中介人的名称,并加盖印章,签署协议时间。

**病例修改:**

## 互换办公用地协议

甲方:××贸易总公司

乙方:××市广告集团公司

甲乙双方为了便于在穗深两地联系业务,需交换写字楼作为各自的办事处。现本着友好合作的精神制定如下协议：

一、甲方在广州市隆兴路168号大楼中为乙方提供一单元住宅（三房一厅，实用面积不得小于80平方米）作为乙方驻穗的办事处用房。

二、乙方在深圳市为甲方提供同样的一单元住宅，规格同上，作为甲方驻深办事处用房。

三、双方分别负责为对方上述办事处供水、供电及安装电话，以确保日常业务活动的正常开展。

四、本合同有效期为五年，是否延期届时根据需要商定。

五、本合同自双方同时履约之日起生效。

六、未尽事宜，由双方另行商定。

甲方代表签字（公章） 　　　　　　　乙方代表签字（公章）
××××年××月×日　　　　　　　　××××年××月×日

## 三、意向书

**例文评析**

### 合作意向书

甲方：××××公司
乙方：××××公司

甲、乙双方本着诚信、互利的原则，就甲方产业项目合作开发达成如下合作意向：

一、项目内容简介

1. 开发项目名称：××××××；
2. 乙方合作意向：投资甲方该项目；
3. 乙方合作方式：出资入股。

二、甲方的权利和义务

1. 甲方负责项目的规划、设计、可行性研究等前期准备工作；
2. 甲方负责项目的报建报批手续；
3. 甲方负责项目征地的相关手续；

4. 甲方负责向政府争取项目可争取到的优惠政策；

5. 项目由甲、乙双方合资建设，甲方享有对项目建设全程管理的权利；项目建成后甲方享有该项目的管理权。

三、乙方的权利和义务

1. 乙方根据项目投资要求，负责资金落实到位；

2. 在项目建设正式协议书签订之前，乙方享有对该项目咨询、论证、实地考察的权利，甲方应给予积极支持与配合；

3. 在该项目建设中，乙方实施情况享有建议权、审议权和监督权；

4. 项目建成后乙方享有对甲方管理的监督权。

四、利润分配

1. 利润定义：项目投产纯利收入。

2. 分配方式：甲乙双方利润按股份分成。

五、免责

如因第三方原因或不可抗拒因素，导致项目终止，甲乙双方不负法律责任。

六、违约责任

甲乙双方各自承担合作任务，若任何一方违约而给对方造成经济损失或名誉损害，违约方承担全部赔偿责任。

七、终止通告

任何一方都有权终止本协议，不需陈述理由，但应该提前一年通知对方。

八、透明化

具体合作项目进行期间，所有的交流、对话、协议、成交等均需甲乙双方进行或在对方知晓的前提下进行。在另一方不知晓的情况下，任何一方不得单独对外签订任何协议与达成任何交易。

九、其他事宜

1. 该协议书仅为合作意向，其合作方式、投资额度等待双方进一步考察协商后，签订正式《项目合作协议书》；

2. 甲、乙双方的责、权、利在《项目合作协议书》中做全面的约定；

3. 甲、乙双方保证所提供的资料真实、有效、合法；

4. 未尽事宜将由甲乙方通过协商解决。

十、生效

本协议一式两份、甲乙双方各持一份,在甲乙双方签字后生效。

甲方:××××公司　　　　　　　　　　乙方:××××公司
(签章):　　　　　　　　　　　　　　(签章):
××××年××月×日　　　　　　　　××××年××月×日

【简析】
　　这是一篇比较典型的合作意向书,首部写明甲乙双方基本情况,引言部分以"达成如下合作意向"引出下文。正文主体部分以清晰的条款式列出了合作项目基本内容、甲乙双方权利义务、利润分配、免责情况与违约责任等双方合作所涉及的关键问题。但值得注意的是,所有条款为概括性的,并未具体化,并在文中点明此仅为合作意向,以后"进一步考察协商后,签订正式《项目合作协议书》",给未来签订正式协议留下余地。

　　所谓意向书,是指双方或多方就合作项目在进入实质性谈判之前,根据初步接触所形成的带有原则性、意愿性和趋向性意见的文书。意向书不具有法律约束力,是双方进行实质性谈判的依据,是签订协议(合同)的前奏,是"协议书"或"合同"的先导,多用于经济技术的合作领域。

**一、意向书的特点**

　　1. 导向性。意向书虽不是双方合作时的具体实施方案,但反映了合作当事人对合作事宜的共同的、初步的意向,可作为以后订立正式合同的基础。

　　2. 协商性。与协议、合同相比,意向书比较灵活,可以在当事人双方协商的过程中随时变更或补充。当事人各方都可以按各自的意思和目的提出意见,体现出明显的协商性。

　　3. 非法律性。意向书只是一个临时的具有导向作用的基础性文件,不具有法律效力。

**二、意向书的写作格式**

　　意向书的结构一般由标题、正文和落款三部分组成。

　　1. 标题

　　标题可以是完全式标题,即"合作单位名称+意向项目+文种",如《××股份有限公司与××集团技术转让意向书》;可以是半完全式标题,即"意向项目+文种",如《××原料合资生产意向书》;也可以直接以文种"意向书"为标题。

这种标题常由合作项目名称和文种构成,如《产品研发合作意向书》。

2. 正文

(1)引言。

这一部分要讲明合作单位的有关事宜,合作的原因或目的,该意向书的政策依据或指导思想,商谈的时间、地点及过程等。然后用"经双方协商,现就××项目达成如下意向"等过渡语引出主体。

(2)主体。

这是意向书的核心部分,一般以条文式介绍具体的合作意向和未尽事宜的解决方式,通常要回答三个问题,即"为什么""做什么"及"怎么做"。各条款之间要层次分明,有逻辑性。同时,由于反映的是初步的合作意向,意向书的内容不必详细阐述,只需用简洁的语言将大体框架讲明即可。结尾应写明"未尽事宜,在签订正式合同时予以补充"之类的语句。

3. 落款。

写明意向双方的单位全称和代表姓名,签名盖章,签订意向书的日期。

### 三、意向书的写作注意事项

1. 要守法诚信。意向书内容不能违反政策法规。即便意向书没有法律约束力,当事人也不能随意签订,要根据自身实际情况,讲诚信。

2. 要慎重行事。撰写意向书时对关键性的问题不要贸然做出实质性承诺,以免陷入被动。

3. 语言表述要恰当。在签署意向书时要适当地使用笼统的、富有弹性的语言,不能把关键问题的条款,尤其是数字,写得太具体、太精确。

**病例修改:**

意 向 书

一、甲、乙双方愿以合资或合作的形式建立合资企业,定名为××××有限公司。建设期为×年,即从××××年起,至××××年全部建成。双方意向书签订后,即向各方有关上级申请批准,批准的时限为×个月,即××××年××月×日至××××年××月×日完成,然后由×××厂办理合资企业开业申请。

二、总投资×万元。××部分投资×万,另外××部分投资×万。甲方投资×万(以工厂现有厂房、水电设施等设备折款投入);乙方投资×万(以现金投入,购买设备)。

三、利润分配:各方按投资比例或协商比例分配。

四、合资企业自营出口或委托有关进出口公司代理出口,价格由合资企业拟定。

五、合资年限为×年,即××××年××月至××××年××月。

六、合资企业其他事宜按《中华人民共和国中外合资经营企业法》有关规定执行。

七、本意向书生效后,双方必须严格遵守意向书的规定,任何一方在未经协商的前提下不得违约。否则,违约方将承担全部责任。

本意向书一式两份。作为备忘录,甲乙双方各执一份备查。

甲方:××××公司　　　　　　　　　　乙方:××××公司
(签章):　　　　　　　　　　　　　　(签章):
××××年××月×日　　　　　　　　　××××年××月×日

## 第二节　社交礼仪文书写作

### 一、欢迎词

**例文评析**

在××市优秀共产党员先进事迹报告会上的欢迎词

尊敬的市党员先进事迹报告团、各位领导、同志们:

大家上午好!在热情似火的七月,在充满绿色、充满生机、充满活力的季节,××市党员先进事迹报告团不辞辛劳来到我县做报告。在此,请允许我代表××县委、代表全县广大党员向市党员先进事迹报告团的到来致以最热烈的欢迎！向立足本职岗位、艰苦创业、忘我工作的报告团成员致以最崇高的敬意！向报告团不辞辛苦、冒着烈日酷暑来到我县做事迹报告表示最衷心的感谢！

在全党开展"两学一做"学习教育常态化制度化活动，是党中央做出的一项英明决策。自今年1月开展以来，县委坚持以马克思列宁主义、毛泽东思想、邓小平理论、"三个代表"重要思想、科学发展观、习近平新时代中国特色社会主义思想为指导，不断提高执政能力和领导水平，切实服务群众，带领全县党员和人民为实现全面建成小康社会目标而努力奋斗。现在，专题理论授课学习已经结束，初步实现了"提高党员素质、加强基层组织、服务人民群众、促进各项工作"的目的；下一阶段进入岗位实践环节，各乡镇、县直各校和企业要结合自身实际，深入搞好思想发动，扎实组织动员，使党员的理想信念更加坚定，党性修养不断增强，政治理论水平和工作能力持续提高。

今天，市党员先进事迹报告团来我县做报告，必将对我县"两学一做"学习教育常态化制度化产生积极影响。报告团的每一位成员都在建设××市的伟大征程中，坚定信念，牢记党的宗旨，扎根中原，默默耕耘，无私奉献，充分发挥先锋模范的突出作用。他们的先进事迹，令全市干部群众深受感动。他们用自己的实际行动，生动地诠释了共产党是什么样的政党，什么样的党员才是真正的共产党员！

在这里，我号召全县广大党员和干部，一定要以这些优秀共产党员为榜样，认真向他们学习。以他们的先进事迹和感人的奉献精神鞭策自己，始终保持共产党人先进的政治本色；牢固树立正确的世界观、人生观、价值观，着力解决好权力观、地位观、利益观的问题；始终把党的事业和人民群众的利益放在第一位，感情上贴近群众，行动上深入群众，工作上依靠群众，忠实地履行党和人民赋予的神圣使命，力争做一名合格的、优秀的共产党员，在各自的工作岗位上，为党和人民的利益做出自己应有的贡献。

最后，预祝今天的报告会取得圆满成功！祝市党员先进事迹报告团的各位领导、各位同志身体健康、工作顺利、万事如意！

×××

2018年7月2日

【简析】

　　这是某位县领导对来访的市党员先进事迹报告团所致的欢迎词,结构严密、内容丰富、语气热情。开头的称谓用尊称,表达对来宾的敬意。正文部分先简要点明来宾到访的背景,以主人的身份将本县的工作情况向来宾做一概括性的介绍。接下来将重心转向来宾,主要说明对方的来访对本县相关工作的重要意义,突显来宾的主体地位,符合"欢迎词"文种的写作要求。最后发出号召,表达出对本次活动的美好希望与祝愿。结尾部分以简短的祝颂语作结。全文条理清晰,层次分明。

　　欢迎词是指行政机关、企事业单位、社会团体或个人在举行欢迎仪式上或宴会上,主人对宾客的莅临表示热烈欢迎之意而致辞的礼仪文书。

**一、欢迎词的种类**

　　按照不同的标准,欢迎词可以分为不同的类型。

　　根据呈现方式,欢迎词可以分为现场讲演欢迎词和报刊发表欢迎词。前者一般是由欢迎者在来宾到达时在会议或活动现场口头发表的欢迎讲话,而后者则是在来宾到达前后在报刊或其他媒介上所致的欢迎稿。

　　根据发表场合和具体内容,欢迎词可以分为私人交往欢迎词和公事往来欢迎词。私人交往欢迎词一般是在个人举行各种会议或活动等非官方、非正式的场合使用的欢迎讲话;而公事往来欢迎词则是在比较庄重、正式的公共事务会议或活动中使用,其文字措辞和具体内容较前者相对严谨、规范。

**二、欢迎词的写作格式**

　　欢迎词的写作可以分为"标题、称谓、正文、落款"四部分。

1. 标题

　　欢迎词的常用标题有两种形式:一是直接以文种为标题,即"欢迎词";一是由致辞者、活动内容和文种组成,如"×××在×××开幕式上的欢迎词"。

2. 称谓

　　欢迎词一般主要面向众多个体,因此无法具体称呼每一个个体的姓名,多用统称词代表,并在前面加上"敬爱的""尊敬的"等敬辞,如"尊敬的来宾、朋友们"。当然,有些欢迎词可能是面对某一单位的众多人员,则一般应在称谓中加上单位名称,以示尊重,如"亲爱的××公司的各位朋友"。

3. 正文

欢迎词的正文部分可以分为开头、主体、结尾三部分。开头简要介绍来宾到访的背景情况,发言者代表谁对来宾的到来表示欢迎、问候或致意。主体一般要阐述举办活动的原因、目的和意义,然后分宾主展开介绍,对本单位的基本情况做出介绍,对来宾的成就及贡献做出说明,叙述宾主双方在共同的领域所持有的共同观点、立场、目标等内容,指出来宾莅临本会议或活动所具有的重大意义,表达双方加强合作的意愿及对活动或会议的希望等。结尾再次向来宾表示热烈欢迎,表达诚挚谢意和良好祝愿,多用"祝你们的来访取得圆满成功"等礼仪用语作结。

4. 落款

落款包括署名和日期。在欢迎现场致辞结束时,不需说出署名、日期,但如果要公开发表,则要署上致辞者的姓名和成文日期。

**三、欢迎词的写作注意事项**

1. 内容要有针对性。欢迎的对象可能是多方面的,针对不同的来访情由,表达不同的情谊。有隆重的欢迎大会、宴会,也有一般的座谈会、展销会,要根据实际情况,应严肃则严肃,应轻松则轻松,但总体而言,都要富有感情色彩,体现出欢迎词的欢愉性。

2. 语言上既要严谨、慎重、有礼貌,也要适宜于交际场合的朗读、演说,适当使用生活化、口语化的语言。

3. 篇幅不宜过长,在保证结构完整、清晰的基础上,言简意赅。

**病例修改:**

欢　迎　词

在座的朋友大家好!

首先,让我代表公司班子和全体员工,对档案工作目标管理国家一级认定组各位专家的到来表示热烈的欢迎。

10年来,我们×××发电有限责任公司档案工作在上级领导部门的关怀和指导下,从零起步,逐步发展。特别在近二三年取得了实质性的进展,主要是规范和完善了组织机构、管理制度、设施设备和基础业务等各项工作,形成了档案电子化服务和突出档案开发利用的工作特色,档案工作在公司生产经营、精神文明建设和创国内一流企业中发挥了积极的作用。1999年,我公司通过了省部级档案工作目标管理验收,2000年通过了国家二级档案工作目标管理验收。在此基础上,我们又得到了××电力集团公司档案馆的大力支持和帮助,积极开展了档案工作目标管理创国家一级水平的工作。

总之,我们有实力有信心应对这次检查,我们将积极配合各位专家工作,努力提供优质服务。

最后,预祝各位专家在紧张的工作期间,休息好、身体好、心情愉快,工作顺利!

## 二、感谢信

**例文评析:**

例文1

感 谢 信

××农科所:

2014年8月,我镇水稻发生大面积虫害,甚至面临着绝收。在这危急的时刻,贵所派出全部农业技术人员来我镇帮助农户根治病虫害,并且取得了很大的成效。目前,作物长势良好,丰收在望。谨向你们表示衷心的感谢!我们决心在党的十八大精神的指引下,努力搞好农业生产,以实际行动来报答你们的帮助。

此致

敬礼!

××镇人民政府<br>2014年10月12日

【简析】

这封感谢信虽然篇幅比较短,但结构完整,标题、称谓、正文、落款样样齐全。正文部分也将致谢的原因交代清楚,向对方表达了谢意,并且做出了用实际行动向对方表示报答的承诺,行文清晰。

例文2

**感 谢 信**

尊敬的院领导、内科病房的实习老师们:

　　紧张而又美好的一年即将过去,我们的实习生活即将结束,我们满怀留恋,在此谨向医院领导及内科病房全体医护人员表示衷心的感谢并致以崇高的敬意!

　　近一年的实习生活漫长而又短暂,在此期间与你们朝夕相处的经历更是令人难忘。领导的关怀、实习老师的言传身教,都已深深地刻在我们的脑海中。你们对患者亲人般的关怀、认真踏实的工作态度、爱岗敬业的工作精神为我们不久的将来步入社会胜任护理工作做出了很好的榜样。年前,当我们刚刚进入贵院实习的时候,我们还是一群对一切都茫然、懵懂的学生,怀着对护理事业的崇敬踏入医院的大门,心中忐忑不安。贵院的领导和实习老师们给予我们父母般的关怀和谆谆教诲:忘不了病床前,实习老师们耐心细致地为我们讲解病例,不厌其烦地指导我们实践,更忘不了共迎新年的欢乐时光。是你们的关心与鼓励让我们有了家的温暖和快乐,也让我们能信心百倍地投入实习工作。

　　在实习过程中,我们经受了锻炼,积累了经验,同时也集聚了无数的感恩之情。让我们再真诚地说一声谢谢!感谢你们给予的丝丝关怀,感谢你们严格的培训,我们将把在贵院学到的知识与技能运用到以后的工作中去。真诚地祝福贵院明天会更好!祝福你们身体健康,万事如意!

　　此致
敬礼!

××卫校护理2005级1班全体实习生

2007年5月3日

【简析】

　　这是学生向老师发出的感谢信,情感真挚,语言热情,可以让对象充分感受到浓浓的谢意。称谓部分用了"尊敬的"这样的敬辞,符合行文者学生的身份。正文开头首先表示"衷心的感谢并致以崇高的敬意",接下来通过回顾与对方相处过程中得到的帮助点明致谢的缘由,最后再一次表示感谢,并表示自己在对方的感召之下将以实际行动向对方学习。整体结构比较完整,情真意切,是一份比较成功的感谢信。

　　感谢信是向帮助、关心和支持过自己的集体(党政机关、企事业单位、社会团体等)或个人表示感谢的书信。一方受惠于另一方,应及时地表达谢忱,使对方在付出劳动和贡献后获得精神上的回馈。这对于弘扬正气、树立良好的社会风尚、促进社会主义精神文明建设有着重要意义。

　　**一、感谢信的种类**

　　1. 根据感谢对象的不同,感谢信可以分为:

　　(1)给集体的感谢信:一般是在个人处于困境时,得到了集体的帮助、关心和支持,并在这种帮助下最终克服了困难,然后写感谢信以表达自己对集体的感激之情。

　　(2)给个人的感谢信:这类感谢信,可以是个人也可以是单位为了感谢某个人给予的帮助或照顾而表示感谢。

　　2. 根据呈现形式,感谢信可以分为:

　　(1)张贴式感谢信:这种感谢信也称为公开感谢信,是以在报社登报、电台广播或电视台播报等形式向社会公开的感谢信。

　　(2)寄给单位、集体或个人的感谢信:这种感谢信直接寄给单位、集体或个人,是在某一群体内部公开的感谢信。

　　**二、感谢信的特点**

　　1. 公开性。感谢信一般都是公开的,或向社会公开,或向某一群体公开,让更多的人了解自己的谢意和对对方的表扬,这样也可以让更多的人知道他所做的好事,让更多的人学习施助者的美好品质。

　　2. 真挚性。感谢信要表达自己的真情实感,语言文字需充满感情,让对方感受到自己真诚的谢意。

### 三、感谢信的写作格式

感谢信一般由"标题、称谓、正文、落款"四部分组成。

1. 标题

标题可以有三种形式：一种是仅表明文种，写成"感谢信"即可；一种是由感谢者、感谢对象和文种组成的标题，如"×××致×××派出所的感谢信"；还有一种是由感谢事由和文种组成的标题，如"抗疫救灾感谢信"。

当然，如果感谢信是仅写给个人，不需公开张贴的，也可以不加标题。

2. 称谓

称谓中可以直接写出感谢方的个人姓名或单位名称，如"×××事务所""×××先生"，视具体对象适当在称谓前加"尊敬的"等敬辞。如遇到感谢对象比较多的情况，也可以将其放在正文中提出。

3. 正文

感谢信的正文主要包括两方面内容：一是致谢的对象与缘由，即为什么感谢，向谁表示感谢；二是充分表达谢意，清楚地叙述什么人，在什么时间、什么地点，由于什么原因，做了什么好事，对自己或者本单位有什么支持和帮助，事情最后的结果和对己方的影响等基本情况，然后在叙述的基础上肯定对方的行为，揭示其行为的精神实质。

需要注意的是叙述过程中不做作，情感自然流露。表示感谢之后，还可以表示己方也要以实际行动向对方学习，最后再次表示感谢或者写一些表示问候的语句也可。正文结尾一般写"此致敬礼""再次表示感谢"等语句。

4. 落款

落款包括署名和日期，在最后写明发信者的个人名称或单位名称，再写上发信日期即可。

**病例修改：**

感 谢 信

××党组织：

你们单位党员×××同志积极参与"在职党员进社区"活动，主动到××社区党组织报到,认领义务岗位,积极秉承"八小时之内努力工作在单位,八小时之外无私奉献在社区"的宗旨,尽己所能地为群众服务,为社区服务。×××同志热情参与了××社区春节前对辖区困难群众的走访慰问和爱心捐助活动,展示了在职党员的先锋模范形象,传递了正能量。虽然因一时不熟悉社区工作,出现过小的失误,但他及时虚心改过,受到了社区居民的广泛好评。

值此新春佳节之际,××社区党委代表全体居民对你们单位以及×××同志,表示衷心的感谢!祝春节愉快,身体健康,合家欢乐,马年吉祥!

××××年××月×日

## 三、贺信

**例文评析:**

**例文1**

国务院就大庆油田发现60周年的贺信

大庆油田有限责任公司:

在全国上下喜迎中华人民共和国成立70周年之际,大庆油田迎来发现60周年的重要时刻,国务院向大庆油田广大干部职工、离退休老同志及家属,表示热烈祝贺和亲切慰问!

大庆油田的发现和开发,在中国石油发展史上具有历史转折意义,由此开始了我国石油工业的跨越式发展。六十年来,以王进喜、王启民为代表的几代大庆石油人艰苦创业、拼搏奋进,把大庆油田建成了我国最大的石油生产基地,取得了令世人瞩目的辉煌业绩,为保障国家能源安全、促进经济社会发展做出了重要贡献。大庆油田孕育形成的大庆精神、铁人精神,成为中华民族伟大精神的重要组成部分,激励着中国人民不畏艰难、勇往直前。六十年一甲子,筚路蓝缕、岁月峥嵘,大庆油田的光辉发展历程充分证明,中国人民有信心、有办法、有能力创造非凡成绩,不断夺取中国特色社会主义新胜利。

决胜全面建成小康社会、实现中华民族伟大复兴的中国梦对保障我国能源安全提出了新的更高要求。希望大庆油田全体干部职工以习近平新时代中国特色社会主义思想为指导,全面贯彻落实党的十九大精神,按照党中央、国务院决策部署,认真践行新发展理念,继承发扬大庆精神、铁人精神,持续深化改革、降本增效,坚持稳油增气、内外并举,积极培育新动能,着力推动高质量发展,奋力谱写新篇章,为保障我国油气安全稳定供应、推动东北全面振兴全方位振兴、实现"两个一百年"奋斗目标和中华民族伟大复兴的中国梦做出新的更大贡献!

国 务 院

2019 年 9 月 23 日

【简析】

　　这是一篇上级领导机关写给下级的贺信。文章的开头简要点明祝贺的背景情况,写明祝贺的对象和祝贺的内容,接着阐明了祝贺的理由,重点赞扬了对方的工作成就及其重大意义,最后对祝贺单位今后的工作提出了新的要求。整篇文章结构严密,语言庄重大气,语句铿锵有力,评价激昂中肯,情感饱满热情,充分体现了上级领导机关的关怀之意和喜悦之情。

## 例文 2

贺　　信

××省财政厅:

　　欣悉××省会计核算中心成立,谨表示热烈祝贺!

　　随着经济体制改革的深入和社会主义市场经济的发展,改革会计管理体制,健全会计监督制约机制,发挥会计职能作用,被提到重要议事日程,并进行了积极探索和有益尝试,对行政事业单位实行会计集中核算就是这方面改革的重要形式之一。从试点的情况看,实行会计集中核算,不仅有利于规范资金管理和提高会计信息质量,也为国库集中支付制度、政府采购制度、实行财政性资金"收支两条线"管理和部门预算等财政改革的顺利实施奠定了可靠基础。

　　××省会计核算中心的成立,必将对推动××省会计管理体制改革,促进会计工作更好地为社会经济发展和廉政建设服务,起到重要作用。希望××省会计核算中心在当地党政部门的领导下,积极探索,勇于开拓,完善各种内部管理制度,不断提高员工的业务素质和工作水平,增强服务意识,提高服务质量,为推动会计改革的深化和地方经济的发展做出应有的贡献!

财政部会计司<br>
××××年××月×日

【简析】

本篇贺信,开头极为简洁,但精确地点明了祝贺的事由与内容,很符合公文文风;接下来阐明被祝贺方取得的成绩以及产生的重大意义,这其实就是祝贺的具体缘由;最后向被祝贺方提出希望与要求,符合祝贺方的上级身份。

贺信是表示庆贺、赞颂的书信的总称,一般用于国家领导人、国家机关、团体对取得巨大成绩、做出卓越贡献的集体或个人表示祝贺,或者对国内外的重大喜事、一些重要的会议、知名人士的寿辰表示祝贺。

### 一、贺信的种类

按行文关系,贺信可分为三类:

1. 上级单位写给下级单位或所属职工、群众的贺信。这种贺信有的是节日的祝贺,有的是对所取得的成绩表示祝贺,并提出希望和要求。

2. 下级单位、职工发写给领导机关的贺信。这种贺信除了表示祝贺之外,还表示下级单位和职工对完成某项任务的态度和决心。

3. 平级单位之间互写的贺信。这种贺信除了表示祝贺之外,还表示要向对方学习,以相互激励。

### 二、贺信的写作格式

贺信一般由标题、称谓、正文、落款四部分组成。

1. 标题

贺信的标题,可以由单独的文种构成,即"贺信";可以由事由和文种构成,如"致××厂建厂20周年的贺信";可以由发文者、受文者和文种构成,如"国务院给国家乒乓球队的贺信"。

**2. 称谓**

称谓视被祝贺对象的具体情况来写,如果写给单位,则要写单位的全称或规范化简称。如果写给个人,一般要在姓名前后加上敬辞以示尊重,如"尊敬的×××先生"。如果被祝贺者有多人,可用"朋友们"等统称。

**3. 正文**

正文一般有开头、主体、结尾三部分内容。

(1)开头。简要表明发贺信的事由和背景,即如"欣悉……谨表示热烈祝贺"。

(2)主体。概述评价受贺方取得的成绩,这些成绩具有什么意义。根据行文关系的不同,选用合适的措辞。如果是上级向下级表示祝贺,则多提出希望和要求;如果是下级向上级表示祝贺,则多表明态度和决心;如果是平级之间的祝贺,则多表达学习的决心。

(3)写上祝愿的话,如"祝大会圆满成功""祝您健康长寿"等。

**4. 落款**

在正文右下角写明致信单位名称或个人姓名,署上成文日期。

**三、贺信写作注意事项**

1. 贺信的语言要生动活泼、通俗流畅,要给人以褒扬、鼓舞、信心和希望之感,切忌生硬刻板。

2. 贺信的内容要实事求是,不能过分夸饰赞美,致使对方感到尴尬,自己也难免有阿谀奉承之嫌。

**病例修改:**

贺　信

××政法大学:

欣闻××政法大学将迎来建校50周年华诞,在此,谨向贵校表示热烈的祝贺!

××政法大学是教育部直属的全国重点大学,作为新中国培养政法干部的重要基地,贵校秉承优良传统,在教学等各方面均取得了显著成绩,为社会发展和进步做出了重要贡献。

衷心祝愿贵校在今后的发展中取得更大的成就,创造新的辉煌,为国家输送更多、更好的专业人才,为我国未来教育事业的发展做出新的贡献。

××大学<br>二〇〇二年四月十一日

## 第三节 职场文书写作

### 一、求职信

**例文评析:**

**例文1**

求　职　信

尊敬的××商场×××总经理:

　　我从××月×日《××日报》上看到了贵商场招聘员工的启事。我有意应聘其中的财务会计一职。

　　我叫张小兰,女,今年24岁,××市人,于××××年毕业于×××学院财务电算化专业,在校学习时各科成绩优良。我毕业后在××厂做销售员,由于专业不对口,所学知识无法发挥。知悉贵商场需要财务会计专业人员,我非常高兴,觉得终于盼来了施展自己特长的好机会。

　　希望贵商场能给我一个面试的机会。如蒙录用,我将会竭尽全力做好本职工作,做一个合格的××商场的"理财人"。

　　附件:1.××大学毕业证
　　　　　2.会计人员上岗证

　　此致

敬礼!

求职人:张小兰　谨上<br>××××年××月×日

联系地址：××市××路××号

邮政编码：×××××

联系电话：×××××

**【简析】**

  这封求职信言简意赅，指向明确。称谓中使用敬辞，表示对招聘人的尊重。正文部分，起首简明写出自己的求职缘由，并清晰地点明自己的应聘目标——财务会计。接下来写自己的能力，即运用学历、经历等客观因素证明自己符合这一岗位要求，并从主观上表达出自己强烈的应聘意愿。最后表达希望能经面试被录用，以及做好工作的愿望。文章能紧扣该公司提出的应聘条件和要求，理由充分，态度诚恳，语言得体。

### 例文 2

求 职 信

尊敬的公司领导：

  您好！

  我叫张静，是××职业技术学院物流管理专业的在校大专生，将于 2020 年 6 月毕业。久闻贵公司大名，慕名求职，特应聘贵公司采购助理这一岗位。

  我认为采购助理的工作主要是协助采购员完成采购物资等相关工作，必须要具备物流管理、采购等基本知识和技能。因此，在校期间，我认真学习物流管理基础、企业物流管理、供应链管理、物流成本管理等课程，熟悉了物流管理工作的流程，掌握了物流管理的基本理论知识，为从事物流管理工作打下坚实基础；通过学习采购管理实务、现代物流技术与设备应用、物流信息系统应用、仓储与配送管理等课程，掌握了物流管理、采购业务的应用程序操作能力，具备物流信息组织、分析研究与开发利用的基本能力，能够胜任物流管理和采购业务工作；还通过学习计算机基础、ERP 系统与应用等课程，熟悉了办公软件的应用，熟悉了现代企业管理的运行模式，掌握了物流管理基本业务技能。现在，我已考取了助理物流师证。

  在校期间，我曾担任副班长，协助班长管理班级日常事务，锻炼了自己的工作能力。我也曾参加学校组织的到物流公司实训的活动，了解物流工作的流程,增长了见识。寒暑假我也到企业做兼职,培养了自己吃苦耐劳的精神。

我个性开朗,待人热诚,与同学相处融洽。我希望贵公司能够给我一个平台,我会充分发挥自己的聪明才智,回报贵公司对我的信赖。

祝贵公司事业蒸蒸日上。

此致

敬礼!

应聘者:张静

2019 年 5 月 1 日

【简析】

这是一封应届毕业生发出的求职信。信函开头先做一个简单的自我介绍,然后明确自己的应聘目标,接下来详细地谈了自己对应聘岗位的认识,表明自己并不盲目,而是在前期做足了功课。这既体现出对这一岗位的重视,又展示了自身的实力。随后,应聘者对自己的能力、性格、实习经历做出说明,以表明自己能胜任这一岗位。最后,应聘者表达了自己的希望,以及对公司的祝愿。行文流畅,语言得体。

求职信是求职者向用人单位介绍自己的基本情况,提出供职请求,并要求对方考虑、答复的文书。求职信的目的是让对方了解自己、相信自己,进而录用自己,是一种私人对公并有求于公的信函。

一、求职信的特点

1. 针对性。求职信要针对用人单位和自己的实际情况,不盲目,讲诚信。

2. 自荐性。要恰当地进行自我推荐,将自己的能力、特长向对方展现出来,使对方通过文字先对自己有一个准确的了解。

3. 独特性。要从内容与形式两方面入手,显示出自己的与众不同,以期在众多的求职者中脱颖而出。

4. 竞争性。择人与择业的双向选择机制决定了求职行为本身就是一种竞争,求职信必须展现出自己的竞争优势。

二、求职信的写作格式

求职信一般由标题、称谓、正文、落款四部分组成。

1. 标题

标题可直接以文种的形式呈现,即"求职信"。

2. 称谓

写明收信人的姓名和称呼或职务。收信人一般是求职单位的负责人,具体可从求职单位发布的招聘信息上获得。在称谓中不要使用"亲爱的"等包含过多个人情感的修饰语,而应使用"尊敬的",以示礼貌即可。

3. 正文

正文部分一般要写明求职目标、求职原因、求职条件,然后加上求职的佐证材料,即附件。

求职目标要明确,讲明到什么单位应聘什么职位。这作为正文的引言部分。

求职原因要简洁,说明自己为什么要到该单位,想获得本职位的原因是什么。求职条件要详细,针对求职目标,展现自己的能力和优势。注意所列条件一定要实事求是,自信但不能浮夸。这作为正文的主体部分。

之后以诚恳的态度表达自己希望被录用的愿望。这作为正文的结尾部分。

作为求职条件佐证的附件也是正文的一部分,一般是证书和有关材料的复印件。书写位置在敬语之下落款之上。

4. 落款

落款包括求职者的姓名和日期。

三、求职信的写作注意事项

1. 求职信应具有针对性,针对不同的工作写好不同的求职信,不要一稿多用。

2. 求职语言要自信而不自负,谦虚而不自卑。求职追求的是一种互惠互利的雇佣与被雇佣关系,双方是平等的主体。

3. 字迹要清晰,格式要整齐,呈现出认真负责的态度。

**病例修改:**

求 职 信

我是××学院人文系的应届专科毕业生,所学的专业是中英文秘,我非常想进你们公司,希望能安排。

在校期间,我系统地完成了所学专业的全部课程,且全部及格,而且利用培训班的时间学习了基本的办公自动化技术和操作。

几年的专业知识拓宽了我的知识面,使我在学习中不断提高自身素质,尤其是在文科学习方面拥有了很大的优势。鉴于自己的能力优势,我有信心胜任贵公司的公关工作。

我非常希望你能给我一个机会,如果录用我,我一定把公司当家,全心全意为它服务,毫无怨言,死而无憾!

求职人:×××<br>
××××年××月×日

## 二、辞职信

**例文评析:**
**例文1**

辞　职　信

尊敬的领导:

我很遗憾自己在这个时候向公司正式提出辞职申请。

来到公司快两年了,在这近两年里,得到了公司各位同事的多方帮助,我非常感谢公司各位同事。在这里,我有过欢笑,也有过泪水,更有过收获。公司平等的人际关系和开明的工作作风,一度让我有找到了依靠的感觉,在这里我能开心地工作、学习。或许这真是对的,由此我开始了思考。

但是最近我感觉到自己不适合做这份工作,同时也想换一下环境。我也很清楚这时候向公司辞职,于公司、于自己都是一个考验。公司正值用人之际,公司新项目正在启动,所有的后续工作在公司上下极力重视下一步步推进。也正是考虑到公司今后在这个项目安排的合理性,本着对公司负责的态度,为了不让公司因我而造成决策失误,我郑重向公司提出辞职。

我考虑在此辞呈递交之后的2至4周内离开公司,这样公司将有时间去寻找适合人选,来填补因我离职而造成的空缺,同时我也能够协助公司对新人进行入职培训,使他尽快熟悉工作。

能为公司效力的日子不多了,我一定会站好自己最后一班岗,做好工作的交接,尽力让项目做到平衡过渡。离开公司,离开这些曾经同甘共苦的同事,很舍不得,舍不得领导们的教诲,舍不得同事之间的真诚和友善。

在短短的两年时间,公司已经发生了可喜的变化,我很遗憾不能为公司辉煌的明天贡献自己的力量。我只有衷心祝愿公司的业绩一路飙升!公司领导及各位同事工作顺利!

此致
敬礼!

×××<br>××××年××月×日

【简析】

这封辞职信,从内容上来看,实事求是地讲清楚了自己的辞职原因,言辞恳切,使人信服。辞职时间拿捏得也恰到好处,本着对公司负责的态度,留出2至4周的时间用于交接,也是符合辞职信的写作要求。文中表达了对公司以及同事的感谢之意,将公共关系处理妥当。

**例文2**

**辞　职　信**

敬爱的公司领导:

  您好。

  我因为诸多个人原因,经过深刻冷静的思考后,郑重地向公司高层提出辞职请求。

  首先,在贵公司工作的这几个月以来,我收获良多。在领导以及同事的帮助下,我掌握了很多非本专业的知识,开阔了眼界,增长了阅历。

  其次,公司的工作氛围很好,同事们工作都很努力,领导也很体谅下属。这使我在公司感受到了家的温暖。

  无奈之下提出辞职,客观原因是我家将远迁至××市××区,工作上班实在是不方便,每天将近一个半小时的路程,如果再遇到恶劣天气以及交通堵塞,实在是很难保证上班的时间。而且如果加夜班、晚班,归家路途也有诸多不便。

除了客观原因外,主观原因则是我觉得自己的能力有限,对于剧本的写作还不擅长,我从事小说、散文以及新闻写作多年,可是对于剧本是首次尝试,因此给公司造成的诸多不便还请谅解。也许是天资愚钝,我对于公司的工作很难跟上节奏,因此为了不再给领导添加负担与麻烦、拖同事们的后腿,我特此提出辞职。

最后,祝公司生意兴隆,发展越来越好。

您的员工:×××<br>××××年××月×日

【简析】

从行文上看,这封辞职信以"首先""其次""最后"引领文章,显得较为条理。开头表明自己的辞职态度,随之表达对公司领导、同事的谢意,然后详细地说明辞职的主客观原因,有理有据,措辞委婉,达到了辞职信写作的基本要求。

辞职信,也叫辞呈,是个人或集体要辞去在单位所担任的职务或所承担的工作时所写作的应用文。

**一、辞职信的写作格式**

辞职信在结构上由标题、称谓、正文、落款四部分组成。

1. 标题

可直接以文种做标题,即"辞职信"。

2. 称谓

写接受辞职申请的单位组织或领导名称,一般要用"尊敬的"等敬辞。

3. 正文

正文一般包括四部分:首先要开宗明义,提出辞职,写明辞去何种职务或工作,让人一读便知;其次,清楚明白地说明辞职的具体原因;再者,对单位和同事表示感谢,处理好公共关系;最后,以表示个人歉意或对单位的美好祝愿作结。

4. 落款

写明辞职人的姓名和辞职信成文日期。

**二、辞职信的写作注意事项**

1. 辞职理由要充分可信,清晰明了,这样才可以获得批准。

2. 辞职态度要谦恭恳切，措辞委婉。虽然要离开单位，但也要表达对单位的感谢与敬意，处理好公共关系。

3. 辞职时间要恰当，留出交接余地，这样可以方便单位提前做好职位调整。

**病例修改：**

辞 职 信

尊敬的经理：

  您好！

  谢谢您一直以来对我的照顾！我在这家公司工作得很愉快。公司氛围很好，我和领导、同事相处得十分愉快，经常一起有说有笑。对此，我十分难忘。

  可是天有不测风云，现因某些个人原因，我决定辞职。请予以批准，谢谢！

×××<br>2020 年 4 月 10 日

# 附录1 党政机关公文处理工作条例

## 第一章 总 则

**第一条** 为了适应中国共产党机关和国家行政机关(以下简称党政机关)工作需要,推进党政机关公文处理工作科学化、制度化、规范化,制定本条例。

**第二条** 本条例适用于各级党政机关公文处理工作。

**第三条** 党政机关公文是党政机关实施领导、履行职能、处理公务的具有特定效力和规范体式的文书,是传达贯彻党和国家的方针政策,公布法规和规章,指导、布置和商洽工作,请示和答复问题,报告、通报和交流情况等的重要工具。

**第四条** 公文处理工作是指公文拟制、办理、管理等一系列相互关联、衔接有序的工作。

**第五条** 公文处理工作应当坚持实事求是、准确规范、精简高效、安全保密的原则。

**第六条** 各级党政机关应当高度重视公文处理工作,加强组织领导,强化队伍建设,设立文秘部门或者由专人负责公文处理工作。

**第七条** 各级党政机关办公厅(室)主管本机关的公文处理工作,并对下级机关的公文处理工作进行业务指导和督促检查。

## 第二章 公文种类

**第八条** 公文种类主要有:

(一)决议。适用于会议讨论通过的重大决策事项。

(二)决定。适用于对重要事项作出决策和部署、奖惩有关单位和人员、变更或者撤销下级机关不适当的决定事项。

(三)命令(令)。适用于公布行政法规和规章、宣布施行重大强制性措施、批准授予和晋升衔级、嘉奖有关单位和人员。

（四）公报。适用于公布重要决定或者重大事项。

（五）公告。适用于向国内外宣布重要事项或者法定事项。

（六）通告。适用于在一定范围内公布应当遵守或者周知的事项。

（七）意见。适用于对重要问题提出见解和处理办法。

（八）通知。适用于发布、传达要求下级机关执行和有关单位周知或者执行的事项，批转、转发公文。

（九）通报。适用于表彰先进、批评错误、传达重要精神和告知重要情况。

（十）报告。适用于向上级机关汇报工作、反映情况，回复上级机关的询问。

（十一）请示。适用于向上级机关请求指示、批准。

（十二）批复。适用于答复下级机关请示事项。

（十三）议案。适用于各级人民政府按照法律程序向同级人民代表大会或者人民代表大会常务委员会提请审议事项。

（十四）函。适用于不相隶属机关之间商洽工作、询问和答复问题、请求批准和答复审批事项。

（十五）纪要。适用于记载会议主要情况和议定事项。

## 第三章 公文格式

**第九条** 公文一般由份号、密级和保密期限、紧急程度、发文机关标志、发文字号、签发人、标题、主送机关、正文、附件说明、发文机关署名、成文日期、印章、附注、附件、抄送机关、印发机关和印发日期、页码等组成。

（一）份号。公文印制份数的顺序号。涉密公文应当标注份号。

（二）密级和保密期限。公文的秘密等级和保密的期限。涉密公文应当根据涉密程度分别标注"绝密""机密""秘密"和保密期限。

（三）紧急程度。公文送达和办理的时限要求。根据紧急程度，紧急公文应当分别标注"特急""加急"，电报应当分别标注"特提""特急""加急""平急"。

（四）发文机关标志。由发文机关全称或者规范化简称加"文件"二字组成，也可以使用发文机关全称或者规范化简称。联合行文时，发文机关标志可以并用联合发文机关名称，也可以单独用主办机关名称。

（五）发文字号。由发文机关代字、年份、发文顺序号组成。联合行文时，使用主办机关的发文字号。

（六）签发人。上行文应当标注签发人姓名。

（七）标题。由发文机关名称、事由和文种组成。

（八）主送机关。公文的主要受理机关，应当使用机关全称、规范化简称或者同类型机关统称。

（九）正文。公文的主体，用来表述公文的内容。

（十）附件说明。公文附件的顺序号和名称。

（十一）发文机关署名。署发文机关全称或者规范化简称。

（十二）成文日期。署会议通过或者发文机关负责人签发的日期。联合行文时，署最后签发机关负责人签发的日期。

（十三）印章。公文中有发文机关署名的，应当加盖发文机关印章，并与署名机关相符。有特定发文机关标志的普发性公文和电报可以不加盖印章。

（十四）附注。公文印发传达范围等需要说明的事项。

（十五）附件。公文正文的说明、补充或者参考资料。

（十六）抄送机关。除主送机关外需要执行或者知晓公文内容的其他机关，应当使用机关全称、规范化简称或者同类型机关统称。

（十七）印发机关和印发日期。公文的送印机关和送印日期。

（十八）页码。公文页数顺序号。

**第十条** 公文的版式按照《党政机关公文格式》国家标准执行。

**第十一条** 公文使用的汉字、数字、外文字符、计量单位和标点符号等，按照有关国家标准和规定执行。民族自治地方的公文，可以并用汉字和当地通用的少数民族文字。

**第十二条** 公文用纸幅面采用国际标准 A4 型。特殊形式的公文用纸幅面，根据实际需要确定。

## 第四章　行文规则

**第十三条** 行文应当确有必要，讲求实效，注重针对性和可操作性。

**第十四条** 行文关系根据隶属关系和职权范围确定。一般不得越级行文，特殊情况需要越级行文的，应当同时抄送被越过的机关。

**第十五条** 向上级机关行文，应当遵循以下规则：

（一）原则上主送一个上级机关，根据需要同时抄送相关上级机关和同级机关,不抄送下级机关。

（二）党委、政府的部门向上级主管部门请示、报告重大事项,应当经本级党委、政府同意或者授权;属于部门职权范围内的事项应当直接报送上级主管部门。

（三）下级机关的请示事项,如需以本机关名义向上级机关请示,应当提出倾向性意见后上报,不得原文转报上级机关。

（四）请示应当一文一事。不得在报告等非请示性公文中夹带请示事项。

（五）除上级机关负责人直接交办事项外,不得以本机关名义向上级机关负责人报送公文,不得以本机关负责人名义向上级机关报送公文。

（六）受双重领导的机关向一个上级机关行文,必要时抄送另一个上级机关。

**第十六条** 向下级机关行文,应当遵循以下规则:

（一）主送受理机关,根据需要抄送相关机关。重要行文应当同时抄送发文机关的直接上级机关。

（二）党委、政府的办公厅(室)根据本级党委、政府授权,可以向下级党委、政府行文,其他部门和单位不得向下级党委、政府发布指令性公文或者在公文中向下级党委、政府提出指令性要求。需经政府审批的具体事项,经政府同意后可以由政府职能部门行文,文中须注明已经政府同意。

（三）党委、政府的部门在各自职权范围内可以向下级党委、政府的相关部门行文。

（四）涉及多个部门职权范围内的事务,部门之间未协商一致的,不得向下行文;擅自行文的,上级机关应当责令其纠正或者撤销。

（五）上级机关向受双重领导的下级机关行文,必要时抄送该下级机关的另一个上级机关。

**第十七条** 同级党政机关、党政机关与其他同级机关必要时可以联合行文。属于党委、政府各自职权范围内的工作,不得联合行文。

党委、政府的部门依据职权可以相互行文。

部门内设机构除办公厅(室)外不得对外正式行文。

## 第五章 公文拟制

**第十八条** 公文拟制包括公文的起草、审核、签发等程序。

**第十九条** 公文起草应当做到：

（一）符合党的理论路线方针政策和国家法律法规，完整准确体现发文机关意图，并同现行有关公文相衔接。

（二）一切从实际出发，分析问题实事求是，所提政策措施和办法切实可行。

（三）内容简洁，主题突出，观点鲜明，结构严谨，表述准确，文字精练。

（四）文种正确，格式规范。

（五）深入调查研究，充分进行论证，广泛听取意见。

（六）公文涉及其他地区或者部门职权范围内的事项，起草单位必须征求相关地区或者部门意见，力求达成一致。

（七）机关负责人应当主持、指导重要公文起草工作。

**第二十条** 公文文稿签发前，应当由发文机关办公厅（室）进行审核。审核的重点是：

（一）行文理由是否充分，行文依据是否准确。

（二）内容是否符合党的理论路线方针政策和国家法律法规；是否完整准确体现发文机关意图；是否同现行有关公文相衔接；所提政策措施和办法是否切实可行。

（三）涉及有关地区或者部门职权范围内的事项是否经过充分协商并达成一致意见。

（四）文种是否正确，格式是否规范；人名、地名、时间、数字、段落顺序、引文等是否准确；文字、数字、计量单位和标点符号等用法是否规范。

（五）其他内容是否符合公文起草的有关要求。

需要发文机关审议的重要公文文稿，审议前由发文机关办公厅（室）进行初核。

**第二十一条** 经审核不宜发文的公文文稿，应当退回起草单位并说明理由；符合发文条件但内容需作进一步研究和修改的，由起草单位修改后重新报送。

**第二十二条** 公文应当经本机关负责人审批签发。重要公文和上行文由机关主要负责人签发。党委、政府的办公厅（室）根据党委、政府授权制发的公文，由受权机关主要负责人签发或者按照有关规定签发。签发人签发公文，应当签署意见、姓名和完整日期；圈阅或者签名的，视为同意。联合发文由所有联署机关的负责人会签。

## 第六章　公文办理

**第二十三条**　公文办理包括收文办理、发文办理和整理归档。

**第二十四条**　收文办理主要程序是：

(一)签收。对收到的公文应当逐件清点，核对无误后签字或者盖章，并注明签收时间。

(二)登记。对公文的主要信息和办理情况应当详细记载。

(三)初审。对收到的公文应当进行初审。初审的重点是：是否应当由本机关办理，是否符合行文规则，文种、格式是否符合要求，涉及其他地区或者部门职权范围内的事项是否已经协商、会签，是否符合公文起草的其他要求。经初审不符合规定的公文，应当及时退回来文单位并说明理由。

(四)承办。阅知性公文应当根据公文内容、要求和工作需要确定范围后分送。批办性公文应当提出拟办意见报本机关负责人批示或者转有关部门办理；需要两个以上部门办理的，应当明确主办部门。紧急公文应当明确办理时限。承办部门对交办的公文应当及时办理，有明确办理时限要求的应当在规定时限内办理完毕。

(五)传阅。根据领导批示和工作需要将公文及时送传阅对象阅知或者批示。办理公文传阅应当随时掌握公文去向，不得漏传、误传、延误。

(六)催办。及时了解掌握公文的办理进展情况，督促承办部门按期办结。紧急公文或者重要公文应当由专人负责催办。

(七)答复。公文的办理结果应当及时答复来文单位，并根据需要告知相关单位。

**第二十五条**　发文办理主要程序是：

(一)复核。已经发文机关负责人签批的公文，印发前应当对公文的审批手续、内容、文种、格式等进行复核；需作实质性修改的，应当报原签批人复审。

(二)登记。对复核后的公文，应当确定发文字号、分送范围和印制份数并详细记载。

(三)印制。公文印制必须确保质量和时效。涉密公文应当在符合保密要求的场所印制。

（四）核发。公文印制完毕,应当对公文的文字、格式和印刷质量进行检查后分发。

**第二十六条** 涉密公文应当通过机要交通、邮政机要通信、城市机要文件交换站或者收发件机关机要收发人员进行传递,通过密码电报或者符合国家保密规定的计算机信息系统进行传输。

**第二十七条** 需要归档的公文及有关材料,应当根据有关档案法律法规以及机关档案管理规定,及时收集齐全、整理归档。两个以上机关联合办理的公文,原件由主办机关归档,相关机关保存复制件。机关负责人兼任其他机关职务的,在履行所兼职务过程中形成的公文,由其兼职机关归档。

## 第七章　公文管理

**第二十八条** 各级党政机关应当建立健全本机关公文管理制度,确保管理严格规范,充分发挥公文效用。

**第二十九条** 党政机关公文由文秘部门或者专人统一管理。设立党委(党组)的县级以上单位应当建立机要保密室和机要阅文室,并按照有关保密规定配备工作人员和必要的安全保密设施设备。

**第三十条** 公文确定密级前,应当按照拟定的密级先行采取保密措施。确定密级后,应当按照所定密级严格管理。绝密级公文应当由专人管理。

公文的密级需要变更或者解除的,由原确定密级的机关或者其上级机关决定。

**第三十一条** 公文的印发传达范围应当按照发文机关的要求执行;需要变更的,应当经发文机关批准。

涉密公文公开发布前应当履行解密程序。公开发布的时间、形式和渠道,由发文机关确定。

经批准公开发布的公文,同发文机关正式印发的公文具有同等效力。

**第三十二条** 复制、汇编机密级、秘密级公文,应当符合有关规定并经本机关负责人批准。绝密级公文一般不得复制、汇编,确有工作需要的,应当经发文机关或者其上级机关批准。复制、汇编的公文视同原件管理。

复制件应当加盖复制机关戳记。翻印件应当注明翻印的机关名称、日期。汇编本的密级按照编入公文的最高密级标注。

第三十三条　公文的撤销和废止,由发文机关、上级机关或者权力机关根据职权范围和有关法律法规决定。公文被撤销的,视为自始无效;公文被废止的,视为自废止之日起失效。

第三十四条　涉密公文应当按照发文机关的要求和有关规定进行清退或者销毁。

第三十五条　不具备归档和保存价值的公文,经批准后可以销毁。销毁涉密公文必须严格按照有关规定履行审批登记手续,确保不丢失、不漏销。个人不得私自销毁、留存涉密公文。

第三十六条　机关合并时,全部公文应当随之合并管理;机关撤销时,需要归档的公文经整理后按照有关规定移交档案管理部门。

工作人员离岗离职时,所在机关应当督促其将暂存、借用的公文按照有关规定移交、清退。

第三十七条　新设立的机关应当向本级党委、政府的办公厅(室)提出发文立户申请。经审查符合条件的,列为发文单位,机关合并或者撤销时,相应进行调整。

## 第八章　附　　则

第三十八条　党政机关公文含电子公文。电子公文处理工作的具体办法另行制定。

第三十九条　法规、规章方面的公文,依照有关规定处理。外事方面的公文,依照外事主管部门的有关规定处理。

第四十条　其他机关和单位的公文处理工作,可以参照本条例执行。

第四十一条　本条例由中共中央办公厅、国务院办公厅负责解释。

第四十二条　本条例自 2012 年 7 月 1 日起施行。1996 年 5 月 3 日中共中央办公厅发布的《中国共产党机关公文处理条例》和 2000 年 8 月 24 日国务院发布的《国家行政机关公文处理办法》停止执行。

# 附录2  党政机关公文格式

## 1 范围

本标准规定了党政机关公文通用的纸张要求、排版和印制装订要求、公文格式各要素的编排规则,并给出了公文的式样。

本标准适用于各级党政机关制发的公文。其他机关和单位的公文可以参照执行。

使用少数民族文字印制的公文,其用纸、幅面尺寸及版面、印制等要求按照本标准执行,其余可以参照本标准并按照有关规定执行。

## 2 规范性引用文件

下列文件对于本标准的应用是必不可少的。凡是注日期的引用文件,仅所注日期的版本适用于本标准。凡是不注日期的引用文件,其最新版本(包括所有的修改单)适用于本标准。

GB/T 148  印刷、书写和绘图纸幅面尺寸

GB 3100  国际单位制及其应用

GB 3101  有关量、单位和符号的一般原则

GB 3102(所有部分)  量和单位

GB/T 15834  标点符号用法

GB/T 15835  出版物上数字用法

## 3 术语和定义

下列术语和定义适用于本标准。

### 3.1 字 word

标示公文中横向距离的长度单位。在本标准中,一字指一个汉字宽度的距离。

### 3.2 行 line

标示公文中纵向距离的长度单位。在本标准中,一行指一个汉字的高度加3号汉字高度的7/8的距离。

## 4 公文用纸主要技术指标

公文用纸一般使用纸张定量为 60 g/m² —80 g/m² 的胶版印刷纸或复印纸。纸张白度 80%—90%,横向耐折度≥15 次,不透明度≥85%,pH 值为 7.5—9.5。

## 5 公文用纸幅面尺寸及版面要求

### 5.1 幅面尺寸

公文用纸采用 GB/T 148 中规定的 A4 型纸,其成品幅面尺寸为:210 mm×297 mm。

### 5.2 版面

#### 5.2.1 页边与版心尺寸

公文用纸天头(上白边)为 37 mm±1 mm,公文用纸订口(左白边)为 28 mm±1 mm,版心尺寸为 156 mm×225 mm。

#### 5.2.2 字体和字号

如无特殊说明,公文格式各要素一般用 3 号仿宋体字。特定情况可以做适当调整。

#### 5.2.3 行数和字数

一般每面排 22 行,每行排 28 个字,并撑满版心。特定情况可以做适当调整。

#### 5.2.4 文字的颜色

如无特殊说明,公文中文字的颜色均为黑色。

## 6 印制装订要求

### 6.1 制版要求

版面干净无底灰,字迹清楚无断划,尺寸标准,版心不斜,误差不超过 1 mm。

### 6.2 印刷要求

双面印刷;页码套正,两面误差不超过 2 mm。黑色油墨应当达到色谱所标 BL100%,红色油墨应当达到色谱所标 Y80%、M80%。印品着墨实、均匀;字面不花、不白、无断划。

### 6.3 装订要求

公文应当左侧装订,不掉页,两页页码之间误差不超过 4 mm,裁切后的成品尺寸允许误差±2 mm,四角成90°,无毛茬或缺损。

骑马订或平订的公文应当:

a)订位为两钉外订眼距版面上下边缘各70 mm处,允许误差±4 mm;

b)无坏钉、漏钉、重钉,钉脚平伏牢固;

c)骑马订钉锯均订在折缝线上,平订钉锯与书脊间的距离为3 mm—5 mm。

包本装订公文的封皮(封面、书脊、封底)与书芯应吻合、包紧、包平、不脱落。

**7 公文格式各要素编排规则**

7.1 公文格式各要素的划分

本标准将版心内的公文格式各要素划分为版头、主体、版记三部分。公文首页红色分隔线以上的部分称为版头;公文首页红色分隔线(不含)以下、公文末页首条分隔线(不含)以上的部分称为主体;公文末页首条分隔线以下、末条分隔线以上的部分称为版记。

页码位于版心外。

7.2 版头

7.2.1 份号

如需标注份号,一般用6位3号阿拉伯数字,顶格编排在版心左上角第一行。

7.2.2 密级和保密期限

如需标注密级和保密期限,一般用3号黑体字,顶格编排在版心左上角第二行;保密期限中的数字用阿拉伯数字标注。

7.2.3 紧急程度

如需标注紧急程度,一般用3号黑体字,顶格编排在版心左上角;如需同时标注份号、密级和保密期限、紧急程度,按照份号、密级和保密期限、紧急程度的顺序自上而下分行排列。

7.2.4 发文机关标志

由发文机关全称或者规范化简称加"文件"二字组成,也可以使用发文机关全称或者规范化简称。

发文机关标志居中排布,上边缘至版心上边缘为35 mm,推荐使用小标宋体字,颜色为红色,以醒目、美观、庄重为原则。

联合行文时,如需同时标注联署发文机关名称,一般应当将主办机关名称排列在前;如有"文件"二字,应当置于发文机关名称右侧,以联署发文机关名称为准上下居中排布。

#### 7.2.5 发文字号

编排在发文机关标志下空两行位置,居中排布。年份、发文顺序号用阿拉伯数字标注;年份应当标全称,用六角括号"〔〕"括入;发文顺序号不加"第"字,不编虚位(即 1 不编为 01),在阿拉伯数字后加"号"字。

上行文的发文字号居左空一字编排,与最后一个签发人姓名处在同一行。

#### 7.2.6 签发人

由"签发人"三字加全角冒号和签发人姓名组成,居右空一字,编排在发文机关标志下空两行位置。"签发人"三字用 3 号仿宋体字,签发人姓名用 3 号楷体字。

如有多个签发人,签发人姓名按照发文机关的排列顺序从左到右、自上而下依次均匀编排,一般每行排两个姓名,回行时与上一行第一个签发人姓名对齐。

#### 7.2.7 版头中的分隔线

发文字号之下 4 mm 处居中印一条与版心等宽的红色分隔线。

### 7.3 主体

#### 7.3.1 标题

一般用 2 号小标宋体字,编排于红色分隔线下空两行位置,分一行或多行居中排布;回行时,要做到词意完整,排列对称,长短适宜,间距恰当,标题排列应当使用梯形或菱形。

#### 7.3.2 主送机关

编排于标题下空一行位置,居左顶格,回行时仍顶格,最后一个机关名称后标全角冒号。如主送机关名称过多导致公文首页不能显示正文时,应当将主送机关名称移至版记,标注方法见 7.4.2。

#### 7.3.3 正文

公文首页必须显示正文。一般用 3 号仿宋体字,编排于主送机关名称下一行,每个自然段左空两字,回行顶格。文中结构层次序数依次可以用"一、""(一)""1.""(1)"标注;一般第一层用黑体字、第二层用楷体字、第三层和第四层用仿宋体字标注。

#### 7.3.4 附件说明

如有附件,在正文下空一行左空两字编排"附件"二字,后标全角冒号和附件名称。如有多个附件,使用阿拉伯数字标注附件顺序号(如"附件:1.××××")；附件名称后不加标点符号。附件名称较长需回行时,应当与上一行附件名称的首字对齐。

#### 7.3.5 发文机关署名、成文日期和印章

##### 7.3.5.1 加盖印章的公文

成文日期一般右空四字编排,印章用红色,不得出现空白印章。

单一机关行文时,一般在成文日期之上、以成文日期为准居中编排发文机关署名,印章端正、居中下压发文机关署名和成文日期,使发文机关署名和成文日期居印章中心偏下位置,印章顶端应当上距正文(或附件说明)一行之内。

联合行文时,一般将各发文机关署名按照发文机关顺序整齐排列在相应位置,并将印章一一对应、端正、居中下压发文机关署名,最后一个印章端正、居中下压发文机关署名和成文日期,印章之间排列整齐、互不相交或相切,每排印章两端不得超出版心,首排印章顶端应当上距正文(或附件说明)一行之内。

##### 7.3.5.2 不加盖印章的公文

单一机关行文时,在正文(或附件说明)下空一行右空两字编排发文机关署名,在发文机关署名下一行编排成文日期,首字比发文机关署名首字右移两字,如成文日期长于发文机关署名,应当使成文日期右空两字编排,并相应增加发文机关署名右空字数。

联合行文时,应当先编排主办机关署名,其余发文机关署名依次向下编排。

##### 7.3.5.3 加盖签发人签名章的公文

单一机关制发的公文加盖签发人签名章时,在正文(或附件说明)下空两行右空四字加盖签发人签名章,签名章左空两字标注签发人职务,以签名章为准上下居中排布。在签发人签名章下空一行右空四字编排成文日期。

联合行文时,应当先编排主办机关签发人职务、签名章,其余机关签发人职务、签名章依次向下编排,与主办机关签发人职务、签名章上下对齐；每行只编排一个机关的签发人职务、签名章；签发人职务应当标注全称。签名章一般用红色。

#### 7.3.5.4 成文日期中的数字

用阿拉伯数字将年、月、日标全,年份应标全称,月、日不编虚位(即 1 不编为 01)。

#### 7.3.5.5 特殊情况说明

当公文排版后所剩空白处不能容下印章或签发人签名章、成文日期时,可以采取调整行距、字距的措施解决。

### 7.3.6 附注

如有附注,居左空两字加圆括号编排在成文日期下一行。

### 7.3.7 附件

附件应当另面编排,并在版记之前,与公文正文一起装订。"附件"二字及附件顺序号用 3 号黑体字顶格编排在版心左上角第一行。附件标题居中编排在版心第三行。附件顺序号和附件标题应当与附件说明的表述一致。附件格式要求同正文。

如附件与正文不能一起装订,应当在附件左上角第一行顶格编排公文的发文字号并在其后标注"附件"二字及附件顺序号。

## 7.4 版记

### 7.4.1 版记中的分隔线

版记中的分隔线与版心等宽,首条分隔线和末条分隔线用粗线(推荐高度为 0.35 mm),中间的分隔线用细线(推荐高度为 0.25 mm)。首条分隔线位于版记中第一个要素之上,末条分隔线与公文最后一面的版心下边缘重合。

### 7.4.2 抄送机关

如有抄送机关,一般用 4 号仿宋体字,在印发机关和印发日期之上一行、左右各空一字编排。"抄送"二字后加全角冒号和抄送机关名称,回行时与冒号后的首字对齐,最后一个抄送机关名称后标句号。

如需把主送机关移至版记,除将"抄送"二字改为"主送"外,编排方法同抄送机关。既有主送机关又有抄送机关时,应当将主送机关置于抄送机关之上一行,之间不加分隔线。

### 7.4.3 印发机关和印发日期

印发机关和印发日期一般用 4 号仿宋体字,编排在末条分隔线之上,印发机关左空一字,印发日期右空一字,用阿拉伯数字将年、月、日标全,年份应标全称,月、日不编虚位(即1不编为01),后加"印发"二字。

版记中如有其他要素,应当将其与印发机关和印发日期用一条细分隔线隔开。

7.5 页码

一般用4号半角宋体阿拉伯数字,编排在公文版心下边缘之下,数字左右各放一条一字线;一字线上距版心下边缘7 mm。单页码居右空一字,双页码居左空一字。公文的版记页前有空白页的,空白页和版记页均不编排页码。公文的附件与正文一起装订时,页码应当连续编排。

**8 公文中的横排表格**

A4纸型的表格横排时,页码位置与公文其他页码保持一致,单页码表头在订口一边,双页码表头在切口一边。

**9 公文中计量单位、标点符号和数字的用法**

公文中计量单位的用法应当符合GB 3100、GB 3101和GB 3102(所有部分),标点符号的用法应当符合GB/T 15834,数字用法应当符合GB/T 15835。

**10 公文的特定格式**

10.1 信函格式

发文机关标志使用发文机关全称或者规范化简称,居中排布,上边缘至上页边为30 mm,推荐使用红色小标宋体字。联合行文时,使用主办机关标志。

发文机关标志下4 mm处印一条红色双线(上粗下细),距下页边20 mm处印一条红色双线(上细下粗),线长均为170 mm,居中排布。

如需标注份号、密级和保密期限、紧急程度,应当顶格居版心左边缘编排在第一条红色双线下,按照份号、密级和保密期限、紧急程度的顺序自上而下分行排列,第一个要素与该线的距离为3号汉字高度的7/8。

发文字号顶格居版心右边缘编排在第一条红色双线下,与该线的距离为3号汉字高度的7/8。

标题居中编排,与其上最后一个要素相距二行。

第二条红色双线上一行如有文字,与该线的距离为3号汉字高度的7/8。

首页不显示页码。

版记不加印发机关和印发日期、分隔线,位于公文最后一面版心内最下方。

10.2 命令(令)格式

发文机关标志由发文机关全称加"命令"或"令"字组成,居中排布,上边缘至版心上边缘为 20 mm,推荐使用红色小标宋体字。

发文机关标志下空两行居中编排令号,令号下空两行编排正文。

签发人职务、签名章和成文日期的编排见 7.3.5.3。

**10.3　纪要格式**

纪要标志由"××××纪要"组成,居中排布,上边缘至版心上边缘为 35 mm,推荐使用红色小标宋体字。

标注出席人员名单,一般用 3 号黑体字,在正文或附件说明下空一行左空两字编排"出席"二字,后标全角冒号,冒号后用 3 号仿宋体字标注出席人单位、姓名,回行时与冒号后的首字对齐。

标注请假和列席人员名单,除依次另起一行并将"出席"二字改为"请假"或"列席"外,编排方法同出席人员名单。

纪要格式可以根据实际制定。

**11　式样**(略)